ASSiMiL®
Le don des langues

L'italien

Collection Sans Peine

par Anne-Marie Olivieri

Illustrations de J.-L. Goussé

B.P. 25
94431 Chennevières-sur-Marne Cedex
FRANCE

ISBN 978-2-7005-0706-5

Sommaire

Introduction

Cher lecteur, vous venez d'acheter cette méthode Assimil d'*Italien*, et nous vous en remercions. Nous espérons que vous serez satisfait de votre choix. Quelles que soient vos raisons pour vous mettre à l'italien, cet ouvrage ne vous décevra pas !

En effet, nous nous sommes efforcés de répondre à vos besoins en concevant une méthode d'utilisation très simple, basée sur des dialogues qui reproduisent les situations les plus courantes de la vie quotidienne et professionnelle. Ainsi, débutant ou faux-débutant, que vous souhaitiez découvrir les musées italiens, les villes, la gastronomie ou encore les secrets des plages italiennes, ou que vous ayez la volonté de parler italien pour des motifs professionnels, amicaux ou sentimentaux, vous y trouverez votre bonheur. Le style choisi correspond, le plus souvent, à celui de la langue parlée, mais nous vous donnons également des exemples appartenant à un registre de langue plus soutenu, plus formel et adapté aux exigences du monde du travail.

Par ailleurs, pour qu'à travers ces pages, vous ayez l'impression de vivre un peu à l'italienne, nous vous proposons ici et là, en marge des dialogues, de brèves notes culturelles portant sur les curiosités, les coutumes, les expressions idiomatiques propres aux Italiens.

Enfin, dans la dernière partie de cet ouvrage, vous trouverez un appendice grammatical résumant les notions de grammaire les plus importantes de la langue italienne. Vous aurez l'occasion, plus tard, de les enrichir en vous plongeant dans la grammaire du *Perfectionnement italien*.

Comment utiliser votre ASSIMIL d'Italien ?

Cette méthode se fonde sur l'assimilation naturelle et progressive de la langue et vous permettra d'apprendre l'italien avec une impression de grande facilité.

La première vague

Nous l'appelons également "phase passive". Elle consiste d'abord en une écoute attentive de l'enregistrement du dialogue : en effet, dans une situation d'apprentissage naturel, c'est-à-dire dans la réalité du pays, c'est par le biais de l'écoute que l'on s'imprègne des sons, du rythme et de la musique d'une langue. Nos enregistrements sont là pour vous aider à acquérir ces automatismes phonétiques.

Lorsque vous abordez votre leçon quotidienne, commencez par écouter le dialogue – autant de fois que vous le souhaitez –, sans lire le texte. Imprégnez-vous bien de la musicalité des phrases. Puis essayez de répéter chaque phrase sans la lire, même si vous n'en avez pas encore compris le sens. Vous ne disposez pas des enregistrements ? C'est dommage, car vous vous privez d'un outil qui pourrait vous permettre de parvenir à une très bonne prononciation de l'italien. Cependant, si tel est le cas, lisez plusieurs fois les dialogues, à l'aide de la prononciation figurée – que nous avons voulue simplifiée, "à la française" –, en essayant d'en deviner le sens.

Vérifiez ensuite vos hypothèses grâce à la traduction. Puis répétez plusieurs fois chaque phrase, jusqu'à être sûr de l'avoir bien mémorisée.

Ne faites pas l'impasse sur les notes, qui sont là pour expliquer, en termes clairs, les points essentiels du vocabulaire et de la grammaire que vous venez de voir.

Les exercices, que vous trouverez à la fin de chaque leçon, constituent la dernière étape de l'apprentissage quotidien. Ils sont essentiels pour renforcer votre apprentissage et consolider vos acquis.

Toutes les sept leçons, une leçon de révision vous permet de faire le point sur les connaissances que vous avez acquises et de développer les informations glanées dans les notes.

Par ailleurs, en fin d'ouvrage, un appendice grammatical reprend toutes ces notions de façon plus systématique et vous propose une liste des principaux verbes irréguliers. Un double lexique ainsi qu'un lexique d'expressions italiennes usuelles sont également à votre disposition.

Pour que ce travail ressemble davantage à un moment de détente et de plaisir qu'à une corvée, nous avons fait en sorte que le temps d'étude nécessaire à chaque leçon ne dépasse pas une demi-heure par jour. Il vous faudra toutefois vous conformer à cette régularité quotidienne – gage de votre succès –, sans laquelle votre travail d'apprentissage risque de perdre de son efficacité. C'est à ce prix que vous progresserez sans le moindre effort, et sans même vous en apercevoir.

La deuxième vague

À la moitié du livre, vous passerez à la seconde phase de votre apprentissage. Cette phase est dite "active", car elle vous demande un petit effort supplémentaire. Vous vous demandez en quoi elle consiste ? C'est très simple ! Après avoir étudié normalement la leçon 50, vous reprendrez la 1re leçon de l'ouvrage : vous étudierez le dialogue de cette leçon, les notes et les exercices puis, en cachant le texte italien, vous traduirez le dialogue à partir du français. À la 51e leçon, vous reprendrez la leçon 2, et ainsi de suite jusqu'à la leçon 100. Grâce à cette révision quotidienne – qui vous paraîtra un jeu d'enfant –, vous consoliderez vos connaissances et constaterez avec joie le chemin parcouru depuis le début de votre étude.

L'orthographe et la prononciation de l'italien

Rassurez-vous, l'orthographe de l'italien n'a rien de compliqué : à chaque son ne correspond qu'une seule écriture ! Rassurant, n'est-ce pas ?
La prononciation, quant à elle, vous demandera sûrement un petit effort. Mais rassurez-vous, rien de bien méchant ! Avant de passer à la première leçon, n'hésitez pas à lire attentivement les lignes qui suivent afin d'éviter les erreurs. Vous le verrez, nos conseils de prononciation se révèleront utiles à chacune des étapes de votre apprentissage... Imprégnez-vous-en et revenez-y à l'envi si cela vous semble nécessaire.

1 Les sons de l'italien

On décrit souvent l'italien comme étant une langue "chantante". Deux phénomènes d'accentuation expliquent cette musicalité particulière : l'accent tonique et l'accent de la phrase. Quelles en sont les principales caractéristiques ?

1.1 L'accent tonique

L'accent tonique indique la voyelle que l'on doit allonger par rapport aux autres, lui donnant ainsi une emphase et une sonorité particulières. Dans la plupart des mots, c'est l'avant-dernière syllabe qui porte la voyelle accentuée, comme dans **parlare**, *parler*, ou **italiano**, *italien*. Dans d'autres mots, en revanche, la voyelle accentuée est celle de l'avant-avant-dernière syllabe, comme dans **facile**, *facile* ou **simpatico**, *sympathique*. Dans un troisième groupe de mots, la voyelle accentuée est la dernière, comme dans **caffè**, *café* ou **città**, *ville* ; ce n'est que dans ce dernier cas que l'on doit matérialiser l'accent tonique à l'écrit par un accent "grave" sur la voyelle accentuée. Enfin, l'accent de certains mots (essentiellement des formes verbales), porte sur la quatrième ou cinquième syllabe avant la dernière : **parlagliene**, *parle-lui-en* ; **comunicaglielo**, *communique-le-lui*.
Pour vous simplifier la vie, la voyelle accentuée figure en caractères gras dans tous les dialogues de cette méthode.

1.2 L'accent de la phrase

C'est un autre élément – et non des moindres – qui donne à la phrase italienne sa spécificité. Si l'intonation d'une phrase varie le plus souvent en fonction du contexte et des finalités du discours, une caractéristique importante de l'italien est son caractère fluide ("légato", dirait-on en musique), car les mots semblent se tenir par la main, jusqu'à créer ou délimiter des segments de phrase qui sont aussi des unités de sens. Pour pouvoir identifier et reproduire correctement ces segments signifiants, il est indispensable d'écouter très attentivement les enregistrements des dialogues ou tout autre document sonore dont vous disposez. Pour vous aider à reproduire le plus fidèlement possible ces accents de phrase, nous avons indiqué les mots à prononcer comme s'ils n'en faisaient qu'un par un trait de liaison (‿) dans les vingt premières leçons. De manière générale, évitez de faire des pauses après les articles, les prépositions et les verbes auxiliaires, et prononcez comme s'il ne s'agissait que d'un seul mot : **Ecco il caffè di Francesco** *[ecco‿il‿caffé‿di‿francésco], Voici le café de Francesco* ; **Paolo è andato a Roma** *[paolo‿è‿andato‿a‿roma], Paolo est allé à Rome*, etc.

2 L'alphabet

L'alphabet italien comporte 21 lettres, 5 voyelles et 16 consonnes :

A	**a**	**B**	**bi**	**C**	**tchi**	**D**	**di**	**E**	**é**
F	*èffè*	**G**	*dji*	**H**	*akka*	**I**	*i*	**L**	*èllè*
M	*èmmè*	**N**	*ènnè*	**O**	*o*	**P**	*pi*	**Q**	*kou*
R	*èrrè*	**S**	*èssè*	**T**	*ti*	**U**	*ou*	**V**	*vi*
Z	*dzèta*								

À ces lettres, il faut en ajouter 5 autres, présentes dans les nombreux mots étrangers qui font aujourd'hui partie du lexique italien :

J *i lou'nga* **K** *kappa* **W** *doppia vou* **X** *iks* **Y** *ipsilon*

Toutes les consonnes sont de genre féminin.

2.1 Les voyelles

Comme nous le disions, elles sont cinq : **a**, **e**, **i**, **o** et **u**. Le **a** et le **i** se prononcent comme en français. Nous vous donnons à voir ci-dessous la prononciation des voyelles qui se prononcent autrement qu'en français :

Lettre	Mot exemple	Correspondant français	Transcription phonétique
e ouvert	**bene**, *bien*	lait	*bènê**
e fermé	**mela**, *pomme*	état	*méla*
o ouvert	**forte**, *fort*	fort	*fortê***
o fermé	**dove**, *où*	faux	*dovê***
u	**tu**, *tu*	tout	*tou*

* Nous mettrons toujours un accent circonflexe sur le **e** en fin de mot pour vous rappeler qu'il n'est jamais muet, mais qu'il faut le prononcer "moyen", entre le **e** ouvert et le **e** fermé.

** Dans la prononciation figurée, nous n'indiquons pas les différences d'ouverture du **o** car, de nos jours, les variantes régionales sont très nombreuses et plus personne n'y attache d'importance ! Pour le **e**, l'on y fait un peu plus attention : c'est pourquoi nous avons fait le choix d'en indiquer l'ouverture ou la fermeture. Mais ne vous compliquez pas l'existence et suivez la tendance générale : choisissez une prononciation plutôt fermée pour les deux voyelles. Ce sera parfait !

2.2 Les consonnes

Voici les lettres ou groupes de lettres qui se prononcent, pour la plupart, autrement qu'en français.

- **Lettres**

Lettre	Mot exemple	Correspondant français	Transcription phonétique
c dur (devant **a**, **o**, **u**)	**capace**, *capable* **cosa**, *chose* **curioso**, *curieux*	capable comme curieux	*kapatchê* *koza* *kouriozo*
c doux (devant **e** et **i**)	**certo**, *certes* **cinema**, *cinéma*	tchèque litchi	*tchèrto* *tchinéma*
g dur (devant **a**, **o**, **u**)	**Gaetano**, *Gaétan* **goccia**, *goutte* **gusto**, *goût*	gamin gobelet gouttière	*gaétano* *gottcha* *gousto*
g doux (devant **e** et **i**)	**gelato**, *glace* **giocare**, *jouer*	djellaba jeans	*djélato* *djokarê*
qu (+ voyelle)	**quale**, *quel*	squale	*koualê*
s (*s* en début de mot)	**sale**, *sel*	sol	*salê*
s (*s* devant **c**, **p**, **t**, **f**, **q**)	**sportivo**, *sportif*	sport	*sportivo*
s (*s* après consonne)	**rapsodia**, *rhapsodie*	rhapsodie	*rapsodia*
s (*z* entre voyelles)	**rosa**, *rose*	hasard	*roza*

s (*z* devant **b**, **d**, **g**, **l**, **m**, **n**, **r**, **v**)	**sbadato**, *étourdi*	casbah	*zbad**a**to*
z (* *ts* dans le groupe **-enza/-anza**)	**senza**, *sans*	tsar	***sè**'ntsa*
z (**dz/ts* entre deux voyelles)	**ozono**, *ozone* **lezione**, *leçon*	tsé-tsé	*odz**o**no* *lets**io**ne*

* Notez que les règles de prononciation ne sont pas figées et continuent d'évoluer selon les usages régionaux. C'est le cas notamment pour les consonnes **s** et **z**, pour lesquelles l'on constate de grandes fluctuations de prononciation.

• Groupes de lettres

Groupe de lettres	Mot exemple	Correspondant français	Transcription phonétique
cia (doux)	**ciao**, *tchao*	tchao	*tch**a**o*
cio (doux)	**cioccolato**, *chocolat*	macho	*tchokkol**a**to*
ciu (doux)	**ciuffo**, *touffe*	atchoum	*tch**ou**ffo*
gia (doux)	**mangiare**, *manger*	Djakarta	*ma'ndj**a**rê*
gio (doux)	**giovane**, *jeune*	banjo	*dj**o**vanê*
giu (doux)	**giudice**, *juge*	jumbo	*dj**ou**ditchê*
chi (dur, grâce au **h**)	**chilo**, *kilo*	qui, kilo	*k**i**lo*
che (dur, grâce au **h**)	**anche**, *aussi*	quai, quérir	***a**'nkê*
ghi (dur, grâce au **h**)	**funghi**, *champignons*	guitare	*f**ou**'ngui*

ghe (dur, grâce au **h**)	**ghepardo**, *guépard*	guépard	*guép**a**rdo*
sc dur (devant **a**, **o**, **u**)	**scuro**, *sombre*	squelette	*sk**ou**ro*
sc doux (devant **e** et **i**)	**sciopero**, *grêve*	chaud	*ch**o**pèro*
gli	**aglio**, *ail*	paille	*lli*
glio	**migliore**, *meilleur*	millionnaire	*milli**o**rê*
glia	**paglia**, *paille*	palliatif	*p**a**llia*
gliu	**figliuolo**, *fils*	Ollioules	*fill'ou**o**lo*
glo (comme en français)	**gloria**, *gloire*	globe	*gl**o**ria*
gla (id.)	**glaciale**, *glacial*	glacial	*glatch**a**lê*
glu (id.)	**glucide**, *glucide*	glouton	*gl**ou**tchidê*
gn	**gnocchi**, *gnocchi*	gnôle	*gn**o**kki*

• **Doubles consonnes**

Il est indispensable de faire entendre la différence entre la prononciation d'une consonne simple et celle d'une consonne double, car cette dernière entraîne souvent un changement du sens du mot.

Quelques exemples :

casa, *maison* ≠ **cassa**, *caisse*
sono, *je suis* ≠ **sonno**, *sommeil*
pala, *pelle* ≠ **palla**, *ballon*, etc.

Encore une fois, nous vous invitons à bien écouter les enregistrements pour mieux appréhender ces sons... et nous vous souhaitons une étude très agréable !

Avant d'entamer votre première leçon, veillez à bien lire les pages qui précèdent. Vous y trouverez toutes les explications préliminaires indispensables à un apprentissage efficace.

1

Prima lezione *[prima létsionê]*

Benvenuto in Italia!

1 – Gianni carissimo! Finalmente sei [1] a Napoli!
2 – Sono molto contento di essere qui con voi!
3 – Ti presento la Signora Delmonte.
4 – Molto piacere [2], Signora!
5 – Questo è Alberto.
6 – Salve [3]!
7 – E questa è Carla.
8 – Ciao [4]!

Prononciation

*bè'nvén**ou**to ‿i'n ‿it**a**lia **1** dj**a**nni kar**i**ssimo ‿finalm**é**'ntê ‿s**è**i a n**a**poli **2** s**o**no m**o**lto ko'nt**è**'nto ‿di **è**sserê kou**i** ko'n v**o**i **3** ti prés**è**'nto ‿la*

Notes

1 **sei**, *[tu] es* : les pronoms personnels sujets ne sont pas utilisés systématiquement en italien. En général, ils sont sous-entendus. Il faudra donc vous habituer à reconnaître la personne dont on parle à partir du verbe uniquement… Ce n'est pas difficile, et très bientôt cela vous semblera évident.

2 L'expression **molto piacere** doit être employée dans toutes les situations où l'on est amené à vouvoyer son interlocuteur. Dans tous les autres cas, **salve** fera l'affaire.

Dans la traduction des dialogues, les crochets [ ] permettent de repérer les mots nécessaires en français mais qui n'apparaissent pas dans la phrase en italien. Les mots entre parenthèses ( ) et en italique indiquent la traduction littérale, mot à mot.

1

Première leçon

Bienvenue en Italie !

1 – [Mon] très cher Gianni ! Enfin [tu] es à Naples !
2 – [Je] suis très content d'être ici avec vous !
3 – [Je] te présente Mme Delmonte *(la Madame Delmonte)*.
4 – Enchanté *(Beaucoup plaisir)*, Madame !
5 – Voici *(celui-ci est)* Alberto.
6 – Salut !
7 – Et voici *(celle-ci est)* Carla.
8 – Salut !

*sign**o**ra délm**o**'ntê **4** m**o**lto piatch**é**rê ‿sign**o**ra **5** kou**é**sto è alb**è**rto **6** s**a**lvê **7** è kou**é**sta è K**a**rla **8** tch**a**ö*

3 **Salve!**, *Salut !*, est un mot assez informel, utilisé aussi bien par les adultes que par les plus jeunes.

4 **Ciao!**, *Salut !*, a connu ces dernières années un immense succès et a même été adopté par plusieurs langues étrangères. Toutefois, le bon usage italien préfère laisser son utilisation aux jeunes ou aux adultes qui s'adressent à des enfants. Pour toute autre situation un peu plus formelle, l'italien recourt aux mots passe-partout que sont **buongiorno**, *bonjour*, et **arrivederci**, *au revoir* !

Esercizio 1 – Traducete
Exercice 1 – Traduisez

❶ Benvenuto a Roma! ❷ Sono molto contento! ❸ Ciao, Carla! ❹ Molto piacere!

Esercizio 2 – Completate
Exercice 2 – Complétez (Chaque point représente une lettre.)

❶ Salut, Mario !
. . . . . , Mario!

❷ Enfin tu es en Italie !
Finalmente . . . . . . Italia!

❸ Je suis content d'être ici !
. . . . contento di essere . . . !

❹ Voici *(celui-ci est)* Mario Rossi !
. . . . Mario Rossi!

2

Seconda lezione *[séko'nda létsionê]*

Colazione al bar

1 – Buongi**o**rno [1]!
2 – Un cappucc**i**no, per fav**o**re.
3 – S**u**bito, Sign**o**re.

Prononciation
*kolatsi**o**nê ‿al ‿b**a**r* **1** *bouo'n ‿dj**o**rno* **2** *oun ‿kappouttch**i**no pér ‿fav**o**rê* **3** *s**ou**bito sign**o**rê*

Corrigé de l'exercice 1
❶ Bienvenue à Rome ! ❷ Je suis très content ! ❸ Salut, Carla ! ❹ Enchanté !

Corrigé de l'exercice 2
❶ Salve – ❷ – sei in – ❸ Sono – qui ❹ Questo è –

2

Deuxième leçon

Petit-déjeuner au café

1 – Bonjour !
2 – Un crème, s'il vous plaît *(pour faveur)*.
3 – Tout de suite, Monsieur.

Note

1 **buongiorno** s'emploie pour saluer quelqu'un ou pour entamer une conversation. Son utilisation implique que les interlocuteurs se vouvoient, alors que **salve** et **ciao** sont utilisés entre personnes qui se tutoient.

4 E **Lei** [2], che **co**sa desi**de**ra?
5 – Un caff**è** ris**tre**tto e un cor**ne**tto, **gra**zie.
6 – Per me **u**na bri**o**che [3], per fa**vo**re. □

*4 é ‿**lèi** ké ‿**ko**za ‿dézi**dé**ra* **5** *oun ‿kaf**fè** ‿ris**tré**tto é ‿oun ‿kor**né**tto **grat**siê* **6** *pér ‿mé **ou**na ‿bri**o**che pér ‿fa**vo**rê*

Notes

2 Pour la formule de politesse, l'italien utilise le **Lei**, *Elle*, *Sa Seigneurie*, et le verbe se conjugue à la troisième personne du singulier. À l'écrit, la majuscule vous aidera à repérer le sens de la phrase. Le **Voi**, *vous*, a été beaucoup utilisé au cours des siècles passés, mais ne l'est plus guère que dans des formes très proches de dialectes, notamment dans le sud de l'Italie. Rassurez-vous, vous vous habituerez vite au **Lei**… et puis, les Italiens se tutoient assez facilement !

***

Esercizio 1 – Traducete

Exercice 1 – Traduisez

❶ Buongiorno, Signore! ❷ Un caffè ristretto, per favore! ❸ Per me una brioche e un cappuccino, grazie. ❹ E per Lei, Signora?

Esercizio 2 – Completate

Exercice 2 – Complétez ***(Chaque point représente une lettre.)***

❶ Que désirez-vous *(quelle chose désire-t-Elle)*, Monsieur ?
. . . . desidera, ... ?

❷ Pour moi un café serré, s'il vous plaît !
Per me . . caffè . . . . , per . . . . . . !

❸ Tout de suite, Madame !
Subito, ... !

❹ Un croissant, merci !
Un . . . . , ... !

4 Et vous *(Elle)*, **que désirez-vous** *(quelle chose désire-t-Elle)* **?**

5 – Un café serré et un croissant, merci.

6 – Pour moi une brioche, s'il vous plaît.

3 Bien sûr, "brioche" n'est pas un mot italien ! Comme toutes les langues, l'italien s'enrichit constamment de mots étrangers, et tout spécialement de mots anglais et français. Dans la vie de tous les jours vous en rencontrerez beaucoup : bar, autobus, week-end, garage, parquet, etc.

***

Corrigé de l'exercice 1

❶ Bonjour, Monsieur ! ❷ Un café serré, s'il vous plaît ! ❸ Pour moi une brioche et un crème, merci. ❹ Et pour vous, Madame ?

Corrigé de l'exercice 2

❶ Che cosa – Signore ❷ – un – ristretto – favore ❸ – Signora ❹ – cornetto, grazie

C'est un spectacle et une expérience très agréables que de partager le petit-déjeuner des Romains. Ils préfèrent souvent ne pas le prendre chez eux, mais au café. C'est là que des montagnes de délicieuses viennoiseries disparaissent en quelques minutes, englouties en vitesse, au comptoir, accompagnées d'un cappuccino bien chaud, avant de commencer une journée de travail. Plus tard dans la journée, on

3

Terza lezione *[tèrtsa létsionê]*

In albergo

1 – Avete una camera libera per questa notte [1]?
2 – Doppia o singola?
3 – Una matrimoniale con bagno, per cortesia [2].
4 – Abbiamo due camere libere.
5 Tutte le camere hanno l'aria condizionata,
6 e non sono [3] per niente rumorose!

Prononciation

i'n albèrgo **1** *avétê ouna kaméra libèra pér kouésta nottê* **2** *doppia o si'ngola* **3** *ouna matrimonialê ko'n bagno pér kortézia* **4** *abbiamo douê kamérê libérê* **5** *touttê lé kamèrê anno laria ko'nditzionata* **6** *é n'on sono pér niè'ntê roumorozê*

Notes

1 L'interrogation en italien n'est matérialisée que par l'intonation de la voix à l'oral, et… par le point d'interrogation à l'écrit. Facile, n'est-ce pas ? Écoutez attentivement les enregistrements, et amusez-vous à reproduire l'intonation des phrases interrogatives.

2 Vous pouvez utiliser indifféremment l'expression **per cortesia** ou **per favore**. Toutes deux signifient *s'il te/vous plaît*.

pourra vous proposer d'aller boire un café, mais il s'agira encore, très probablement, d'une consommation au comptoir, car les bars italiens sont généralement des lieux de convivialité rapide. Pour les longs moments de détente et de bavardage, il y a les **caffè**, *les cafés, plus ou moins historiques. Nous y reviendrons très prochainement.*

3

Troisième leçon

À l'hôtel *(Dans hôtel)*

1 – Avez-[vous] une chambre libre pour cette nuit ?
2 – Double ou simple ?
3 – Une double *(matrimoniale)* avec [salle de] bains, s'il vous plaît *(par courtoisie)*.
4 – [Nous] avons deux chambres libres.
5 Toutes les chambres sont climatisées *(ont l'air conditionné)*,
6 et ne sont [pas] du tout *(pour rien)* bruyantes.

3 **non sono**, *elles ne sont pas* : il suffit d'ajouter **non** à une forme verbale pour la rendre négative. Le **non** précède toujours le verbe et on le prononce comme s'il faisait partie du verbe qui le suit : **non abbiamo** ***[non ‿ abbiamo]***, *nous n'avons pas*. Vous verrez, à force de répétition, cela deviendra un jeu d'enfant !

Esercizio 1 – Traducete

❶ Avete una camera libera? ❷ Le camere non sono rumorose. ❸ Per questa notte abbiamo una matrimoniale. ❹ Le camere non hanno l'aria condizionata.

Esercizio 2 – Completate

❶ La chambre simple n'est pas libre.
La . . . . . . singola . . . . libera.

❷ Avez-vous une chambre double, s'il vous plaît ?
. . . . . una camera doppia, ... ?

❸ Les chambres libres ont l'air conditionné.
Le camere libere . . . . . l'aria . . . .

4

Quarta lezione *[kouarta létsionê]*

Treno o macchina?

1 – Siete stanchi per il viaggio?
2 – No, non [1] siamo stanchi per niente!

Prononciation

trèno o‿makkina ***1*** *siétê‿sta'nki pér‿il‿viaddjo* ***2*** *no, n'on‿siamo‿sta'nki pér‿nié'ntê*

Note

1 **No**, *Non* : remarquez la différence entre **no**, réponse négative et **non**, qui rend le verbe négatif.

Corrigé de l'exercice 1

❶ Avez-vous une chambre libre ? ❷ Les chambres ne sont pas bruyantes. ❸ Pour cette nuit nous avons une double. ❹ Les chambres ne sont pas climatisées.

❹ Nous avons une double pour cette nuit.
. . . . una doppia per . . . .

Corrigé de l'exercice 2

❶ – camera – non è – ❷ Avete – per cortesia ❸ – hanno – condizionata ❹ Abbiamo – questa notte

4

Quatrième leçon

Train ou voiture ?

1 – [Est-ce que vous] êtes fatigués par le voyage ?
2 – Non, [nous] ne sommes pas fatigués du tout *(pour rien)* !

3 – Il treno [2] è arrivato in orario,
4 e abbiamo attraversato una regione bellissima [3].
5 Anche l'autostrada attraversa paesaggi molto belli,
6 ma c'è [4] spesso troppo traffico! □

*3 il‿trèno è‿arrivato i'n‿orario **4** é‿abbiamo‿attravérsato ouna‿rédjonê‿béllissima **5** a'nkê‿laoutostrada attravèrsa paézaddji‿molto‿bélli **6** ma‿tchè‿spésso troppo‿traffiko*

Notes

2 **treno**, *train* : vous avez sans doute remarqué que certains mots ont comme voyelle finale **-o**. Il s'agit, le plus souvent, de substantifs et d'adjectifs masculins, dont le pluriel est donné par la voyelle **-i** : **bello**, **belli** (phrase 5). Beaucoup d'autres mots ont comme voyelle finale **-a**. Très souvent il s'agit de substantifs et d'adjectifs féminins, dont le pluriel est donné par la voyelle **-e** : **autostrada**, *autoroute* ; **autostrade**, *autoroutes*. Mais il y a aussi d'autres cas de figure sur lesquels nous reviendrons.

***

Esercizio 1 – Traducete

❶ Siete stanchi? ❷ Siamo molto stanchi. ❸ L'autostrada attraversa una regione bellissima. ❹ Non c'è troppo traffico. ❺ Il treno non è arrivato.

***

Esercizio 2 – Completate

❶ Nous ne sommes pas fatigués.
. . . . stanchi.

❷ Il y a trop de circulation.
. . . troppo . . . .

❸ C'est une très belle région.
. una regione . . . .

3 – Le train est arrivé à l'heure *(en horaire)*,
4 et [nous] avons traversé une très belle région.
5 L'autoroute aussi traverse [de] très beaux paysages,
6 mais il y a *(est)* souvent trop [de] circulation !

3 **bellissima**, *très belle*, est le féminin de **bellissimo**, *très beau*. Il est bien connu que les Italiens n'hésitent pas à montrer leur enthousiasme et à rajouter ce **-issimo/a** aux adjectifs pour en faire des superlatifs. Ainsi, ces deux formes sont parfaitement équivalentes aux expressions **molto bella**, *très belle*, et **molto bello**, *très beau*. Notez que pour certains mots, le passage à la forme superlative demande quelques ajustements : **stanco**, *fatigué* A **stanchissimo**, *très fatigué* (le **h** permet de conserver le son *[k]*).

4 Remarquez et mémorisez la forme **c'è** (litt. "y est"), qui traduit l'expression *il y a*, seulement quand elle est suivie par un mot singulier.

***

Corrigé de l'exercice 1

❶ Êtes-vous fatigués ? ❷ Nous sommes très fatigués. ❸ L'autoroute traverse une région très belle. ❹ Il n'y a pas trop de circulation. ❺ Le train n'est pas arrivé.

***

❹ Nous avons traversé des paysages très beaux.
. . . . attraversato paesaggi . . . .

❺ Vous êtes fatigués.
. . . . . stanchi.

Corrigé de l'exercice 2

❶ Non siamo – ❷ C'è – traffico ❸ È – bellissima ❹ Abbiamo – molto belli ❺ Siete –

5

Quinta lezione *[koui'nta létsionê]*

Aujourd'hui vous allez découvrir des mots et des expressions qui vous permettront de manifester votre mécontentement (si vous êtes pris dans les embouteillages d'une grande ville, par exemple) ! Écoutez toutes ces expressions, mémorisez-les et essayez de les répéter avec le

A piedi in città

1 – Ne ho abbast**a**nza [1] di aspett**a**re qu**e**sto **a**utobus!
2 – **E**ccolo che arr**i**va!
3 – È incred**i**bile, ha qu**i**ndici min**u**ti di rit**a**rdo!
4 Ed [2] è pien**i**ssimo!
5 – B**a**sta, non ne p**o**sso pi**ù**!
6 Io [3] v**a**do a pi**e**di!
7 – Ma sì, h**a**i ragi**o**ne, andi**a**mo! □

Prononciation

*a‿pi**è**di i'n‿tchitt**a** **1** né‿o‿abbast**a**'ntsa di‿aspétt**a**rê kou**é**sto‿**a**outobous **2** **è**kkolo‿ké‿arr**i**va **3** è‿i'nkréd**i**bilê a‿kou**i**'nditchi min**ou**ti di‿rit**a**rdo **4** éd‿è‿piènissimo **5** b**a**sta n'on‿né‿p**o**sso‿pi**ou** **6** ïo v**a**do‿a‿pi**è**di **7** ma‿si **a**ï‿radj**o**nê a'ndi**a**mo*

Notes

1 **Ne ho abbastanza**, *J'en ai assez*, peut vous servir d'entraînement pour commencer à vous exclamer en italien ! Cette formule est presque synonyme de l'expression **non ne posso più!**, *je n'en peux plus* (phrase 5), que l'on prononce en un mot *[n'on‿né‿p**o**sso‿pi**ou**]*. Lancez-vous, vous découvrirez que c'est très amusant !

bon accent et la bonne intonation. Une suggestion : laissez-vous transporter par l'émotion (l'exaspération, l'émerveillement, la rage, etc.), l'intonation viendra comme par magie !

À pied en ville

1 – [J']en ai assez d'attendre cet autobus !
2 – Le voilà *(voilà-le)* qui arrive !
3 – [C']est incroyable, [il] a quinze minutes de retard !
4 Et [il] est bondé *(très plein)* !
5 – [Ça] suffit, [je] n'en peux plus !
6 Moi, j'[y] vais à pied !
7 – Mais oui, [tu] as raison, allons[-y] !

2 **Ed è pienissimo!**, *Et [il] est bondé !* : lorsque, comme ici, deux **e** se suivent, il n'est pas rare d'intercaler un **d** (nommé **d** euphonique) entre les deux pour en faciliter la prononciation. Cet usage reste tout à fait facultatif.

3 **Io vado**, *Moi, je vais* : remarquez la présence du pronom personnel **io**, qu'il faut traduire par *moi, je*, et qui donne plus de poids à l'affirmation.

Esercizio 1 – Traducete

❶ Non ne posso più! ❷ Questo autobus ha quindici minuti di ritardo. ❸ Andiamo a piedi! ❹ Eccolo! ❺ Ma sì, hai ragione!

***

Esercizio 2 – Completate

❶ J'en ai assez d'attendre.
. . . . di aspettare.

❷ Tu as raison, allons[-y] à pied.
. . . ragione, andiamo . . . .

❸ L'autobus est bondé *(très plein)* !
L'autobus . . . . !

6

Sesta lezione *[sèsta létsionê]*

Che meraviglia!

1 – I pal**a**zzi e le str**a**de di R**o**ma s**o**no meravigli**o**si!
2 – È v**e**ro, ci s**o**no [1] dei monum**e**nti eccezion**a**li!

Prononciation

ké méravill'a ***1*** *i‿palattsi é lé‿stradê‿di‿roma sono‿méravill'ozi*
2 *è‿vèro, tchi‿sono déï‿monoumè'nti éttchétsionali*

Remarque de prononciation

Souvent, la prononciation des sons correspondant à gli, glie, etc. n'est pas très facile pour les étrangers. Prononcez le groupe glia un peu comme dans ***paille***, paglia, en faisant adhérer davantage la langue au palais. Toutefois, n'oubliez pas qu'en matière de prononciation, la meilleure aide vient de l'oreille : les enregistrements sont là pour vous aider.

Corrigé de l'exercice 1
❶ Je n'en peux plus ! ❷ Cet autobus a quinze minutes de retard. ❸ Allons[-y] à pied ! ❹ Le voilà ! ❺ Mais oui, tu as raison !

***

❹ Ça suffit !
. . . . . !

❺ Carla a quinze minutes de retard.
Carla . . quindici minuti . . . .

Corrigé de l'exercice 2
❶ Ne ho abbastanza – ❷ Hai – a piedi ❸ – è pienissimo ❹ Basta ❺ – ha – di ritardo

6

Sixième leçon

Quelle merveille !

1 – Les palais et les rues de Rome sont merveilleux !
2 – [C']est vrai, il y a *(y sont)* **des monuments exceptionnels !**

Note

1 **ci sono** correspond à *il y a* pour le pluriel. L'italien compte en effet un *il y a* pour les mots singuliers, **c'è una camera libera**, *il y a une chambre libre* ; et un *il y a* pour les mots pluriels, **ci sono due camere libere**, *il y a deux chambres libres*. Ne vous y trompez pas !

3 Tutta la [2] città ha un fascino immenso!
4 – Penso che dobbiamo assolutamente ritornare!
5 – Allora dobbiamo buttare una moneta nella Fontana di Trevi! □

3 toutta‿la‿tchitta a‿oun‿fachino immè'nso 4 pè'nso ké‿dobbiamo assoloutamè'ntê ritornare 5 allora dobbiamo‿bouttare ouna‿monéta nélla‿fo'ntana‿di‿trèvi

***

Esercizio 1 – Traducete

❶ Le strade di Roma sono meravigliose. ❷ Dobbiamo buttare una moneta nella Fontana di Trevi. ❸ Roma ha un fascino immenso. ❹ Ci sono dei monumenti eccezionali. ❺ I palazzi sono bellissimi.

Esercizio 2 – Completate

❶ Quelle merveille, cette ville !
. . . . , questa città!

❷ Les palais sont très beaux.
. palazzi sono . . . .

❸ Les rues sont très belles.
. . strade . . . . bellissime.

❹ À Rome il y a beaucoup de monuments.
A Roma . . . . . . molti monumenti.

❺ Toute la ville est exceptionnelle.
Tutta . . città . eccezionale.

3 Toute la ville a un charme immense !
4 – [Je] pense que [nous] devons absolument revenir !
5 – Alors [nous] devons jeter une pièce dans la Fontaine de Trevi !

Note

2 **la**, *la* : les articles définis sont relativement nombreux en italien mais vous allez les apprendre progressivement et sans trop d'effort. Pour l'instant, mémorisez bien ces quatre formes : **la città**, *la ville* ; **le strade**, *les routes* ; **il viaggio**, *le voyage* ; **i palazzi**, *les palais*.

***

Corrigé de l'exercice 1

❶ Les rues de Rome sont merveilleuses. ❷ Nous devons jeter une pièce dans la Fontaine de Trevi. ❸ Rome a un charme immense. ❹ Il y a des monuments exceptionnels. ❺ Les palais sont très beaux.

Corrigé de l'exercice 2

❶ Che meraviglia – ❷ I – bellissimi ❸ Le – sono – ❹ – ci sono – ❺ – la – è –

***

Comme chacun le sait, la Fontaine de Trevi est devenue l'un des hauts lieux du tourisme romain. Ce n'est peut-être pas le plus beau monument de la capitale, mais c'est certainement l'un des plus connus ! Cela, grâce à la célèbre scène de "La Dolce vita" de Fellini, où Anita Ekberg et Marcello Mastroianni y prennent un bain historique… et aussi parce qu'on dit qu'il faut y jeter une pièce de monnaie pour être sûr de revoir la ville !

7

Settima lezione *[sèttima létsionê]*

Revisione – Révision

Vous voilà arrivé à la fin de la première semaine de travail ! Nous espérons que ces premiers contacts avec l'italien ont été agréables et qu'ils ont redoublé votre motivation pour voyager à travers la langue et la culture italiennes.
Cette leçon et toutes les leçons multiples de sept, sont différentes des autres. Elles ne vous présentent aucun élément nouveau, mais sont l'occasion de formaliser les apprentissages grammaticaux et lexicaux des six leçons précédentes : elles vous donnent le confort d'une révision des points grammaticaux essentiels et des éléments de langage les plus utiles ainsi que l'assurance d'avoir consolidé vos acquis, avant de passer à la suite.
Dans cette optique, vous trouverez, à la fin de chaque leçon de révision, un dialogue qui reprend les mots et les tournures les plus importants des six leçons précédentes.

1 La conjugaison des verbes

1.1 Introduction

Comme leurs homologues français, les verbes réguliers italiens se répartissent en trois groupes.
Tous les verbes dont l'infinitif se termine en **-are**, comme **aspettare**, *attendre*, appartiennent au premier groupe ; ceux dont l'infinitif se termine en **-ere**, comme **vivere**, *vivre*, appartiennent au deuxième groupe ; et ceux dont l'infinitif se termine en **-ire**, comme **partire**, *partir*, appartiennent au troisième groupe… Rien d'extraordinaire pour le francophone que vous êtes !
Rien d'exceptionnel non plus à la présence d'un certain nombre de verbes irréguliers (dont vous trouverez l'essentiel des conjugaisons au sein de l'appendice grammatical)… la fameuse exception qui confirme la règle !
Notez enfin que l'italien compte deux auxiliaires : **avere**, *avoir* et **essere**, *être*, dont nous vous proposons ci-dessous la conjugaison du présent de l'indicatif !

Septième leçon

La seule originalité des verbes italiens par rapport à ceux de la langue de Molière réside dans leur relation aux pronoms personnels. En effet, les verbes italiens se passent généralement d'eux ; ils n'y font appel que pour insister sur le sujet à l'origine d'une action. On dit donc : **siamo stanchi**, *nous sommes fatigués*, mais **noi siamo stanchi**, *nous, nous sommes fatigués*, pour souligner que, contrairement à quelqu'un d'autre, nous, nous sommes fatigués.
Nous vous conseillons malgré tout d'apprendre les conjugaisons avec les pronoms.

1.2 Le présent de l'indicatif des auxiliaires italiens

Voici les conjugaisons des deux auxiliaires italiens au présent de l'indicatif :

– **avere**, *avoir*

io ho	*j'ai*
tu hai	*tu as*
lui/lei ha	*il/elle a*
noi abbiamo	*nous avons*
voi avete	*vous avez*
loro hanno	*ils/elles ont*

– **essere**, *être*

io sono	*je suis*
tu sei	*tu es*
lui/lei è	*il/elle est*
noi siamo	*nous sommes*
voi siete	*vous êtes*
loro sono	*ils/elles sont*

2 La forme négative

La négation ne pose pas de problème particulier en italien, il suffit de faire précéder le verbe de **non** : **La camera non è libera**, *La chambre n'est pas libre*.

3 La forme interrogative

Vous avez pu le constater au cours des six leçons précédentes, à l'écrit, la forme interrogative ne se matérialise par aucun changement. Seul le point d'interrogation vous permet d'indiquer qu'une phrase est interrogative et à l'oral, c'est bien sûr l'intonation !
On a ainsi :
Siete stanchi per il viaggio? ≠ Siete stanchi per il viaggio.
Êtes-vous fatigués par le voyage ? ≠ Vous êtes fatigués par le voyage.

4 La formule de politesse

Le tutoiement est aujourd'hui assez fréquent en Italie mais il vous faut tout de même apprendre la formule de politesse, parfois très utile.
Pour s'adresser à quelqu'un de manière courtoise, on n'utilise pas, comme en français, la 2e personne du pluriel (le *vous*), mais **Lei**, le pronom personnel féminin de la 3e personne du singulier... Bien entendu, on conjugue le verbe en conséquence : **Lei è stanca, Signora?**, *Êtes-vous fatiguée, Madame ?*

5 *C'è, ci sono*

Vous l'avez vu au cours des précédents dialogues, à notre formule *il y a* correspondent deux formes en italien. L'une pour les mots au singulier **c'è**, l'autre pour les mots au pluriel, **ci sono** : **C'è una camera libera**, *Il y a une chambre libre* ; **Ci sono due camere libere**, *Il y a deux chambres libres.*

6 Les premiers contacts

Voici quelques expressions relevées au cours des six leçons précédentes et qui vous aideront au quotidien...

Pour saluer : **Salve**, **Ciao!**

Pour présenter quelqu'un : **Ti presento...**

Pour demander quelque chose : **Per favore**, **Per cortesia.**

Pour s'énerver : **Basta! Ne ho abbastanza! Non ne posso più!**

Pour exprimer son enthousiasme : **Che meraviglia!**

Dialogo di revisione – Dialogue de révision (Traduisez)

1 – Benvenuto a Roma!
2 – Salve!
3 – Ti presento Carla Rossi.
4 – Molto piacere!
5 – Che cosa desideri?
6 – Un caffè ristretto, per favore!
7 – Il treno è arrivato in orario?
8 – Sì, e abbiamo una camera con aria condizionata!
9 – L'autobus è pienissimo, andiamo a piedi!
10 – A Roma ci sono dei monumenti eccezionali!

Traduction

1 Bienvenue à Rome ! **2** Salut ! **3** Je te présente Carla Rossi. **4** Enchanté ! **5** Que désires-tu ? **6** Un café serré, s'il te plaît ! **7** Est-ce que le train est arrivé à l'heure ? **8** Oui, et nous avons une chambre climatisée ! **9** L'autobus est bondé, allons[-y] à pied ! **10** À Rome il y a des monuments exceptionnels !

Félicitations ! Vous êtes seulement à la fin de votre première semaine d'italien et vous avez déjà mémorisé un bon nombre de mots et d'expressions ! Continuez à travailler régulièrement, une leçon par jour, et vous progresserez rapidement.
Bon courage !

À partir de cette leçon, nous allons aborder les conjugaisons des verbes. Les formes verbales sont assez nombreuses et les apprendre demande un certain effort. Mais rassurez-vous, elles vous sont présentées par

8

Ottava lezione *[ottava létsionê]*

Dove possiamo mangiare [1]?

1 – È quasi mezzogiorno,
2 io comincio ad avere fame!
3 – Anche io [2]!
4 – Cerchiamo un ristorante sulla guida!
5 Qui vicino c'è un buon ristorante di pesce,
6 ma possiamo anche mangiare una pizza.
7 – C'è una pizzeria qui all'angolo, in via Rossini, 5 [3]. □

Prononciation

dovê possiamo‿ma'ndjarê **1** *è‿kouazi‿mèddzodjorno* **2** *io‿komi'ntcho ad‿avérê‿famê* **3** *a'nkê‿io* **4** *tchérkiamo oun‿ristora'ntê soulla‿gouida*

Notes

1 Le verbe **mangiare**, *manger*, appartient, comme tous les verbes dont l'infinitif se termine en **-are**, au premier des trois groupes de conjugaisons régulières.

2 Remarquez que **anche**, *aussi*, précède toujours le mot auquel il se réfère : **anche noi**, *nous aussi* ; **anche Carla**, *Carla aussi*.

***

Esercizio 1 – Traducete

❶ C'è un ristorante qui vicino. ❷ C'è anche una pizzeria. ❸ È mezzogiorno, ho fame. ❹ Cerchiamo un ristorante di pesce. ❺ Dove possiamo mangiare una pizza?

petites touches, toujours intégrées à des dialogues qui vous en faciliteront la mémorisation.

8

Huitième leçon

Où pouvons-nous manger ?

1 – Il est presque midi,
2 je commence à avoir faim !
3 – Moi aussi *(Aussi moi)* !
4 – Cherchons un restaurant sur le *(la)* guide !
5 Près d'ici *(ici près)* il y a un bon restaurant de poisson,
6 mais nous pouvons aussi manger une pizza.
7 – Il y a une pizzeria ici au coin *(à l'angle)*, au *(en)* 5, rue Rossini.

***5** koui‿vitch**i**no tchè‿oun‿bou**o**n‿ristor**a**'ntê di p**é**chê **6** ma possi**a**mo‿**a**'nkê‿ma'ndj**a**rê **ou**na‿p**i**ttsa **7** tchê‿**ou**na‿pittsér**i**a koui‿all'**a**'ngolo i'n‿via Ross**i**ni tch**i**'nkouê*

3 in via Rossini, 5, *au 5, rue Rossini* : lorsque l'on donne une adresse en italien, le nom de la rue (du boulevard, etc.) est toujours précédé de la préposition **in**, *dans*, *en*, et suivi du numéro (ici, 5) de l'édifice (maison, immeuble, etc.).

***

Corrigé de l'exercice 1

❶ Il y a un restaurant près d'ici. ❷ Il y a aussi une pizzeria. ❸ Il est midi, j'ai faim. ❹ Nous cherchons un restaurant de poisson. ❺ Où pouvons-nous manger une pizza ?

Esercizio 2 – Completate

❶ Nous avons faim, il est presque midi !
. . . . , è quasi . . . . !

❷ Je commence à être fatigué !
. . . . ad essere . . . . . . !

❸ Nous cherchons un bon restaurant.
. . . . un buon . . . .

❹ Il y a une pizzeria rue Rossini.
C'è . . . pizzeria . . . . . Rossini.

❺ Moi aussi j'ai faim !
. . . . ho fame!

9

Nona lezione *[nona létsionê]*

Al ristorante

1 – Bu**o**nas**e**ra!
2 – Ho prenot**a**to un t**a**volo per qu**a**ttro.
3 – A che **o**ra [1]?
4 – Per le n**o**ve.
5 – E a che n**o**me?
6 – Casir**a**ghi!

Prononciation

al‿ristora'ntê **1** *bouona‿séra* **2** *o‿prénotato oun‿tavolo pér‿kouattro* **3** *a‿ké‿ora* **4** *pér‿lé‿novê* **5** *é‿a‿ké‿nomê* **6** *kaziragui*

Corrigé de l'exercice 2
❶ Abbiamo fame – mezzogiorno ❷ Comincio – stanco ❸ Cerchiamo – ristorante ❹ – una – in via – ❺ Anche io –

9

Neuvième leçon

Au restaurant

1 – Bonsoir !
2 – J'ai réservé une table pour quatre.
3 – À quelle heure ?
4 – Pour *(les)* neuf [heures].
5 – Et à quel nom ?
6 – Casiraghi !

Note

1 **A che ora?**, *À quelle heure ?* ; **per le nove**, *pour neuf heures* : voici deux formules pour demander et donner l'heure. Essayez de retenir, dès maintenant, que le chiffre indiquant l'heure est toujours précédé de l'article et qu'il n'est jamais suivi du mot **ore**.

7 – Prego Dottor [2] Casiraghi! Prego, Signora!
8 Accomodatevi [3] in giardino!
9 I vostri amici vi aspettano al tavolo in fondo! □

*7 prègo‿dottor kaziragui! prègo‿signora **8** akkomodatévi i'n‿djardino **9** i‿vostri‿amitchi vi‿aspèttano al‿tavolo i'n‿fo'ndo*

Notes

2 **Dottor Rossi**, *Monsieur Rossi* : cela peut faire sourire, mais il est très impoli en italien de s'adresser à une personne possédant un titre sans l'exprimer. Si on ne sait pas s'il s'agit d'un professeur ou d'un architecte par exemple, on dira, pour ne pas se tromper, **Dottore**. Observez que lorsque le titre **dottore** est suivi du nom de famille, le **e** tombe : **Dottor Rossi**.

***

Esercizio 1 – Traducete

❶ Prego, Dottore! ❷ Accomodatevi in giardino! ❸ Ho prenotato per le nove. ❹ Buonasera, Signora! ❺ I vostri amici vi aspettano!

Esercizio 2 – Completate

❶ J'ai réservé une table dans le jardin.
Ho prenotato . . tavolo . . . .

❷ À quelle heure as-tu réservé ?
. . . . hai prenotato?

❸ Ils vous attendent à la table du fond.
Vi . . . . al tavolo . . . .

❹ Je vous en prie, entrez !
. . . . . , accomodatevi!

❺ Bonsoir, Monsieur *(Docteur)* Casiraghi !
. . . . Casiraghi!

7 – [Je vous en] **prie, Monsieur** *(Docteur)* **Casiraghi ! [Je vous en] prie, Madame !**
8 **Installez-vous dans [le] jardin !**
9 *(Les)* **Vos amis vous attendent à la table du** *(dans le)* **fond !**

3 **Accomodatevi** est un mot assez difficile à traduire, car il peut avoir plusieurs sens : *Installez-vous, Entrez, Avancez*, etc. C'est en tout cas la formule passe-partout pour inviter quelqu'un à se mettre à l'aise.

***

Corrigé de l'exercice 1

❶ Je vous en prie, Docteur ! ❷ Installez-vous dans le jardin ! ❸ J'ai réservé pour neuf heures. ❹ Bonsoir, Madame ! ❺ Vos amis vous attendent !

Corrigé de l'exercice 2

❶ – un – in giardino ❷ A che ora – ❸ – aspettano – in fondo ❹ Prego – ❺ Buonasera Dottor –

10

Decima lezione *[dètchima létsionê]*

Vivere [1] in campagna?

1 – Allora voi abitate a Napoli?
2 – Sì, ma viaggiamo spesso per il lavoro di mio marito [2].
3 – E tu, Paolo, vivi a Firenze [3]?
4 – No, vivo in campagna.
5 C'è più tranquillità,
6 c'è un'aria [4] migliore,
7 e mia moglie trova che i bambini sono più liberi.

Prononciation

vivèrê i'n‿ka'mpagna **1** *allora voi‿abitatê‿a‿napoli* **2** *si ma‿viaddjamo‿spésso pér‿il‿lavoro di‿mio‿marito*

Notes

1 La terminaison **-ere** de l'infinitif nous indique que **vivere**, *vivre*, est un verbe appartenant au deuxième groupe.

2 **mio marito**, *mon mari* : vous êtes très probablement en train de vous demander pourquoi nous disons ici **mio marito**, *mon mari*, alors que dans la leçon 9, nous disions **i vostri amici**, *vos amis* ? C'est simplement parce que les adjectifs possessifs ne prennent pas d'article avec les mots qui désignent les personnes de la famille au singulier : **mio padre**, *mon père* ; **mia moglie**, *ma femme* (phrase 7) ≠ **i miei fratelli**, *mes frères*.

***

Esercizio 1 – Traducete

❶ Viaggiamo spesso. ❷ Dove abitate? ❸ No, non vivo in città, vivo in campagna. ❹ E tu, dove vivi? ❺ In campagna i bambini sono più liberi!

Dixième leçon

Vivre à la *(en)* campagne ?

1 – Alors vous habitez à Naples ?
2 – Oui, mais nous voyageons souvent pour le travail de mon mari.
3 – Et toi, Paolo, tu vis à Florence ?
4 – Non, je vis à la *(en)* campagne.
5 Il y a *(est)* plus [de] tranquillité,
6 il y a *(est)* un air meilleur,
7 et ma femme trouve que les enfants sont plus libres.

***3** é‿tou‿p**a**olo v**i**vi‿a‿fir**è**'ntsê **4** no v**i**vo‿i'n‿ka'mp**a**gna **5** tchè‿pi**ou**‿tra'nkouillit**a** **6** tchè‿oun‿**a**ria mill'**o**rê **7** é‿m**i**a‿moll'ê tr**o**va‿ké‿i‿ba'mb**i**ni s**o**no‿pi**ou**‿l**i**béri*

3 Pourquoi dit-on **a Firenze**, *à Florence*, mais **in campagna**, *à la campagne* (phrase 4) ? Vous avez là la preuve que les langues sont faites par leurs locuteurs et... à leurs goûts ! En l'absence de règles précises, il faut tout simplement retenir les différents usages.

4 **un'aria**, *un air* : on remplace le **-a** par une apostrophe lorsque l'article **una** précède un mot commençant par une voyelle.

***

Corrigé de l'exercice 1

❶ Nous voyageons souvent. ❷ Où habitez-vous ? ❸ Non, je ne vis pas en ville, je vis à la campagne. ❹ Et toi, où vis-tu ? ❺ À la campagne, les enfants sont plus libres !

Esercizio 2 – Completate

❶ Est-ce que vous habitez à Florence ?
. . . . Firenze?

❷ Nous ne voyageons pas souvent.
Non . . . .

❸ À la campagne il y a un air meilleur.
. . campagna c'è . . . . migliore.

❹ Je vis à Naples.
. . . . . Napoli.

❺ Est-ce que tu vis à la campagne ?
. . . . in . . . . ?

11

Undicesima lezione *[ou'nditchèzima létsionê]*

Come ti chiami?

1 – Come vi chiamate [1]?
2 – Io mi chiamo Filippo e mia sorella si chiama Luisa.
3 – E quanti [2] anni hai?

Prononciation

komê‿ti‿kiami **1** *komê‿vi‿kiamatê* **2** *io‿mi‿kiamo‿filippo é‿mia‿sorèlla si‿kiama‿louisa* **3** *é‿koua'nti‿anni‿ai*

Notes

1 **Come ti chiami?**, *Comment tu t'appelles ?* ; **Come vi chiamate?**, *Comment vous appelez-vous ?* : il va de soi que ces formules, très directes, sont plus caractéristiques des conversations entre enfants qu'entre adultes.

Corrigé de l'exercice 2
❶ Abitate a – ❷ – viaggiamo spesso ❸ In – un'aria – ❹ Vivo a – ❺ Vivi – campagna

11

Onzième leçon

Comment t'appelles[-tu] ?

1 – Comment vous appelez-vous ?
2 – Moi, je m'appelle Filippo et ma sœur s'appelle Luisa.
3 – Et quel âge *(combien d'années)* as-tu ?

2 Observez que **quanto** (**i**, **a**, **e**), *combien*, doit être accordé en genre et en nombre.

4 – Ho dieci **a**nni e s**o**no fort**i**ssimo al c**a**lcio.
5 È lo sport [3] che prefer**i**sco!
6 – F**i**no a [4] qu**a**ndo rest**a**te a Fir**e**nze?
7 – Resti**a**mo f**i**no a dom**e**nica pr**o**ssima. □

4 o‿dièchi‿anni é‿sono‿fortissimo‿al‿kaltcho ***5*** *è‿lo‿sport ké‿prèférisko* ***6*** *fino‿a‿koua'ndo réstatê‿a‿firè'ntsê* ***7*** *réstiamo fino‿a‿doménika‿prossima*

***

Esercizio 1 – Traducete

❶ Quanti anni ha Luisa? ❷ E tu, come ti chiami? ❸ Filippo ha nove anni. ❹ Restiamo fino a domenica prossima. ❺ Il calcio è lo sport che preferisco!

Esercizio 2 – Completate

❶ Ma sœur s'appelle Luisa.
Mia . . . . si . . . . . . Luisa.

❷ Quel âge as-tu ?
. . . . hai?

❸ Filippo est très fort au football !
Filippo è . . . . al . . . . . . !

❹ Est-ce que vous vous appelez Luisa et Filippo ?
Vi . . . . Luisa e Filippo?

❺ Jusqu'à quand restez-vous ici ?
. . . . . quando . . . . qui?

4 – J'ai dix ans et je suis très fort au football.
5 [C']est le sport que je préfère !
6 – Jusqu'à quand restez-vous à Florence ?
7 – Nous restons jusqu'à dimanche prochain.

Notes

3 **lo**, *le*, est l'un des deux articles définis pour le masculin singulier. Il faut l'utiliser devant tous les mots qui commencent par **s** suivi d'une consonne, par **x**, **z**, **ps**, **gn**, ou par une voyelle. Nous y reviendrons.

4 Mémorisez bien **fino a**, qui traduit *jusqu'à*.

***

Corrigé de l'exercice 1

❶ Quel âge a Luisa ? ❷ Et toi, comment tu t'appelles ? ❸ Filippo a neuf ans. ❹ Nous restons jusqu'à dimanche prochain. ❺ Le football est le sport que je préfère !

Corrigé de l'exercice 2

❶ – sorella – chiama – ❷ Quanti anni – ❸ – fortissimo – calcio ❹ – chiamate – ❺ Fino a – restate –

Dodicesima lezione *[doditchèzima létsionê]*

Un menù italiano

1 – **E**cco i men**ù** [1]!
2 C**o**me pi**a**tti del gi**o**rno abbi**a**mo
3 gli [2] gn**o**cchi **a**lla rom**a**na e l'**o**ssob**u**co [3].
4 E naturalm**e**nte i cl**a**ssici:
5 il ris**o**tto, gli spagh**e**tti **a**lle v**o**ngole…
6 Ma se vol**e**te assaggi**a**re un po' di t**u**tto,
7 possi**a**mo f**a**re d**e**i pi**a**tti m**i**sti.
8 – Ben**i**ssimo, per me un m**i**sto di pr**i**mi [4] e ni**e**nte sec**o**ndo.

Prononciation

oun‿ménou italiano **1** *èkko‿i‿ménou* **2** *komê‿piatti‿dél‿djorno abbiamo* **3** *llⁱ‿gnokki alla‿romana é‿lossobouko* **4** *é‿natouralmè'ntè i‿klassitchi* **5** *il‿rizotto,*

Notes

1 **il/i menù**, *le/les menu(s)* : tous les mots qui ont l'accent tonique sur la dernière voyelle sont invariables, **la/le città**, *la/les ville(s)*, etc.

2 **gli**, *les*, est le pluriel de **lo**, *le*, et il s'utilise devant tous les mots qui commencent par **s** suivi d'une consonne, par **x**, **z**, **ps**, **gn**, ou par une voyelle. Nous y reviendrons.

***

Esercizio 1 – Traducete

❶ Ecco il menù, Signora! ❷ Che cosa desidera, Dottor Casiraghi? ❸ Volete assaggiare un po' di tutto? ❹ Per Luisa un misto di secondi! ❺ Per me niente primo!

Douzième leçon

Un menu italien

1 – Voilà les menus !
2 Comme plats du jour nous avons
3 les gnocchis à la romaine et l'ossobuco.
4 Et naturellement les classiques :
5 le risotto, les spaghettis aux palourdes...
6 Mais si vous voulez goûter un peu de tout,
7 nous pouvons faire des plats variés.
8 – Très bien, pour moi un assortiment d'entrées *(premiers)* et pas de plat de résistance *(second)*.

lli‿spaguétti‿allè‿vo'ngolè **6** *ma‿sé‿volétè‿assaddjarê oun‿po‿di‿toutto* **7** *possiamo‿farê déi‿piatti‿misti* **8** *bénissimo pér‿mé oun‿misto‿di‿primi é‿niè'ntè‿séko'ndo*

3 **l'ossobuco**, *l'ossobuco* : **lo** prend une apostrophe à la place du **-o** devant tous les mots qui commencent par une voyelle.

4 On appelle **primi** (litt. "premiers") tous les plats de pâtes ou les soupes, car on les mange avant les **secondi** (litt. "seconds"), à savoir les plats de viande ou de poisson. Bien évidemment les *hors-d'œuvres*, les célèbres **antipasti**, existent aussi.

***

Corrigé de l'exercice 1

❶ Voilà le menu, Madame ! ❷ Que désirez-vous, Monsieur Casiraghi ? ❸ Voulez-vous goûter un peu de tout ? ❹ Pour Luisa, un assortiment de plats de résistance ! ❺ Pour moi, pas d'entrée !

Esercizio 2 – Completate

❶ Nous avons les gnocchis et le risotto !
Abbiamo . . . gnocchi e . . risotto!

❷ Voilà les menus !
Ecco . . . . . !

❸ Pour Filippo les spaghettis aux palourdes !
Per Filippo . . . . alle vongole!

❹ Très bien, pour vous Madame, un assortiment d'entrées !
. . . . , per . . . Signora, ... di primi!

❺ Pour moi, le plat du jour, s'il vous plaît !
Per me . . . . , per favore!

13

Tredicesima lezione *[tréditchèzima létsionê]*

Serata in terrazza

1 – Per fin**i**re [1] la ser**a**ta, che ne pens**a**te di **u**no [2] spett**a**colo?
2 – Perch**é** no? Ma qualc**o**sa di divert**e**nte!
3 – La n**o**tte è cos**ì** b**e**lla,
4 perch**é** non restiamo all'ap**e**rto?

Prononciation

*sér**a**ta i'n térr**a**ttsa* **1** *pér finir**ê** la sér**a**ta, ké né pé'nsat**ê** di **ou**no spétt**a**kolo* **2** *pérk**é** no? ma koualk**o**sa di divèrt**è**'ntê* **3** *la n**o**ttê è koz**i** b**è**lla* **4** *pérk**é** no'n réstiamo all'ap**è**rto*

Notes

1 **finire**, *finir* : la terminaison **-ire** de l'infinitif nous indique que **finire** appartient au 3e groupe de conjugaisons des verbes réguliers.

Corrigé de l'exercice 2
❶ – gli – il – ❷ – i menù ❸ – gli spaghetti – ❹ Benissimo – Lei – un misto – ❺ – il piatto del giorno –

13

Treizième leçon

Soirée en terrasse

1 – Pour finir la soirée, que *(qu'en)* pensez-vous d'un spectacle ?
2 – Pourquoi pas ? Mais quelque chose d'amusant !
3 – La nuit est si belle,
4 pourquoi ne restons-nous pas à l'extérieur *(l'ouvert)* ?

2 **uno**, *un*, est l'article indéfini, homologue de l'article défini **lo**. On l'emploie dans les mêmes circonstances, à savoir devant les mots commençant par **s** suivi d'une consonne, par **x**, **z**, **ps**, ou par **gn**. Devant toutes les autres consonnes et devant les voyelles, on utilise **un**.

5 – All**o**ra ven**i**te t**u**tti a c**a**sa m**i**a [3],
6 a pr**e**ndere un digest**i**vo [4] in terr**a**zza,
7 e a guard**a**re le st**e**lle! □

*5 all**o**ra ‿ vén**i**tê ‿ t**ou**tti ‿ a ‿ k**a**za ‿ m**i**a **6** a ‿ pr**é**'ndérê oun ‿ didjést**i**vo i'n ‿ térr**a**ttsa **7** é ‿ a ‿ gouard**a**rê ‿ lé ‿ st**é**llê*

Notes

3 **a casa mia**, *chez moi* ; **a casa di Mario**, *chez Mario*, sont des expressions très courantes où le mot **casa**, *maison*, a plutôt le sens de *lieu privé*.

***

Esercizio 1 – Traducete

❶ Che ne pensate di un digestivo? ❷ Restiamo all'aperto! ❸ Perché no? ❹ È uno spettacolo molto divertente! ❺ Venite tutti a casa mia!

Esercizio 2 – Completate

❶ Un digestif, pour finir la soirée ?
Un . . . . per . . . . . . la serata?

❷ Voulez-vous aller sur la terrasse ?
. . . . . . andare . . terrazza?

❸ La nuit est si belle, restons à l'extérieur !
La . . . . . è . . . . bella, ... all'aperto!

❹ Venez prendre un digestif et regarder les étoiles !
Venite a . . . . un digestivo e a . . . . le stelle!

❺ Pourquoi pas, mais chez moi !
. . . . , ma . . . . !

***

Les immeubles, surtout dans le sud de l'Italie, ont souvent des terrasses à la place des toits. Aménagées avec des plantes, des tonnelles fleuries et des chaises longues, elles constituent de superbes refuges

5 – **Alors venez tous chez moi** *(à maison ma)*,
6 *(à)* **prendre un digestif sur la** *(en)* **terrasse,**
7 **et** *(à)* **regarder les étoiles !**

4 Pour finir un bon repas italien, on vous proposera très probablement **un digestivo**, *un digestif*, ou **un amaro**, *une liqueur au goût un peu amer*, fabriquée à partir d'herbes, et autrefois spécialité des moines.

***

Corrigé de l'exercice 1

❶ Que pensez-vous d'un digestif ? ❷ Restons à l'extérieur ! ❸ Pourquoi pas ? ❹ C'est un spectacle très amusant ! ❺ Venez tous chez moi !

Corrigé de l'exercice 2

❶ – digestivo – finire – ❷ Volete – in – ❸ – notte – così – restiamo – ❹ – prendere – guardare – ❺ Perché no – a casa mia

***

contre la chaleur. On appelle **attico**, *un* appartement situé au dernier étage *et bénéficiant de ces grandes terrasses. Inutile de dire que c'est un bien très recherché !*

Quattordicesima lezione
*[kuattorditch**é**zima létsi**o**nê]*

Revisione – Révision

Vous voici arrivé à la fin de votre deuxième semaine de travail ; nous espérons qu'elle a été aussi agréable que la première. Pour vous aider à retenir les différents points que nous y avons abordés, nous vous en proposons une petite synthèse.

1 Le présent de l'indicatif des verbes réguliers

Nous l'avons évoqué en leçon 7, l'italien compte trois groupes de verbes réguliers. Voyez ci-après la conjugaison du présent de l'indicatif. Remarquez que, quel que soit le groupe de verbes concerné, on obtient le présent de l'indicatif en supprimant la terminaison de l'infinitif et en ajoutant au radical ainsi obtenu, les terminaisons suivantes :

1er groupe	2e groupe	3e groupe
-o	**-o**	**-o**
-i	**-i**	**-i**
-a	**-e**	**-e**
-iamo	**-iamo**	**-iamo**
-ate	**-ete**	**-ite**
-ano	**-ono**	**-ono**

1.1 Présent de l'indicatif des verbes réguliers du premier groupe, tels que *aspettare*, attendre

io aspett-o *j'attends*
tu aspett-i *tu attends*
lui/lei aspett-a *il/elle attend*
noi aspett-iamo *nous attendons*
voi aspett-ate *vous attendez*
loro aspett-ano *ils/elles attendent*

1.2 Présent de l'indicatif des verbes réguliers du deuxième groupe, tels que *scendere*, descendre

io scend-o *je descends*
tu scend-i *tu descends*
lui/lei scend-e *il/elle descend*
noi scend-iamo *nous descendons*
voi scend-ete *vous descendez*
loro scend-ono *ils/elles descendent*

1.3 Présent de l'indicatif des verbes réguliers du troisième groupe, tels que *offrire*, offrir

io offr-o *j'offre*
tu offr-i *tu offres*
lui/lei offr-e *il/elle offre*
noi offr-iamo *nous offrons*
voi offr-ite *vous offrez*
loro offr-ono *ils/elles offrent*

2 Les articles

Vous avez pu constater au cours des six leçons précédentes que les articles italiens sont assez nombreux et que leur forme change en fonction du nom qu'ils introduisent. En voici un tableau récapitulatif :

<table>
<tr><td colspan="2" rowspan="3"></td><td colspan="3">Les articles définis</td><td colspan="3">Les articles indéfinis</td></tr>
<tr><td colspan="3">DEVANT ↓</td><td colspan="3">DEVANT ↓</td></tr>
<tr><td>cons.</td><td>s + cons., z, gn, x, ps</td><td>voyelle</td><td>cons.</td><td>s + cons., z, gn, x, ps</td><td>voyelle</td></tr>
<tr><td rowspan="4">SINGULIER</td><td rowspan="2">m.</td><td>il</td><td>lo</td><td>l'</td><td>un</td><td>uno</td><td>un</td></tr>
<tr><td>il treno</td><td>lo zio</td><td>l'errore</td><td>un treno</td><td>uno zio</td><td>un errore</td></tr>
<tr><td rowspan="2">f.</td><td colspan="2">la</td><td>l'</td><td colspan="2">una</td><td>un'</td></tr>
<tr><td colspan="2">la terrazza</td><td>l'ora</td><td colspan="2">una pizza</td><td>un'ora</td></tr>
</table>

PLURIEL	m.	**i**	**gli**	**gli**	/
		i treni	**gli zii**	**gli errori**	
	f.	**le**			/
		le terrazze			
		le ore			

3 Les jours de la semaine

Lunedì, martedì, mercoledì, giovedì, venerdì, sabato, domenica.

***

Dialogo di revisione

1 – È mezzogiorno, mangiamo una pizza?
2 C'è una pizzeria in via Rossini!
3 – Avete un tavolo per quattro?
4 – Prego, accomodatevi in giardino!
5 – Allora vivete in campagna?
6 – Sì, ma viaggiamo spesso.
7 Restiamo a Firenze fino a domenica prossima.
8 – Per me gli spaghetti alle vongole, per favore!
9 – Per me un misto di primi!
10 – E per finire, venite a casa mia per un digestivo?

***

Vous voici arrivé à un point un peu fastidieux de la grammaire italienne : les verbes irréguliers. Ils sont relativement nombreux et l'on trouve parmi eux des verbes d'usage très courant, comme* dovere,** devoir ***;* fare,** faire ***;* sapere,** savoir, ***etc. Patience, donc, et surtout, faites confiance à notre méthode. Retenez les formes au fur et à mesure qu'elles apparaissent dans les dialogues ; votre

4 Se présenter et alimenter une conversation

Retrouvez les six expressions suivantes dans les six leçons qui précèdent et entraînez-vous à les utiliser en contexte... C'est ainsi que vous les mémoriserez le mieux.

Donner son adresse : **Abito in via Rossini, 5.**

Demander un horaire : **A che ora hai prenotato?**

Demander le nom de quelqu'un : **Come si chiamano i vostri amici?**

Demander l'âge : **Quanti anni hai?**

Interroger sur une durée : **Fino a quando restate a Firenze?**

Faire une proposition : **Che ne pensate di uno spettacolo?**

***

Traduction

1 Il est midi, mangeons-nous une pizza ? **2** Il y a une pizzeria rue Rossini ! **3** Avez-vous une table pour quatre ? **4** Je vous en prie, installez-vous dans le jardin ! **5** Alors, vous vivez à la campagne ? **6** Oui, mais nous voyageons souvent. **7** Nous restons à Florence jusqu'à dimanche prochain. **8** Pour moi les spaghettis aux palourdes, s'il vous plaît ! **9** Pour moi un assortiment d'entrées ! **10** Et pour finir, venez-vous chez moi pour un digestif ?

***

apprentissage se fera progressivement. Pour votre confort, nous vous proposons un appendice grammatical (en fin d'ouvrage) dans lequel vous trouverez les conjugaisons des principaux verbes irréguliers. C'est pour cette raison que nous indiquons l'infinitif de chaque nouveau verbe présenté.

15

Quindicesima lezione

[koui'nditchèzima létsionê]

In metropolitana

1 – Scusa Paolo,
2 sai [1] a quale fermata devo [2] scendere per l'agenzia di viaggi?
3 – A Piazza di Spagna. Ma scendo anche io con te.
4 – E poi è vicino?
5 – Sì, poi prendi la prima a destra; al semaforo, invece, prendi a sinistra,
6 e la trovi dopo duecento metri.
7 – Mi sembra difficile!
8 – Ma no! Se ti fa [3] piacere però [4], ti accompagno! □

Prononciation

*i'n‿métropolitana **1** skouza‿paolo **2** saï‿a‿kouoalê‿férmata dévo‿ché'ndèrê pér‿l'adjè'ntsia‿di‿viaddji **3** a piattsa‿di‿spagna. ma‿ché'ndo‿a'nkê‿io‿kon‿tê **4** é‿poï‿è‿vitchino **5** si poï prè'n di‿la‿prima‿a‿dèstra; al‿sémaforo i'nvétchê prè'ndi‿a‿sinistra **6** é‿la‿trovi dopo‿douétchè'nto‿mètri **7** mi‿sé'mbra‿diffitchilê **8** ma‿no! sé‿ti‿fa‿piatchérê péro ti‿akko'mpagno*

Notes

1 **sai**, est issu du verbe **sapere**, *savoir*. Vous rencontrez ici un des verbes irréguliers les plus fréquents en italien. Pour en connaître la conjugaison complète, n'hésitez pas à consulter l'appendice grammatical situé à la fin de cet ouvrage.

2 **devo**, *je dois*, vient du verbe irrégulier **dovere**, *devoir* : **Dobbiamo scendere qui**, *Nous devons descendre ici.*

Quinzième leçon

Dans [le] métro

1 – Excuse-[moi], Paolo,
2 [est-ce que tu] sais à quel arrêt je dois descendre pour l'agence de voyages ?
3 – *(À)* Place d'Espagne. Mais je descends moi aussi, avec toi.
4 – Et ensuite [c']est [tout] près [d'ici] ?
5 – Oui, ensuite tu prends la première à droite ; au feu rouge, en revanche, tu prends à gauche,
6 et tu la trouves à *(après)* deux cents mètres.
7 – [Cela] me paraît difficile !
8 – Mais non ! Mais si [cela] te fait plaisir *(si te fait plaisir mais)*, je t'accompagne !

3 **fa**, *il/elle/ça fait* est issu du verbe irrégulier **fare**, *faire* : **Che cosa fai?**, *Qu'est-ce que tu fais ?*

4 **ma** et **però**, signifient tous deux *mais* ; toutefois, alors que **ma** ne se trouve qu'en début de phrase, **però** peut s'utiliser aussi bien en début qu'en fin de phrase. Nous aurions pu écrire, par exemple : **Però se ti fa piacere, ti accompagno**, et encore : **Se ti fa piacere, ti accompagno, però**, *Mais si ça te fait plaisir, je t'accompagne*.

Esercizio 1 – Traducete

❶ Se vi fa piacere, vi accompagno. ❷ A quale fermata devo scendere per Piazza di Spagna? ❸ Al semaforo, devo prendere la prima a destra. ❹ Sì, però mi sembra difficile! ❺ Ma no, l'agenzia di viaggi è qui vicino!

Esercizio 2 – Completate

❶ Sais-tu où je dois descendre pour Piazza di Spagna ?
. . . dove . . . . scendere . . . Piazza di Spagna?

❷ Si vous voulez, je vous accompagne.
. . volete, ...

❸ L'agence de voyages est à deux cents mètres.
. . . . è a duecento metri.

16

Sedicesima lezione *[séditchèzima létsionê]*

Cartoline o mail [1]?

1 – Massimo, scriviamo **u**na cartolina a Lucia e Ludovico?
2 Loro ci scrivono sempre!
3 – Se vuoi [2], ma una mail mi sembra molto più rapida e più economica,

Prononciation

kartolinê ‿ o ‿ méïl **1** *massimo skriviamo ‿ ou'na ‿ kartolina*

Notes

1 **mail**, *mails* : comme vous pouvez le constater, les mots étrangers qui font partie du vocabulaire italien sont invariables.

Corrigé de l'exercice 1
❶ Si ça vous fait plaisir, je vous accompagne. ❷ À quel arrêt dois-je descendre pour la Place d'Espagne ? ❸ Au feu rouge, je dois prendre la première à droite. ❹ Oui, mais cela me paraît difficile ! ❺ Mais non, l'agence de voyages est tout près d'ici !

❹ Tu prends la première à droite, ensuite la première à gauche.
. . . . . . la prima . . . . la prima . . . .

❺ Je descends moi aussi.
. . . . . . anche io.

Corrigé de l'exercice 2
❶ Sai – devo – per – ❷ Se – vi accompagno ❸ L'agenzia di viaggi – ❹ Prendi – a destra poi – a sinistra ❺ Scendo –

16

Seizième leçon

Cartes ou mails ?

1 – Massimo, écrivons-nous une carte à Lucia et Ludovico ?
2 Ils nous écrivent toujours !
3 – Si tu veux, mais un mail me semble beaucoup plus rapide et plus économique,

*a‿loutch**i**a‿é‿loudov**i**ko* ***2*** *l**o**ro tchi‿skr**i**vono‿s**è**'mprê* ***3*** *sé‿vou**o**ï, ma‿**ou**'na‿m**é**ïl mi‿s**é**'mbra‿m**o**lto‿pi**ou**‿r**a**pida é pi**ou** ékon**o**mika*

2 **vuoi**, *tu veux*, est la deuxième personne du singulier du verbe irrégulier **volere**, *vouloir* : **Voglio scrivere una cartolina**, *Je veux écrire une carte*.

4 tanto più che possiamo aggiungere, in allegato,
5 tutte le nostre bellissime foto [3] di Siena!
6 – Bah! È vero! Ma voi patiti di informatica non scrivete più un rigo a mano!
7 – Dimentichi [4], cara, che non abbiamo francobolli,
8 che i tabaccai sono chiusi perché è domenica,
9 e che non abbiamo visto una sola buca per le lettere. □

4 ta'nto piou ké possiamo addjou'ndjèrê, in allégato, 5 touttê lé nostrê béllissimê foto di sïéna 6 ba è vèro ma voï patiti di i'nformatika n'on skrivétê piou oun rigo a mano

Notes

3 **foto** est la forme abrégée de **fotografia**, dont le pluriel, **fotografie**, est tout à fait régulier. Les formes abrégées, en revanche, sont invariables : **le foto**, *les photos*.

4 **dimentichi**, *tu oublies* : les verbes dont l'infinitif se termine en **-care**, comme **dimenticare**, *oublier*, et en **-gare**, comme **pagare**, *payer*, présentent une particularité. Ils prennent un **h** après le **c** et le **g** quand leurs terminaisons commencent par **i** ou **e**, cela afin de conserver les sons *[k]* et *[g]* de l'infinitif.

***

Esercizio 1 – Traducete

❶ Lucia ci scrive sempre! ❷ Scriviamo anche noi una cartolina? ❸ Non abbiamo più francobolli! ❹ Non ho ancora visto una buca per le lettere. ❺ La mail ci sembra molto più rapida.

4 d'autant plus que nous pouvons ajouter, en pièce jointe,
5 toutes nos magnifiques *(très belles)* photos de Sienne !
6 – Bah ! C'est vrai ! Mais vous [les] mordus d'informatique, vous n'écrivez plus une ligne à la main !
7 – Tu oublies, chérie, que nous n'avons pas [de] timbres,
8 que les bureaux de tabac *(buralistes)* sont fermés parce que [c']est dimanche,
9 et que nous n'avons pas vu une seule boîte aux *(trou pour les)* lettres.

***7** dim**é**'ntiki, k**a**ra, ké ‿no'n ‿abbi**a**mo ‿fra'nkob**o**lli, **8** ké i ‿tabakk**a**ï s**o**no ‿ki**ou**zi pérk**é** ‿è ‿dom**é**nika **9** é ‿ké n'on ‿abbi**a**mo ‿v**i**sto **ou**'na ‿s**o**la ‿b**ou**ka ‿pér ‿lé ‿l**è**ttèrê*

***

Corrigé de l'exercice 1

❶ Lucia nous écrit toujours ! ❷ Écrivons-nous, nous aussi, une carte ? ❸ Nous n'avons plus de timbres ! ❹ Je n'ai pas encore vu de boîte aux lettres. ❺ Le mail nous semble beaucoup plus rapide.

Esercizio 2 – Completate

❶ Lucia et Ludovico nous écrivent de Sienne.
Lucia e Ludovico . . . . da . . . . . .

❷ Vous n'écrivez plus rien à la main !
Non . . . . più niente . . . . . !

❸ Tu oublies, chérie, que les bureaux de tabac *(buralistes)* sont fermés.
. . . . , cara, che . . . . sono chiusi.

17

Diciassettesima lezione

[ditchassèttèzima létsionê]

Dove sono finiti i passaporti?

1 – Mamma, è un'ora [1] che cerco i passaporti!
2 I gemelli perdono sempre tutto!
3 – Hai guardato bene nei [2] cassetti, negli zaini,
4 e soprattutto nelle tasche dei tuoi fratelli?
5 – Ma sì, lo fanno apposta!
6 – Non è vero, mamma,

Prononciation

dovê‿sono‿finiti i‿passaporti **1** *mamma è‿ou'n‿ora ké‿tchérko‿i‿passaporti* **2** *i‿djémèlli pèrdono‿sè'mprê‿toutto*

Notes

1 **è un'ora**, *cela fait une heure* ; attention, pour toutes les autres heures, il faut mettre le verbe au pluriel : **sono due**, **tre ore**, *cela fait deux*, *trois heures*, etc.

2 **nei**, **negli** (phrase 3), **nelle** (phrase 4)... que de formes ! Vous savez déjà que les articles définis sont relativement nombreux en italien. Quand

❹ Voilà les magnifiques *(très belles)* photos de Sienne.
Ecco . . . . di Siena.

❺ Écrivons un mail à Ludovico, si tu veux.
. . . . una mail a Ludovico, ...

Corrigé de l'exercice 2

❶ – ci scrivono – Siena ❷ – scrivete – a mano ❸ Dimentichi – i tabaccai – ❹ – le bellissime foto – ❺ Scriviamo – se vuoi

17

Dix-septième leçon

Où sont passés *(finis)* les passeports ?

1 – Maman, ça fait *(est)* une heure que je cherche les passeports !
2 Les jumeaux perdent toujours tout !
3 – As-tu bien regardé dans les tiroirs, dans les sacs à dos,
4 et surtout dans les poches de tes frères ?
5 – Mais oui, ils le font exprès !
6 – Ce n'est pas vrai, maman,

***3** aï gouard**a**to‿b**è**ne néï‿kass**é**tti n**é**ll[i]‿dsa**ï**ni **4** é‿sopratt**ou**tto n**é**llê‿t**a**skê déï‿tou**o**ï‿frat**è**lli **5** ma‿si lo‿f**a**nno‿app**o**sta **6** n'on‿è‿v**é**ro‿m**a**mma*

ils suivent les prépositions **in**, **a**, **di**, **da**, **su**, ils donnent lieu à des formes contractées : **nei**, **dalle**, **sulla**, etc. Nous vous en donnerons les listes complètes en leçon de révision.

7 è **A**ngela che cr**e**de che se perdi**a**mo l'a**e**reo [3],
8 resti**a**mo a R**o**ma **u**na settim**a**na di pi**ù**! □

*7 è ‿ **a**'ndjèla ké ‿ kr**é**dê ké ‿ sé ‿ pèrdi**a**mo ‿ la**è**rèo*
*8 réstiamo ‿ a ‿ r**o**ma **ou**na ‿ séttim**a**na ‿ di ‿ pi**ou***

***

Esercizio 1 – Traducete

❶ I gemelli lo fanno apposta! ❷ Loro perdono sempre l'aereo. ❸ Angela, è un'ora che ti cerco! ❹ Dov'è finito il mio passaporto? ❺ Hai guardato bene in tutti i cassetti?

Esercizio 2 – Completate

❶ Paolo croit que si nous ratons l'avion, nous restons une semaine de plus.
Paolo . . . . . che se . . . . l'aereo . . . . una settimana di più.

❷ As-tu bien regardé dans les tiroirs et dans les poches ?
Hai guardato bene . . . cassetti e . . . . ?

❸ Les passeports sont dans les sacs à dos.
. passaporti sono . . . . . zaini.

❹ Ce n'est pas vrai, maman !
. . . . , mamma!

❺ Mais oui, restons une semaine de plus !
. . . . , restiamo una settimana . . . . . !

7 **c'est Angela qui croit que si nous ratons** *(perdons)* **l'avion,**
8 **nous restons à Rome une semaine de plus !**

Note

3 **perdere l'aereo**, *rater l'avion* : littéralement, l'italien ne *rate* pas, il "perd" ses avions, trains, ou même, bus... Vous voilà prévenu !

***

Corrigé de l'exercice 1

❶ Les jumeaux le font exprès ! ❷ Ils ratent toujours l'avion. ❸ Angela, ça fait une heure que je te cherche ! ❹ Où est passé mon passeport ? ❺ As-tu bien regardé dans tous les tiroirs ?

Corrigé de l'exercice 2

❶ – crede – perdiamo – restiamo – ❷ – nei – nelle tasche ❸ I – negli – ❹ Non è vero – ❺ Ma sì – di più

Diciottesima lezione *[ditchottèzima létsionê]*

Una denuncia

1 – Vorrei fare una denuncia [1], per favore,
2 ho perso i miei [2] documenti.
3 – Il passaporto o la carta d'identità?
4 – Tutti [3] e due [4], mi resta solo la patente.
5 – Mi può dire il Suo [5] nome lettera per lettera?
6 – Renato: erre, e, enne, a, ti, o.
7 – Renato è il Suo nome o il Suo cognome?
8 – Il mio cognome, il mio nome è Arturo.

Prononciation

ouna‿dénou'ntcha **1** *vorrèï‿farê ouna‿dénou'ntcha pér‿favorê* **2** *o‿pèrso‿i‿mièï‿dokoumé'nti* **3** *il‿passaporto o‿la‿karta‿di‿idé'ntita* **4** *toutti‿é‿douê mi‿rèsta‿solo‿la‿*

Notes

1 **una denuncia** peut être, selon le contexte, **una denuncia di smarrimento** (litt. "une plainte d'égarement"), *une déclaration de perte* ou **una denuncia di furto**, *une déclaration de vol*. Dans les deux cas il faut utiliser le verbe **fare**, *faire*.

2 **i miei documenti**, *mes papiers* ; **il Suo nome** (phrase 5), *son prénom* ; comme les articles, les adjectifs possessifs sont nombreux en italien. Retenez ceux-ci pour le moment et pour plus de détails, rendez-vous en leçon de révision.

3 **tutti**, *tous* : après une liste de mots combinant féminin(s) et masculin(s), le pluriel se fait, comme en français, au masculin.

4 **tutti e due**, *(tous) les deux* : prenez garde à ne pas oublier le **e**, *et*, intermédiaire.

Dix-huitième leçon

Une déclaration de perte *(plainte)*

1 – Je voudrais déposer *(faire)* une déclaration de perte *(plainte)*, s'il vous plaît,
2 j'ai perdu mes papiers.
3 – Le passeport ou la carte d'identité ?
4 – *(Tous)* Les *(et)* deux, il me reste seulement mon *(le)* permis de conduire.
5 – Pouvez-vous m'épeler votre nom *(peut me dire son nom lettre par lettre)* ?
6 – Renato : r, e, n, a, t, o.
7 – Renato [c']est votre *(Son)* prénom ou votre *(Son)* nom ?
8 – [C'est] mon nom, mon prénom est Arturo.

*pat**è**'ntê* ***5*** *mi‿pou**o**‿d**i**rê‿il‿s**ou**o‿n**o**mê l**è**ttèra‿pér‿l**è**ttèra* ***6*** *rén**a**to: **è**rrê, é, **è**nnê, a, ti, o* ***7*** *rén**a**to‿è‿il‿s**ou**o‿n**o**mê o‿il‿s**ou**o‿kogn**o**mê* ***8*** *il‿m**ï**o‿kogn**o**mê, il‿m**ï**o‿n**o**mê è‿art**ou**ro*

5 **Suo** (litt. "Son"), *votre* : nous avons déjà vu que la formule de politesse requiert, en italien, la 3e personne du singulier ; en voici encore quelques exemples (phrases 7, 10 et 11). Si cela ne vous semble pas encore tout à fait logique, patience ! Progressivement, vous vous surprendrez à vouvoyer avec aisance…

9 – B**e**ne, ad**e**sso d**e**ve riemp**i**re qu**e**sta sch**e**da,
10 e indic**a**re la S**u**a d**a**ta di n**a**scita, la S**u**a nazionalit**à**,
11 e il S**u**o indir**i**zzo compl**e**to. □

9 bènê adèsso ‿ dévê ‿ rié'mpirê kouésta ‿ skèda ***10*** *é ‿ i'ndikarê la ‿ soua ‿ data ‿ di ‿ nachita la ‿ soua ‿ natsionalita* ***11*** *é ‿ il ‿ souo ‿ i'ndirittso ‿ ko'mplèto*

***

Esercizio 1 – Traducete

❶ Devo fare una denuncia di smarrimento. ❷ Ecco la scheda che deve riempire. ❸ Deve indicare qui la Sua nazionalità. ❹ Devo dire il mio cognome lettera per lettera? ❺ Ho perso la patente!

Esercizio 2 – Completate

❶ J'ai perdu mes papiers.
Ho perso . . . .

❷ Tu as perdu le passeport ou la carte d'identité ? – Les deux !
Hai perso . . passaporto o . . carta d'identità?
– . . . . !

❸ Mon nom est Rescigno : r, e, s, c, i, g, n, o.
. . . . Rescigno : r, e, s, c, i, g, n, o.

❹ Vous devez écrire ici votre date de naissance et votre nationalité.
. . . . scrivere qui . . . . e la Sua . . . .

❺ Pouvez-vous me donner votre adresse complète ?
Mi . . . dare il . . . . completo?

9 – **Bien, maintenant vous devez** *(doit)* **remplir cette fiche,**
10 **et indiquer votre** *(Sa)* **date de naissance, votre** *(Sa)* **nationalité,**
11 **et votre** *(Sa)* **adresse complète.**

***

Corrigé de l'exercice 1

❶ Je dois déposer une déclaration de perte. ❷ Voici la fiche que vous devez remplir. ❸ Vous devez indiquer ici votre nationalité. ❹ Dois-je épeler mon nom ? ❺ J'ai perdu mon permis de conduire !

Corrigé de l'exercice 2

❶ – i miei documenti ❷ – il – la – tutti e due ❸ Il mio cognome è – ❹ Deve – la Sua data di nascita – nazionalità ❺ – può – suo indirizzo –

Diciannovesima lezione
[ditchannovèzima létsionê]

Presto, siamo in ritardo!

1 – Che **o**re s**o**no [1], Carlo?
2 – S**o**no le sette e di**e**ci [2]!
3 **A**lle **o**tto dobbi**a**mo **e**ssere all'aerop**o**rto,
4 e anc**o**ra non s**e**i pr**o**nta!
5 – Non s**o**no le sette e di**e**ci, s**o**no le s**e**tte m**e**no di**e**ci.
6 S**o**no pr**o**nta tra un min**u**to [3]!
7 Che ne p**e**nsi del m**i**o nu**o**vo [4] capp**o**tto?
8 E d**e**lle m**i**e nu**o**ve sc**a**rpe v**e**rdi?
9 – Mio Dio...!!! □

Prononciation
prèsto siamo ‿ i'n ‿ ritardo **1** *ké ‿ orê ‿ sono karlo* **2** *sono ‿ lé ‿ sèttê ‿ é ‿ diètchi* **3** *allê ‿ otto ‿ dobbiamo ‿ èssèrê all ‿ aêroporto* **4** *é ‿ a'nkora ‿ no'n ‿ sëi ‿ pro'nta*

Notes

1 **Che ore sono?**, ou **Che ora è?**, ces deux formules, équivalentes, signifient, vous l'avez deviné, *Quelle heure est-il ?*

2 **Sono le sette e dieci**, *Il est sept heures dix*, nous nous permettons de vous rappeler que pour exprimer l'heure, l'italien utilise toujours l'article, mais jamais le mot **ore** (leçon 9).

3 **tra un minuto** (litt. "entre une minute"), *dans une minute* : observez et mémorisez cette utilisation de la préposition **tra** (ou **fra**) dans les expressions de temps.

4 Il existe, en italien, deux groupes d'adjectifs : les adjectifs à quatre formes d'accord et les adjectifs à deux formes d'accord. Au 1er groupe appartiennent des adjectifs tels que **nuovo**, *nouveau*, *neuf*, pour lequel

Dix-neuvième leçon

Vite, nous sommes en retard !

1 – Quelle heure est-il *(quelles heures sont)*, Carlo ?
2 – Il est *(sont les)* sept [heures] *(et)* dix !
3 Nous devons être à l'aéroport à huit heures,
4 et tu n'es pas encore prête !
5 – Il n'est pas sept [heures] *(et)* dix, il est sept [heures] moins dix.
6 Je suis prête dans *(entre)* une minute !
7 Que *(en)* penses-tu de mon nouveau manteau ?
8 Et de mes nouvelles chaussures vertes ?
9 – Mon Dieu... !!!

***5** n'on‿s**o**no‿lé‿s**è**ttê‿é‿di**è**tchi s**o**no lé‿s**è**ttê‿m**é**no‿di**è**tchi **6** s**o**no‿pr**o**'nta‿tra‿ou'n‿min**ou**to **7** ké‿né‿p**è**'nsi dél‿m**i**o‿nou**o**vo kapp**o**tto **8** é‿d**é**llê‿m**ï**ê‿nou**o**vê sk**a**rpê‿v**é**rdi **9** m**ï**o‿d**ï**o*

nous avons **nuovo**, *neuf* ; **nuovi**, *neufs* ; **nuova**, *neuve* ; **nuove**, *neuves*. Au 2nd groupe appartiennent des adjectifs tels que **verde**, *vert* (phrase 8), pour lequel nous avons **verde**, *vert*, *verte* et **verdi**, *verts*, *vertes*.

Esercizio 1 – Traducete

❶ Sono le otto meno dieci. ❷ Sono pronta tra dieci minuti. ❸ È mezzogiorno e venti. ❹ Carla, ancora non sei pronta! ❺ Mio Dio, dobbiamo essere all'aeroporto tra cinque minuti!

Esercizio 2 – Completate

❶ Le train arrive dans six minutes.
.. treno arriva ... ... minuti.

❷ Que pensez-vous de mes nouvelles chaussures italiennes ?
Che ne pensate delle mie .... ?

❸ Mon manteau est vert.
Il mio .... è ......

❹ Les autobus partent à huit heures, à huit heures dix et à neuf heures moins vingt.
... autobus partono ...., ...
e ....

20 Ventesima lezione *[vé'ntèzima létsionê]*

Verso l'aeroporto

1 – Dai [1] Luisa, il taxi ci aspetta da un quarto d'ora [2]!

2 – Come sei noioso, Carlo,

Prononciation

vèrso ‿ l'aêréoporto **1** *daï louiza il ‿ taxi ‿ tchi ‿ aspètta da ‿ oun ‿ kouarto ‿ dora* **2** *komê ‿ sèï ‿ noïozo karlo*

Corrigé de l'exercice 1

❶ Il est huit heures moins dix. ❷ Je suis prête dans dix minutes. ❸ Il est midi vingt. ❹ Carla, tu n'es pas encore prête ! ❺ Mon Dieu, nous devons être à l'aéroport dans cinq minutes !

❺ **Nous devons être à l'aéroport dans une heure.**
Dobbiamo essere . . . . tra . . . .

Corrigé de l'exercice 2

❶ Il – tra sei – ❷ – nuove scarpe italiane ❸ – cappotto – verde ❹ Gli – alle otto, alle otto e dieci – alle nove meno venti ❺ – all'aeroporto – un'ora

20

Vingtième leçon

Vers l'aéroport

1 – Allez *(donne)* **Luisa, le taxi nous attend depuis un quart d'heure !**
2 – Que tu es ennuyeux, Carlo,

Notes

1 **dai**, *allez, vite, s'il te plaît*... Ce petit mot, très courant dans la langue parlée peut se traduire de diverses manières. En voici quelques-unes. Son infinitif est **dare**, *donner*.

2 **da un quarto d'ora** signifie ici *depuis un quart d'heure*... La préposition **da**, très utilisée, peut avoir de nombreux sens différents. Vous les découvrirez petit à petit.

3 **manca ancora un sacco di tempo** [3]!
4 – A proposito, da quale terminal imbarchiamo?
5 E qual è il numero del nostro volo?
6 Puoi guardare sui biglietti, per favore?
7 – Certo, caro… ma dove si sono nascosti [4] questi biglietti?
8 – Luisa, se hai ancora dimenticato i biglietti,
9 è la volta che chiedo il divorzio! □

3 ma'nka‿a'nkora oun‿sakko‿di‿tè'mpo 4 a‿propozito da‿koualê‿tèrminal‿i'mbarkiamo 5 é‿koual‿è‿il‿noumèro dél‿nostro‿volo 6 pouoï‿gouardarê souï‿bill'iétti pér‿favorê

Notes

3 **un sacco di tempo** (litt. "un sac de temps"), *beaucoup de temps* : dans la langue parlée, **un sacco di** est devenu synonyme de **molto**, *beaucoup*, ou **moltissimo**, *vraiment beaucoup*.

4 **si sono nascosti**, *ils se sont cachés*, est issu du verbe pronominal **nascondersi** dont vous trouverez la conjugaison complète en leçon de révision.

***

Esercizio 1 – Traducete

❶ Ti aspetto da un sacco di tempo! ❷ Come siete noiosi! ❸ Puoi guardare il numero del volo? ❹ Dove si sono nascosti i tuoi amici? ❺ Qual è il tuo biglietto?

3 [il] reste *(manque)* encore beaucoup *(un sac)* de temps !
4 – À propos, de *(depuis)* quel terminal embarquons-nous ?
5 Et quel est le numéro de notre vol ?
6 Peux-tu regarder sur les billets, s'il te plaît ?
7 – Certainement, chéri… mais où se sont cachés ces billets ?
8 – Luisa, si tu as encore oublié les billets,
9 cette *(c'est la)* fois *(que)* je demande le divorce !

7 tchèrto‿karo… ma‿dovê‿si‿sono‿naskosti kouésti‿bill'étti 8 louiza sé‿aï‿a'nkora‿dimè'ntikato i‿bill'étti 9 è‿la‿volta ké‿kièdo‿i‿ldivortsio

***

Corrigé de l'exercice 1

❶ Je t'attends depuis longtemps ! ❷ Que vous êtes ennuyeux ! ❸ Peux-tu regarder le numéro du vol ? ❹ Où se sont cachés tes amis ? ❺ Quel est ton billet ?

Esercizio 2 – Completate

❶ Allez, Lucia, Carlo nous attend !
. . . Lucia, Carlo . . aspetta!

❷ Nous avons encore beaucoup de temps !
. . . . ancora . . . . tempo!

❸ Luisa, tu oublies tes cartes.
Luisa, ... tue cartoline.

21

Ventunesima lezione *[vé'ntounèzima létsionê]*

Revisione – Révision

1 La forme pronominale des verbes

Comme en français, certains verbes italiens possèdent une forme pronominale. C'est le cas par exemple pour le verbe **nascondere**, *cacher*, qui donne le verbe pronominal **nascondersi**, *se cacher*. En voici la conjugaison avec les pronoms personnels réfléchis appropriés :

io mi nascondo *je me cache*
tu ti nascondi *tu te caches*
lui/lei si nasconde *il/elle se cache*
noi ci nascondiamo *nous nous cachons*
voi vi nascondete *vous vous cachez*
loro si nascondono *ils/elles se cachent*

2 Les verbes du premier groupe en *-care* et *-gare*

Les verbes qui se terminent en **-care** et **-gare** conservent la prononciation de leur infinitif (respectivement *[k]* et *[g]*) lorsqu'ils sont conjugués : il faut donc ajouter un **h** après le **c** ou le **g** lorsque la terminaison commence par **e** ou **i** (c'est-à-dire à la 2e personne du

❹ À propos, d'où partons-nous ?
. . . . partiamo?

❺ Certainement, chéri ! Que tu es ennuyeux, chéri !
. . . . . caro! . . . . , caro!

Corrigé de l'exercice 2
❶ Dai – ci – ❷ Abbiamo – un sacco di – ❸ – dimentichi le – ❹ A proposito da dove – ❺ Certo – Come sei noioso –

21

Vingt et unième leçon

singulier et à la 1re personne du pluriel pour les verbes conjugués au présent de l'indicatif), voyez ces exemples :

– **dimenticare**, *oublier*

io dimentico	*j'oublie*
tu dimentichi	*tu oublies*
egli dimentica	*il/elle oublie*
noi dimentichiamo	*nous oublions*
voi dimenticate	*vous oubliez*
essi dimenticano	*ils/elles oublient*

– **spiegare**, *expliquer*

io spiego	*j'explique*
tu spieghi	*tu expliques*
egli spiega	*il/elle explique*
noi spieghiamo	*nous expliquons*
voi spiegate	*vous expliquez*
essi spiegano	*ils/elles expliquent*

3 Les pluriels invariables

Hormis quelques exceptions, deux types de pluriel restent invariables en italien :
– Le pluriel des abréviations : **Ho fatto una bella foto**, *J'ai fait une belle photo.* → **Ho fatto un sacco di belle foto**, *J'ai fait plein de belles photos.*

– Le pluriel des mots d'origine étrangère : **Ho mandato una mail**, *J'ai envoyé un mail.* → **Ho mandato delle mail**, *J'ai envoyé des mails.*

4 Les adjectifs qualificatifs

Comme vous l'avez constaté en leçon 19, il existe en italien deux grands groupes d'adjectifs :

– les adjectifs à quatre formes d'accord

Ce sont les adjectifs qui, comme la plupart des adjectifs français, ont une forme pour le masculin singulier, une forme pour le féminin singulier, une forme pour le masculin pluriel et une pour le féminin pluriel. C'est le cas de l'adjectif **nuovo**, *neuf*, qui compte trois autres formes : **nuova**, *neuve* ; **nuovi**, *neufs* ; **nuove**, *neuves*.

– les adjectifs à deux formes d'accord

Ce sont les adjectifs qui fonctionnent avec seulement deux formes, la forme du singulier et la forme du pluriel : **verde**, *vert, verte*, donne au pluriel **verdi**, *verts, vertes*. Comparez avec le français *mince*.

5 Les adjectifs possessifs

Nous avons abordé rapidement les adjectifs possessifs au cours de la leçon 18. Ce tableau récapitulatif vous permettra de faire une petite révision des formes que vous connaissez déjà et de découvrir les autres !

		OBJET POSSÉDÉ			
		SINGULIER		PLURIEL	
		Féminin	Masculin	Féminin	Masculin
POSSESSEUR	JE	**mia**	**mio**	**mie**	**miei**
		ma	*mon*	*mes*	*mes*
	TU	**tua**	**tuo**	**tue**	**tuoi**
		ta	*ton*	*tes*	*tes*
	IL/ELLE/VOUS (politesse)	**sua**	**suo**	**sue**	**suoi**
		sa	*son*	*ses*	*ses*
	NOUS	**nostra**	**nostro**	**nostre**	**nostri**
		notre	*notre*	*nos*	*nos*
	VOUS	**vostra**	**vostro**	**vostre**	**vostri**
		votre	*votre*	*vos*	*vos*
	ILS/ELLES	**loro**	**loro**	**loro**	**loro**
		leur	*leur*	*leurs*	*leurs*

Notez que **loro**, *leur / leurs* est invariable.

6 Les articles contractés

Lorsque les prépositions **di**, *de* ; **a**, *à* ; **da**, *de, par, depuis*, etc. ; **su**, *sur* ; **in**, *dans*, *en*, etc., sont employées devant un article défini, l'italien utilise des formes contractées dont voici le résumé :

+	**il**	**lo**	**la**	**l'**	**li**	**gli**	**le**
di	**del**	**dello**	**della**	**dell'**	**dei**	**degli**	**delle**
a	**al**	**allo**	**alla**	**all'**	**ai**	**agli**	**alle**
da	**dal**	**dallo**	**dalla**	**dall'**	**dai**	**dagli**	**dalle**
su	**sul**	**sullo**	**sulla**	**sull'**	**sui**	**sugli**	**sulle**
in	**nel**	**nello**	**nella**	**nell'**	**nei**	**negli**	**nelle**

7 Demander ou donner un renseignement

Au cours des six leçons précédentes, nous avons utilisé de nombreuses expressions très courantes et donc très utiles. Nous vous en proposons ici un résumé. Vous souvenez-vous de leur sens et du contexte dans lequel elles apparaissent ?

Demander l'heure :

Che ora è?
Che ore sono?

Donner l'heure :

È mezzogiorno.
Sono le otto.
Sono le sette meno dieci.
Sono le sette e dieci.

Dialogo di revisione

1 – Scusa, Paolo, a quale fermata devo scendere per Piazza di Spagna?
2 – Scendo con te, ti accompagno!
3 – Scriviamo una cartolina a Lucia?
4 – Ma no, una mail è molto più rapida!
5 – Sai che Angela crede che se perdiamo l'aereo restiamo a Roma?
6 E che i gemelli hanno perso i passaporti e le carte d'identità?
7 – Dai, Luisa, alle otto dobbiamo essere all'aeroporto

Se renseigner :

A quale fermata devo scendere?
Da quale terminal imbarchiamo?

Donner une indication :

Prendi la prima a destra, e al semaforo, la prima a sinistra.

Épeler un nom :

ASSIMIL: a, esse, esse, i, emme, i, elle.

8 e sono le sette meno dieci!
9 A proposito, sai da quale terminal imbarchiamo?
10 – Certo, caro, guardo sui biglietti!

Traduction

1 Excuse-moi, Paolo, à quel arrêt dois-je descendre pour la Place d'Espagne ? **2** Je descends avec toi, je t'accompagne ! **3** Écrivons-nous une carte à Lucia ? **4** Mais non, un mail est beaucoup plus rapide ! **5** Sais-tu qu'Angela croit que si nous ratons l'avion, nous restons à Rome ? **6** Et que les jumeaux ont perdu les passeports et les cartes d'identité ? **7** Allez, Luisa, à huit heures nous devons être à l'aéroport **8** et il est sept heures moins dix ! **9** À propos, sais-tu de quel terminal nous embarquons ? **10** Certainement, chéri, je regarde sur les billets !

Ventiduesima lezione

Notez qu'à partir de cette leçon, seule vous est proposée la prononciation des mots nouveaux ou des mots qui présentent une difficulté particulière.

Oggi offro io [1]!

1 – Ragazzi [2], stasera vi offro lo champagne [3]!
2 Da ieri ho un nuovo lavoro:
3 sono assunto come architetto in un gruppo internazionale!
4 – Congratulazioni, Piero, sono proprio [4] contenta per te!
5 – Grazie, sono contentissimo anche io, perché è proprio il posto che cercavo:
6 mi chiedono di viaggiare molto,
7 di parlare molte lingue straniere,
8 e mi offrono un eccellente stipendio!
9 – Stupendo!

Prononciation

1 ragattsi … 2 … iéri … nouovo … 3 … assou'nto … arkitétto … i'ntèrnatsionalê 4 ko'ngratoulatsioni … ko'ntè'nta … 5 … tchérkavo 6 … kiédono … 8 … éttchéll'èntê stipè'ndio

Notes

1 **offro io**, *c'est moi qui invite* (litt. "offre moi"). En plus de la conjugaison au présent de l'indicatif des verbes du 3e groupe (leçon 14, § 1), observez ici l'enthousiasme de Piero traduit par la présence de **io**, *moi*.

2 La traduction exacte de **ragazzi** est *garçons*. Mais, dans ce type de contexte, ce mot acquiert le sens de *les amis !*, *les copains !* On peut également l'utiliser au féminin : **ragazze**, *les amies !*

Vingt-deuxième leçon

Aujourd'hui, c'est moi qui invite *(offre moi)* !

1 – Les copains *(garçons)*, ce soir, je vous offre le champagne !
2 Depuis hier, j'ai un nouvel emploi :
3 je suis embauché comme architecte dans un groupe international !
4 – Félicitations, Piero, je suis vraiment contente pour toi !
5 – Merci, je suis très content moi aussi *(aussi moi)*, parce que c'est exactement le poste que je cherchais :
6 ils me demandent de beaucoup voyager,
7 de parler beaucoup de langues étrangères,
8 et ils m'offrent un excellent salaire !
9 – [C'est] magnifique !

3 **lo champagne**, *le champagne* : pour les mots étrangers, le choix de l'article se fait toujours en fonction de la prononciation du mot. Le son *[cha]* français s'écrit **scia** en italien ; et nous savons que devant un mot commençant par un **s** suivi d'une consonne, il faut employer l'article **lo** (défini) ou **uno** (indéfini) (leçon 14, § 2).

4 Le mot **proprio** peut avoir plusieurs sens. Aux phrases 4 et 5, il signifie respectivement *vraiment* et *exactement*. Nous vous dévoilerons toute sa polysémie petit à petit… Patience !

Esercizio 1 – Traducete

❶ Da ieri sono assunto come architetto. ❷ Sono contentissimo: è proprio il posto che cercavo. ❸ Mi chiedono di viaggiare molto, ma mi offrono un eccellente stipendio! ❹ Devo parlare molte lingue straniere. ❺ Oggi vi offro lo champagne!

Esercizio 2 – Completate

❶ J'ai un nouvel emploi dans un groupe international.
Ho un nuovo . . . . . . in un . . . . . .
. . . .

❷ Félicitations, Piero, nous sommes vraiment contents pour toi !
. . . . , Piero, siamo . . . .
per . . !

❸ Merci, je suis très content moi aussi.
. . . . . . , sono . . . . anche . . .

❹ Paolo parle beaucoup de langues étrangères.
Paolo parla . . . . . lingue . . . .

❺ C'est magnifique ! Ils m'offrent un excellent salaire !
. . . . ! Mi . . . . un eccellente . . . . !

Corrigé de l'exercice 1

❶ Depuis hier, je suis embauché comme architecte. ❷ Je suis très content : c'est exactement le poste que je cherchais. ❸ Ils me demandent de beaucoup voyager, mais ils m'offrent un excellent salaire ! ❹ Je dois parler beaucoup de langues étrangères. ❺ Aujourd'hui, je vous offre le champagne !

Corrigé de l'exercice 2

❶ – lavoro – gruppo internazionale ❷ Congratulazioni – proprio contenti – te ❸ Grazie – contentissimo – io ❹ – molte – straniere ❺ Stupendo – offrono – stipendio

23

Ventitreesima lezione

In ufficio

1 – **E**cco, Dott**o**r N**i**tti, qu**e**sto [1] è il s**u**o uff**i**cio,
2 e qu**e**lla lì [2] è la st**a**nza [3] del s**u**o collaborat**o**re, il Dott**o**r R**e**ddi.
3 Quell'uff**i**cio che v**e**de in f**o**ndo al corrid**o**io, m**o**lto gr**a**nde,
4 è qu**e**llo del n**o**stro c**a**po, il Dott**o**r L**o**nghi.
5 Qu**e**sta st**a**nza qui, inv**e**ce, è la segreter**i**a.
6 Le s**a**le di riuni**o**ne s**o**no al t**e**rzo pi**a**no,
7 e la m**e**nsa è all'**u**ltimo pi**a**no.
8 Gli ascens**o**ri, naturalm**e**nte, s**o**no lì dav**a**nti **a**lle sc**a**le,
9 E se ha bis**o**gno di **a**ltro, io s**o**no raggiung**i**bile al 3579 (tre, c**i**nque, s**e**tte, n**o**ve) [4].

Prononciation

*… ouff**i**tcho* **2** *… st**a**'ntsa* … **3** *… korrid**o**io* … **5** *… i'nv**é**tchê* … **6** *… riouni**o**nê* … **7** *… m**è**'nsa* … **8** *… achè'ns**o**ri* … **9** *raddjou'ndj**i**bilê … tré tch**i**'nkouê s**è**ttê n**o**vê*

Notes

1 **questo**, *ceci*… En italien, les adjectifs démonstratifs donnent à voir nettement la distance de l'objet considéré. Il est impératif d'utiliser **questo**, **questa**, **questi**, **queste** pour désigner les objets proches et **quello**, **quella**, **quelli**, **quelle** pour désigner les objets plus éloignés, un peu comme nos, *ce-…-ci* et *ce-…-là*.

2 **lì** et **là** *(-là)*, et **qui** et **qua** *(-ci)*, parfaitement synonymes entre eux, renforcent l'idée de proximité ou d'éloignement véhiculée par **questo** et **quello**.

Vingt-troisième leçon

Au *(dans)* bureau

1 – Voilà, Monsieur *(Docteur)* Nitti, ceci est votre bureau,
2 et celui-là *(celle-là)* est le bureau *(la pièce)* de votre collaborateur, Monsieur *(le Docteur)* Reddi.
3 Ce bureau que vous voyez au fond du couloir *(en fond au couloir)*, très grand,
4 est celui de notre chef, Monsieur *(le Docteur)* Longhi.
5 Ce bureau-ci *(pièce ci)*, en revanche, est le secrétariat.
6 Les salles de réunion sont au troisième étage,
7 et la cantine est au dernier étage.
8 Les ascenseurs, évidemment, sont là, devant les *(aux)* escaliers,
9 et si vous avez besoin d'autre [chose], je suis joignable au [poste] 3579.

3 En italien courant, la signification de **stanza** est *pièce* ou *chambre*. Dans le jargon administratif, ce mot désigne également le *bureau* (mais la pièce uniquement).

4 Comme le français, l'italien se contente souvent de demander le numéro d'un poste de travail en omettant le mot *poste*, **interno** : **Sono raggiungibile al 3579**, *Je suis joignable au 3579.* = **Sono raggiungibile all' interno 3579**, *Je suis joignable au poste 3579.*

Esercizio 1 – Traducete

❶ Questo è l'ufficio del suo collaboratore. ❷ L'ufficio in fondo al corridoio è quello del nostro capo. ❸ Il Dottor Reddi è raggiungibile al 3579. ❹ La mensa è al terzo piano. ❺ L'ascensore è davanti alle scale e la sala di riunione è all'ultimo piano.

Esercizio 2 – Completate

❶ Ceci est le secrétariat.
. . . . . . è la segreteria.

❷ Monsieur Nitti, votre bureau est au dernier étage.
. . . . . . Nitti, il suo . . . . è all' . . . .

❸ Avez-vous besoin d'autre chose, Monsieur Longhi ?
Ha . . . . di . . . . . , Dottor Longhi?

24

Ventiquattresima lezione

Società internazionale

1 – Salve, Lei è Piero Nitti, il nostro nuovo collega [1] italiano?

2 – Proprio [2] io, molto lieto [3]!

Prononciation

sotchétà …

Notes

1 **collega**, *collègue*, tout comme **dentista**, *dentiste* ; **giornalista**, *journaliste*, etc., est irrégulier au masculin singulier. Au masculin pluriel, en revanche, ces noms sont réguliers : **colleghi**, **dentisti**, **giornalisti**.

Corrigé de l'exercice 1
❶ Ceci est le bureau de votre collaborateur. ❷ Le bureau au fond du couloir est celui de notre chef. ❸ Monsieur Reddi est joignable au poste 3579. ❹ La cantine est au troisième étage. ❺ L'ascenseur est devant l'escalier et la salle de réunion est au dernier étage.

❹ La cantine est au troisième étage, devant l'escalier.
La . . . . . è . . . . piano, ... alle . . . . . .

❺ Celui-là est le bureau de votre collaborateur.
. . . . è la . . . . . . del suo collaboratore.

Corrigé de l'exercice 2
❶ Questa – ❷ Dottor – ufficio – ultimo piano ❸ – bisogno – altro – ❹ – mensa – al terzo – davanti – scale ❺ Quella lì – stanza –

24

Vingt-quatrième leçon

Société internationale

1 – Salut, êtes-vous Piero Nitti, notre nouveau collègue italien ?

2 – En personne *(vraiment moi)*, enchanté *(très heureux)* !

2 **proprio io** signifie ici *en personne*. Pour retenir tous les sens de **proprio**, nous vous conseillons de retenir quelques expressions où il apparaît car sa polysémie n'a pas fini de vous impressionner !

3 **molto lieto/a**, littéralement "très heureux/-euse", est un synonyme de l'expression **molto piacere**, *enchanté* (leçon 1), et est tout aussi employé.

3 – **Io** sono **Mo**nica **Le**wis, e **so**no ameri**ca**na;
4 ci possi**a**mo **da**re del tu, **ve**ro [4]?
5 – Certa**men**te, prefe**ri**sco [5] **sem**pre il tu al **Lei**!
6 – **Sai** che qu**e**sto pome**ri**ggio **a**lle **cin**que c'è un **co**cktail di benve**nu**to per te?
7 Ti presente**rò** **tu**tti i **no**stri col**le**ghi:
8 Ann che è in**gle**se, **Tho**mas che è te**de**sco,
9 Ma**xi**me che è fran**ce**se, Di**mi**tri che è **gre**co e **Wla**dimir che è **ru**sso. □

*4 tchi possi**a**mo d**a**rê dél tou … 6 saï … poméri**d**djio … tch**i**'nkouê … 8 … i'ngl**é**zê … 9 … fra'ntch**é**sê …*

Notes

4 vero?, *n'est-il pas vrai ?, n'est-ce pas ?,* est une expression très utilisée dans la langue courante. Vous l'entendrez souvent au cours des conversations !

***

Esercizio 1 – Traducete

❶ Sai che questo pomeriggio c'è un cocktail di benvenuto per te? ❷ Sono Monica e sono americana. ❸ Ti presenterò i nostri colleghi stranieri. ❹ Dimitri, il nostro collega greco! ❺ Ci diamo sempre del tu!

***

Esercizio 2 – Completatate

❶ Pietro Nitti, notre nouveau collègue italien !
Piero Nitti, ... nuovo . . . . italiano!

❷ Je suis Ann, et je suis anglaise. – Enchantée !
Io . . . . Ann, e sono . . . . ! – Molto . . . . . !

❸ Nous pouvons nous tutoyer, n'est-ce pas, Mario ?
Ci possiamo . . . . del . . , ... Mario?

3 – Je suis Monica Lewis, et je suis américaine ;
4 nous pouvons nous tutoyer *(donner du tu)*, [n'est-ce pas] *(vrai)* ?
5 – Bien sûr, je préfère toujours le "tu" au "vous" !
6 – Sais-tu que cet après-midi, à cinq [heures], il y a un cocktail de bienvenue pour toi ?
7 Je te présenterai tous nos collègues :
8 Ann, qui est anglaise, Thomas, qui est allemand,
9 Maxime, qui est français, Dimitri, qui est grec, et Wladimir, qui est russe.

5 **preferisco**, *je préfère*, est la 1re personne du verbe du 3e groupe, **preferire**. Comme beaucoup d'autres verbes de ce groupe, il comporte une irrégularité (le groupe **-isc-** que l'on place entre le radical et la terminaison) au singulier et à la 3e personne du pluriel du présent de l'indicatif. Reportez-vous à la leçon de révision pour en savoir plus à ce sujet.

***

Corrigé de l'exercice 1

❶ Tu sais que cet après-midi, il y a un cocktail de bienvenue pour toi ? ❷ Je suis Monica et je suis américaine. ❸ Je te présenterai nos collègues étrangers. ❹ Dimitri, notre collègue grec ! ❺ Nous nous tutoyons toujours !

***

❹ Bien sûr, je préfère le "tu" au "vous" !
Certamente, ... il tu al . . . !

❺ Est-ce que tu préfères ce bureau ou celui du *(au)* dernier étage ?
. . . . ufficio o . . . . . . all'ultimo piano?

Corrigé de l'exercice 2

❶ – il nostro – collega – ❷ – sono – inglese – lieta ❸ – dare – tu, vero – ❹ – preferisco – Lei ❺ Preferisci questo – quello –

25

Venticinquesima lezione

À partir de cette leçon, nous allons aborder les pronoms personnels. Leur utilisation n'est pas toujours très simple. Mais ne vous inquiétez pas, nous vous les présentons de manière progressive, afin que vous les

Il mio numero di cellulare

1 – Che c**o**sa vi [1] offriamo da b**e**re [2]?
2 – Per me del v**i**no bi**a**nco, gr**a**zie,
3 Ann per**ò** prefer**i**sce un analc**o**lico.
4 Tu prefer**i**sci un s**u**cco di fr**u**tta, v**e**ro Ann?
5 – Sì gr**a**zie, ma **a**nche un bicchi**e**re di v**i**no va b**e**ne, se non lo ri**e**mpi tr**o**ppo.
6 – Sent**i**te, all**o**ra ceni**a**mo insi**e**me stas**e**ra?
7 – C**o**me no [3], e a che **o**ra ci vedi**a**mo?

Prononciation

*… tchéllou**la**rê **2** … bi**a**'nko … **3** … préfé**ri**chê … **5** … bikki**è**rê … ri**é**'mpi … **6** sé'n**ti**tê … tchéni**a**mo ‿ i'nsi**é**mê …*

Notes

1 vi, *vous*, est ici un pronom personnel complément d'objet indirect (COI) ; sa traduction littérale est "à vous". Nous y reviendrons.

Le tutoiement est aujourd'hui largement répandu en Italie. Entre collègues de bureau, entre enseignants d'une même école, entre amis et amis d'amis, il est tout à fait normal de **darsi del tu**, *se tutoyer. Dans ces situations, le vouvoiement serait même ressenti comme une forme de snobisme ou, du moins, serait considéré comme un peu déplacé. Notez cependant que jusqu'aux années 1960-1970, le* **Lei** *était encore de rigueur et que les enfants vouvoyaient généralement leurs parents.*

25

Vingt-cinquième leçon

appreniez au fur et à mesure… ainsi, ils n'auront plus aucun secret pour vous lorsque vous arriverez au seuil des leçons de révision !

Mon numéro de portable

1 – Qu'est-ce que *(quelle chose)* nous vous offrons à boire ?
2 – Pour moi, du vin blanc, merci,
3 mais Ann préfère une [boisson] non alcoolisée.
4 Tu préfères un jus de fruit, n'est-ce pas, Ann ?
5 – Oui, merci, mais un verre de vin [ça] ira *(va bien)* aussi, si tu ne le remplis pas trop.
6 – *(Écoutez,)* Alors, [est-ce que] nous dînons ensemble ce soir ?
7 – Bien sûr *(Comment non)*, et à quelle heure nous voyons-nous ?

2 **offriamo da bere**, *nous offrons à boire* : nous vous prévenions déjà en leçon 10, les règles d'utilisation des prépositions sont très capricieuses ! Ainsi, retenez bien l'expression **da** + verbe à l'infinitif : **Che cosa c'è da mangiare?**, *Qu'y a-t-il à manger ?*

3 **Come no!**, *Bien sûr !* : il est toujours un peu étonnant pour un étranger d'accepter que **come no** (litt. "comment non"), signifie *bien sûr que oui*… c'est pourtant le cas !

8 – Ci chiami**a**mo con i cellul**a**ri v**e**rso la f**i**ne del pomer**i**ggio.
9 – Il m**i**o n**u**mero è il 339 457952 (tre-tre-n**o**ve-qu**a**ttro-c**i**nque-s**e**tte-n**o**ve-c**i**nque-d**u**e).
10 Ma f**o**rse p**o**ssono ven**i**re **a**nche Th**o**mas e **I**da?
11 – **O**ttima id**e**a! Li chi**a**mo **i**o! □

8 tchi‿kiamiamo … 9 … trê trê novê kouattro tchi'nkouê sèttê novê tchi'nkouê douê

***

Esercizio 1 – Traducete

❶ Ci chiamiamo verso la fine del pomeriggio. ❷ Il mio numero di cellulare è il 339 457952. ❸ Ceniamo insieme stasera? ❹ A che ora ci vediamo? ❺ Ann preferisce sempre un analcolico!

Esercizio 2 – Completate

❶ Tu préfères un jus de fruit, n'est-ce pas ?
. . . . un . . . . , vero?

❷ Je préfère du vin blanc, merci.
. . . . del . . . . , grazie.

❸ Sais-tu si Thomas et Ida peuvent venir avec nous ? Je les appelle !
Sai se Thomas e Ida . . . . venire con noi? . . chiamo . . !

❹ Alors, dînons-nous avec Ann, ce soir ?
. . . . . . , ... con Ann, stasera?

❺ Bien sûr et à quelle heure nous voyons-nous ?
. . . . . . e a che ora . . . . ?

8 – Nous nous appelons sur nos *(avec les)* portables vers la fin de l'après-midi.
9 – Mon numéro est le 339 457952.
10 Mais peut-être [que] Thomas et Ida peuvent venir aussi ?
11 – Excellente idée ! Je les appelle !

***

Corrigé de l'exercice 1

❶ Nous nous appelons vers la fin de l'après-midi. ❷ Mon numéro de portable est le 339 457952. ❸ Est-ce que nous dînons ensemble ce soir ? ❹ À quelle heure nous voyons-nous ? ❺ Ann préfère toujours une boisson non alcoolisée !

Corrigé de l'exercice 2

❶ Preferisci – succo di frutta – ❷ Preferisco – vino bianco – ❸ – possono – Li – io ❹ Allora, ceniamo – ❺ Come no – ci vediamo

En plus de l'expression idiomatique **come no**, *quelque chose d'autre peut surprendre les étrangers : la facilité, ou du moins le peu de formalité avec laquelle, bien souvent, les Italiens organisent un dîner ! En effet, en Italie, il n'est pas du tout impoli de proposer un dîner pour le soir, même en début, voire en fin d'après-midi !*

Ventiseiesima lezione

Piero racconta

1 – Piero, vogliamo sapere tutto della tua assunzione, del concorso...
2 – È stato [1] un colpo di testa:
3 vedo un annuncio sul giornale per un impiego all'estero,
4 mi rendo conto che ho i diplomi e l'esperienza richiesti...
5 e mando la domanda.
6 – E c'erano [2] molti candidati [3]?
7 – Sì parecchi! Le prove scritte erano molto [4] numerose,
8 ma il colloquio non è stato molto difficile,
9 perché gli esaminatori erano molto simpatici.
10 Ed ora... eccomi [5] qua! □

Prononciation

1 ... voll'amo ... assou'ntsionê ... 3 ... annou'ntcho ... djornalê ... i'mpiègo ... 4 ... rè'ndo ... 5 ... ma'ndo ... doma'nda 6 ... tchèrano ... 8 ... kollokouio ... diffitchilê 9 ... si'mpatitchi

Notes

1 **è stato**, *ça a été* : en italien, le **passato prossimo**, *passé composé*, a la même utilisation et se forme de la même manière qu'en français. Il se contruit avec les auxiliaires **essere**, *être*, ou **avere**, *avoir*, au présent, suivis du participe passé du verbe principal. En général, le choix de l'auxiliaire se fait aussi comme en français, sauf pour une petite dizaine de verbes, dont le plus fréquent est **essere**, qui prend **essere** comme auxiliaire.

Vingt-sixième leçon

Piero raconte

1 – Piero, nous voulons tout savoir de ton recrutement, du concours...
2 – Ça a été un coup de tête :
3 je vois une annonce dans *(sur)* le journal pour un emploi à l'étranger,
4 je me rends compte que j'ai les diplômes et l'expérience requis...
5 et j'envoie la demande.
6 – Et y avait-il *(étaient)* beaucoup [de] candidats ?
7 – Oui, beaucoup *(plusieurs)* ! Les épreuves écrites étaient très nombreuses,
8 mais l'entretien n'a pas été très difficile,
9 parce que les examinateurs étaient très sympathiques.
10 Et maintenant... me voilà *(ici)* !

2 **c'erano**, *il y avait* : remarquez encore une fois qu'à la forme française *il y avait*, correspondent deux formes italiennes **c'era** (singulier) et **c'erano** (pluriel).

3 **molti candidati**, *beaucoup de candidats* : **molto** peut avoir une fonction d'adjectif, auquel cas il s'accorde avec le nom et se traduit par *beaucoup de* (comme ici et en phrase 7).

4 **molto numerose**, *très nombreuses* : **molto** peut également avoir une fonction d'adverbe, se traduisant alors par *très* ; **molto difficile**, *très difficile* (phrase 8). Remarquez que dans ce cas, il reste invariable.

5 **eccomi!**, *me voilà !* : notez bien que le pronom personnel est toujours postposé à **ecco** en italien.

Esercizio 1 – Traducete

❶ Il concorso è stato un colpo di testa! ❷ Vogliamo sapere tutto della tua assunzione! ❸ Le prove scritte erano molto numerose. ❹ Eccoti qua! ❺ Ho l'esperienza richiesta per questo lavoro.

Esercizio 2 – Completate

❶ Je veux tout savoir sur son concours.
. . . . del . . . concorso.

❷ Je vois une annonce dans le journal et j'envoie la demande.
. . . . un annuncio . . . giornale e . . . . . la domanda.

❸ Et y avait-il beaucoup de candidats ?
E c'erano . . . . ?

❹ L'entretien a été très difficile.
Il . . . . è stato . . . .

❺ Dans le journal, il y a une annonce pour un emploi à l'étranger !
Nel . . . . c'è un . . . . per un impiego
. . . . !

27 Ventisettesima lezione

Un Curriculum Vitae

1 Cognome: Nitti
2 Nome: Piero
3 Data e luogo di nascita: 9/7/1985 [1], Roma

Prononciation

… kourrikouloum vitè ***1*** *kognomê … **3** … millê‿novètchè'nto‿ ottan'ta‿tchi'nkouê …*

Corrigé de l'exercice 1

❶ Le concours a été un coup de tête ! ❷ Nous voulons tout savoir sur ton recrutement ! ❸ Les épreuves écrites étaient très nombreuses. ❹ Te voilà ! ❺ J'ai l'expérience requise pour cet emploi.

Corrigé de l'exercice 2

❶ Voglio sapere tutto – suo – ❷ Vedo – sul – mando – ❸ – molti candidati ❹ – colloquio – molto difficile ❺ – giornale – annuncio – all'estero

27

Vingt-septième leçon

Un Curriculum Vitae

1 Nom de famille : Nitti
2 Prénom : Piero
3 Date et lieu de naissance : 09/07/1985, Rome

Note

1 9/7/1985 : vous remarquez que la date est ici écrite en chiffres. Rien d'étonnant pour un CV ; il en serait de même en français. Ce qui est surprenant, en revanche, c'est que, quelle que soit la situation, les Italiens n'écrivent jamais en lettres le mois d'une date.

4 Nazionalità: italiana
5 Stato di famiglia: celibe [2]
6 Diplomi: Master in Economia conseguito all'Università di Roma
7 Esperienze di lavoro: stage [3] di 6 mesi al Ministero delle Finanze,
8 poi assunzione presso la Banca d'Italia
9 Lingue conosciute: inglese corrente; spagnolo: nozioni
10 Hobby: musica classica, calcio □

4 natsionalità ... 5 ... famillʲa ... 6 ... ko'nségouito ... 7 éspérìè'ntsê ... stage ... 9 li'ngouê ... i'nglézê‿korrè'ntê ... 10 obbi ...

Notes

2 **celibe**, *célibataire* est l'adjectif que l'on utilise pour qualifier un homme non marié... Rassurez-vous, la femme célibataire n'est pas en reste, elle aussi possède son petit adjectif : **nubile**, *célibataire*.

3 **stage**, *stage* : au cours des dernières décennies, la langue du monde du travail s'est enrichie de nombreux mots étrangers. Ces derniers désignent généralement de nouveaux outils, mais il n'est pas rare qu'ils

***

Esercizio 1 – Traducete

❶ Nazionalità: spagnola. ❷ Esperienze di lavoro: assunzione presso la Banca d'Italia nel 2000. ❸ Lingue conosciute: francese corrente, italiano: nozioni. ❹ Diplomi: Master in Economia conseguito il 5/10/1999. ❺ Data e luogo di nascita: 9/7/1985, Roma.

4 Nationalité : italienne
5 État civil *(état de famille)* : célibataire
6 Diplômes : Master en Économie obtenu à l'Université de Rome
7 Expériences professionnelles *(de travail)* : stage de 6 mois au ministère des Finances,
8 ensuite embauche à *(auprès de)* la Banque d'Italie.
9 Langues *(connues)* : anglais courant ; espagnol : [quelques] notions
10 Loisirs : musique classique, football

renvoient aux mêmes réalités que des mots italiens déjà existants. C'est ainsi que le mot **stage** est devenu une variante très commune du mot italien plus ancien, **tirocinio**.

***

Corrigé de l'exercice 1

❶ Nationalité : espagnole. ❷ Expériences professionnelles : recrutement à la Banque d'Italie en 2000. ❸ Langues connues : français courant, italien : notions. ❹ Diplômes : Master en Économie, obtenu le 05/10/1999. ❺ Date et lieu de naissance : 09/07/1985, Rome.

Esercizio 2 – Completate

❶ Mes loisirs sont la musique et le football.
I miei . . . . . sono . . . ., e . . . .

❷ J'ai une bonne expérience professionnelle : un stage au Ministère.
Ho una buona . . . . : uno stage al Ministero.

❸ Monsieur Nitti, votre date et votre lieu de naissance, s'il vous plaît !
Dottor Nitti, la sua . . . . e il suo . . . . . di . . . ., per favore!

28

Ventottesima lezione

Revisione – Révision

1 Le présent des verbes irréguliers

• Après avoir étudié les conjugaisons des verbes réguliers, nous vous proposons ici un petit échantillon de verbes irréguliers. Comme vous pouvez le constater, les irrégularités concernent souvent des verbes dont l'usage est fréquent... N'ayez crainte cependant, à force de les entendre et de les lire, vous les retiendrez sans le moindre effort.

– **dare**, *donner*

io do	*je donne*
tu dai	*tu donnes*
egli dà	*il/elle donne*
noi diamo	*nous donnons*
voi date	*vous donnez*
essi danno	*ils/elles donnent*

– **fare**, *faire*

io faccio	*je fais*
tu fai	*tu fais*

❹ Depuis hier, je suis embauché au Ministère.
Da ieri . . . . al Ministero.

❺ Nitti est mon nom de famille, et Piero est mon prénom.
Nitti è il mio . . . . , e Piero è il mio . . . . .

Corrigé de l'exercice 2
❶ – hobby – la musica – il calcio ❷ – esperienza di lavoro – ❸ – data – luogo – nascita – ❹ – sono assunto – ❺ – cognome – nome

28

Vingt-huitième leçon

egli fa *il/elle fait*
noi facciamo *nous faisons*
voi fate *vous faites*
essi fanno *ils/elles font*

– **dovere**, *devoir*

io devo/debbo *je dois*
tu devi *tu dois*
lui/lei deve *il/elle doit*
noi dobbiamo *nous devons*
voi dovete *vous devez*
loro devono/debbono *ils/elles doivent*

– **potere**, *pouvoir*

io posso *je peux*
tu puoi *tu peux*
egli può *il/elle peut*
noi possiamo *nous pouvons*
voi potete *vous pouvez*
essi possono *ils/elles peuvent*

– **sapere**, *savoir*

io so	*je sais*
tu sai	*tu sais*
lui/lei sa	*il/elle sait*
noi sappiamo	*nous savons*
voi sapete	*vous savez*
loro sanno	*ils/elles savent*

– **volere**, *vouloir*

io voglio	*je veux*
tu vuoi	*tu veux*
lui/lei vuole	*il/elle veut*
noi vogliamo	*nous voulons*
voi volete	*vous voulez*
loro vogliono	*ils/elles veulent*

– **venire**, *venir*

io vengo	*je viens*
tu vieni	*tu viens*
egli viene	*il/elle vient*
noi veniamo	*nous venons*
voi venite	*vous venez*
essi vengono	*ils/elles viennent*

Au présent de l'indicatif, le verbe **tenere**, *tenir*, et quelques autres, se conjuguent sur le même modèle que le verbe **venire**, *venir*. N'hésitez pas à consulter l'appendice grammatical pour en savoir plus !

• Pour finir, de nombreux verbes du 3e groupe, tels que **preferire**, *préférer* ; **finire**, *finir* ; **capire**, *comprendre*, etc., présentent la même irrégularité au présent de l'indicatif, du subjonctif et de l'impératif : ils ajoutent le groupe **-isc** à la racine du verbe au singulier et à la 3e personne du pluriel. Voici une illustration de ce phénomène avec le présent de l'indicatif du verbe **preferire**, *préférer* :

io prefer-isco	*je préfère*
tu prefer-isci	*tu préfères*
lui/lei prefer-isce	*il/elle préfère*

noi prefer-iamo *nous préférons*
voi prefer-ite *vous préférez*
loro prefer-iscono *ils/elles préfèrent*

2 Irrégularités autour du nom

2.1 Les masculins irréguliers

Certains noms masculins sont irréguliers au singulier : leur terminaison est celle du féminin **-a** (au lieu du **-o** habituel) : **collega**, *collègue* ; **dentista**, *dentiste* ; **giornalista**, *journaliste*... Leur pluriel est en revanche parfaitement régulier.

2.2 Le pluriel des mots se terminant en *-co, -go, -ca, -ga*

La plupart des noms ou adjectifs – masculins et féminins – qui se terminent en **-co**, **-go**, **-ca**, **-ga** au singulier, gardent la prononciation dure du **c** et du **g** au pluriel. Pour cela, il faut donc ajouter un **-h** à l'écrit :

un colle-ga, *un collègue* → **colle-ghi**, *des collègues*
stan-co, *fatigué* → **stan-chi**, *fatigués*

2.3 L'article devant les noms étrangers

Attention, devant les noms étrangers, le choix de l'article est déterminé par la prononciation du mot et non par son orthographe. Ainsi, nous avons : **lo champagne**, **gli champagnes** (leçon 22) ; **lo sherry**, **gli sherry**.

3 Les adjectifs et pronoms démonstratifs

La grande différence entre les démonstratifs français et italiens vient du fait, nous l'avons vu, qu'en italien, on tient toujours compte de la proximité ou de l'éloignement (réel ou perçu comme tel) de la personne ou de l'objet dont on parle.
Si vous avez du mal à choisir entre **questo** et **quello**, pensez à *celui-ci* (près) et *celui-là* (loin)... Notez que vous pouvez même renforcer votre choix en ajoutant **qui/qua** ou **lì/là** : **questo qui**, (litt. "celui-ci ici") ; **quello là** (litt. "celui-ci là-bas").

	Idée de proximité		Idée d'éloignement	
	SING.	PLUR.	SING.	PLUR.
MASCULIN	**questo**	**questi**	**quello**	**quelli**
	ce,	*ces,*	*ce...-là,*	*ces...-là,*
	ce...-ci	*ces...-ci*	*celui(-là), cela, ça*	*ceux(-là)*
FÉMININ	**questa**	**queste**	**quella**	**quelle**
	cette,	*ces,*	*cette...-là,*	*ces...(-là), celles...(-là)*
	cette, cette...-ci	*ces, ces...-ci*	*cette...-là, celle...(-là)*	*ces...(-là), celles...(-là)*

Toutes ces formes peuvent avoir la fonction d'adjectifs ou de pronoms.

Dialogo di revisione

1 – Sono proprio contenta per te, Piero!
2 Ci possiamo dare del tu, vero?
3 – Come no, preferisco sempre il tu al Lei!
4 – Sai che il cocktail di benvenuto è alle cinque,
5 nella sala di riunione davanti alla segreteria?
6 – Sì, sì, grazie! E stasera ceniamo insieme?
7 – Ottima idea!
8 Ma vogliamo sapere tutto della tua assunzione,
9 e del tuo curriculum:
10 i tuoi diplomi, i tuoi hobby, il tuo stato di famiglia...!

4 Mettez-vous à l'aise !

Voici quelques expressions qui vous seront utiles pour savoir quoi dire lors de vos premiers échanges en italien. Vous en souvenez-vous ?

Répondre à des présentations :
Molto lieto! / Molto lieta!

Proposer de se tutoyer :
Ci diamo del tu!

Féliciter quelqu'un :
Congratulazioni! Sono proprio contento per te!

Traduction

1 Je suis vraiment contente pour toi, Piero ! **2** Nous pouvons nous tutoyer, n'est-ce pas ? **3** Bien sûr, je préfère toujours le tutoiement au vouvoiement ! **4** Sais-tu que le cocktail de bienvenue est à cinq heures, **5** dans la salle de réunion devant le secrétariat ? **6** Oui, oui, merci ! Et ce soir, nous dînons ensemble ? **7** Excellente idée ! **8** Mais nous voulons tout savoir sur ton recrutement, **9** et sur ton curriculum : **10** tes diplômes, tes loisirs, ton état civil... !

29

Ventinovesima lezione

Che giornata!

1 – **Po**vera me! **O**ggi ho av**u**to [1] **u**na giorn**a**ta vera**me**nte terr**i**bile!
2 Av**e**vo m**i**lle c**o**se da f**a**re, ma ho pens**a**to [2]:
3 se mi organ**i**zzo b**e**ne, p**o**sso f**a**re t**u**tto.
4 All**o**ra, pr**i**ma di t**u**tto v**a**do ad accompagn**a**re i bamb**i**ni a scu**o**la;
5 p**o**i f**a**ccio un s**a**lto dal [3] parrucchi**e**re;
6 p**o**i f**a**ccio un c**o**lpo di tel**e**fono [4] a Mar**i**a,
7 e v**e**do se vu**o**le ven**i**re a f**a**re delle sp**e**se con me [5].
8 Per**ò** d**e**vo assolutam**e**nte trov**a**re il t**e**mpo di f**a**re **a**nche la sp**e**sa.

Prononciation

*1 … **o**ddji … djiorn**a**ta … 2 … m**i**llê … pé'ns**a**to 3 … organ**i**ddzo … p**o**sso … 4 … akko'mpagn**a**rê … skou**o**la 5 … f**a**ttcho … parroukki**è**rê 7 … vou**o**lê … sp**é**zê … 8 … **a**'nkê …*

Notes

1 **ho avuto**, *j'ai eu* : voici le passé composé du verbe **avere**, *avoir*. Son participe passé, **avuto**, *eu*, se forme en remplaçant la terminaison **-ere** de l'infinitif par la terminaison **-uto**, comme pour tous les verbes du deuxième groupe : **av-ere** A **av-uto**.

2 **ho pensato**, *j'ai pensé* ; pour les verbes réguliers du premier groupe, le participe passé s'obtient en remplaçant la terminaison **-are** par **-ato**. Rappelez-vous que dans la quasi-totalité des cas, le choix de l'auxiliaire se fait comme en français.

Vingt-neuvième leçon

Quelle journée !

1 – Pauvre [de] moi ! Aujourd'hui, j'ai eu une journée vraiment terrible !
2 J'avais mille choses à faire, mais j'ai pensé :
3 si je m'organise bien, je peux tout faire.
4 Alors, tout d'abord *(avant de tout)* je vais *(à)* accompagner les enfants à [l']école ;
5 puis je fais un saut chez le coiffeur ;
6 ensuite je passe *(fais)* un coup de fil *(téléphone)* à Maria,
7 et je vois si elle veut venir avec moi *(à)* faire des achats.
8 Mais je dois absolument trouver le temps de faire aussi les courses.

3 **dal parrucchiere**, *chez le coiffeur* : **dal** est, vous vous en souvenez, la contraction de **da** + **il**. Vous voilà donc face à un nouvel emploi de **da** à bien mémoriser : **da Maria**, *chez Marie*.

4 **fare un colpo di telefono**, *passer un coup de fil*. Cette expression, tout comme **fare una telefonata**, synonyme, est représentative de l'emploi très répandu du verbe **fare** dans les expressions italiennes. Selon le contexte, il peut prendre des sens très différents. Ainsi vous trouverez également **fare colazione**, *prendre le petit-déjeuner*.

5 L'expression **fare le/delle spese** équivaut à notre *faire des achats*, ce qui peut être agréable. Attention donc à ne pas confondre cette expression avec **fare la spesa** (au singulier, voir phrase 8) qui, elle, désigne la corvée des courses alimentaires !

9 **A**lle c**i**nque c'ho [6] la ginn**a**stica, **a**lle s**e**tte il c**o**rso di ingl**e**se,
10 e **a**lle n**o**ve un inv**i**to d**a**i R**o**ssi! □

9 … tcho … djinnastika … i'nglézê ***10*** *… i'nvito …*

Note

6 **c'ho**, *j'ai*, se trouve en lieu et place de **ho**. Cette orthographe rend compte de la langue parlée où l'on fait souvent précéder le verbe **avere** du son *[tch]* : **C'hai un euro?**, *As-tu un euro ?* ; **C'hai fame?**, *Tu as faim ?*

***

Esercizio 1 – Traducete

❶ Devo fare delle spese con Maria. ❷ Ho avuto mille cose da fare. ❸ Prima di tutto faccio un salto dal parrucchiere. ❹ Voglio trovare il tempo di fare della ginnastica. ❺ Devo assolutamente fare la spesa e accompagnare i bambini a scuola.

***

Esercizio 2 – Completate

❶ Si je m'organise bien, je peux faire beaucoup de choses.
Se . . . . bene, ... fare molte cose.

❷ Je n'ai pas pensé qu'à cinq heures, j'avais le cours d'anglais.
Non . . . . che alle cinque . . . . . il . . . . . di inglese.

❸ À sept heures, j'ai la gymnastique, et il est déjà sept heures moins dix !
. . . . sette . . . . la . . . . , e sono già . . . . !

9 À *(les)* cinq [heures], j'ai la gymnastique, à *(les)* sept [heures], le cours d'anglais,

10 et à *(les)* neuf [heures], [j'ai] une invitation chez les Rossi !

***

Corrigé de l'exercice 1

❶ Je dois faire des achats avec Maria. ❷ J'ai eu mille choses à faire. ❸ Tout d'abord je fais un saut chez le coiffeur. ❹ Je veux trouver le temps de faire de la gymnastique. ❺ Je dois absolument faire les courses et accompagner les enfants à l'école.

***

❹ Et tu as aussi les courses à faire !
E . ' . . . anche . . . . fare!

❺ Ce soir nous avons une invitation chez les Rossi.
Stasera . . . . un . . . . Rossi.

Corrigé de l'exercice 2

❶ – mi organizzo – posso – ❷ – ho pensato – avevo – corso – ❸ Alle – c'ho – ginnastica – le sette meno dieci ❹ – c'hai – la spesa da – ❺ – abbiamo – invito dai –

Trentesima lezione

A scuola

1 – Ciao tesoro!
2 Che cosa avete fatto di bello oggi a scuola?
3 Avete imparato sicuramente un sacco di [1] cose nuove!
4 – È stata [2] una giornata molto difficile!
5 La maestra ci [3] ha spiegato una nuova lezione di matematica,
6 e io non ci capivo niente!
7 Allora le ho domandato di spiegarmi [4] di nuovo,
8 e lei è stata molto brava, mi ha ridetto tutto da capo!
9 Quando mi ha interrogato ho saputo [5] rispondere,
10 e ho avuto "ottimo".

Prononciation

... skouola **3** *... i'mparato ...* **5** *... maèstra ... létsionê ...* **6** *... tchi ... niè'ntê* **7** *... spiégarmi ...* **9** *... rispo'ndérê*

Notes

1 **un sacco di cose**, *un tas de choses, beaucoup de choses* : nous avons déjà rencontré l'expression **un sacco di**, très fréquente dans la langue parlée. Ses synonymes, **molto**, *beaucoup, nombreux*, et **moltissimo**, *très nombreux*, moins informels, s'accordent en genre et en nombre avec le mot qu'ils accompagnent : **ha molta pazienza**, *il a beaucoup de patience* ; **ha moltissimi amici**, *il a de très nombreux amis*.

Trentième leçon

À l'école

1 – Salut, [mon] trésor !
2 Qu'avez-vous fait de beau aujourd'hui à [l']école ?
3 Vous avez certainement appris beaucoup *(un sac)* de choses nouvelles !
4 – Ça a *(est)* été une journée très difficile !
5 La maîtresse nous a expliqué une nouvelle leçon de mathématiques,
6 et moi je n'y comprenais rien !
7 Alors je lui ai demandé de me ré-expliquer,
8 et elle a *(est)* été très gentille, elle m'a tout redit depuis le début !
9 Quand elle m'a interrogé, j'ai su répondre,
10 et j'ai eu "excellent".

2 **è stata**, *ça (= la journée) a été* : **essere**, *être*, fonctionne avec l'auxiliaire **essere** ; de ce fait, son participe passé s'accorde avec le sujet. En effet, avec l'auxiliaire **essere**, le participe passé s'accorde avec le sujet : **La giornata è stata faticosa**, *La journée a été fatigante* ; **Le giornate sono state faticose**, *Les journées ont été fatigantes*.

3 **ci** signifie ici *nous*, mais se trouve en phrase 6 avec un sens tout à fait différent, celui de *y*. Seul le contexte peut vous aider à faire la différence entre **ci**, *nous* (pronom) et **ci**, *y*, (adverbe) !

4 (...) **spiegarmi**, (...) *me réexpliquer* : les pronoms personnels sont rattachés au verbe lorsque ce dernier est à l'infinitif. Remarquez que le **e** final de l'infinitif est supprimé afin de rendre la prononciation du mot plus aisée : **dirmi**, *me dire*.

5 **saputo**, *su*, vient du verbe **sapere**, du 2e groupe.

Esercizio 1 – Traducete

❶ Che cosa hai fatto di bello a scuola? ❷ È stata una lezione molto difficile! ❸ La maestra ci ha spiegato un sacco di cose. ❹ Ho domandato a Carla di spiegarmi di nuovo. ❺ Non ho saputo rispondere alla maestra.

Esercizio 2 – Completate

❶ Qu'a-t-il fait de beau, aujourd'hui ?
Che cosa . . . . di bello, ... ?

❷ Ça a été une journée difficile pour moi.
. . . . . . una . . . . difficile per . . .

❸ Je n'y ai pas pensé !
Non . . . . !

❹ Maria nous a ré-expliqué la leçon.
Maria . . . . la lezione . . . .

31 Trentunesima lezione

Il compleanno di Luigi

1 – Bamb**i**ni, vi ricord**a**te che **o**ggi è il comple**a**nno di v**o**stro cug**i**no Luigi?
2 – Ma no, m**a**mma, è il s**u**o onom**a**stico!
3 Gli [1] tel**e**fono s**u**bito per f**a**rgli gli aug**u**ri,

Prononciation

*ko'mplé**a**nno … **1** ba'mb**i**ni … koud**ji**no … **3** lli …*

Corrigé de l'exercice 1
❶ Qu'as-tu fait de beau à l'école ? ❷ Ça a été une leçon très difficile ! ❸ La maîtresse nous a expliqué beaucoup de choses. ❹ J'ai demandé à Carla de m'expliquer de nouveau. ❺ Je n'ai pas su répondre à la maîtresse.

❺ La maîtresse m'a interrogé et j'ai su répondre.
La maestra . . . . e . . . . rispondere.

Corrigé de l'exercice 2
❶ – ha fatto – oggi ❷ È stata – giornata – me ❸ – ci ho pensato ❹ – ci ha spiegato – di nuovo ❺ – mi ha interrogato – ho saputo –

31

Trente et unième leçon

L'anniversaire de Luigi

1 – [Les] enfants, vous vous souvenez qu'aujourd'hui, [c'] est l'anniversaire de votre cousin Luigi ?
2 – Mais non, maman, c'est sa fête !
3 Je l'appelle tout de suite pour lui souhaiter une bonne fête *(lui donner les vœux)*,

Note

1 **gli**, *lui*, est utilisé pour remplacer un nom masculin ; **le**, *lui*, un nom féminin. Notez que dans la langue courante, **gli** peut se référer également à des femmes mais nous vous déconseillons cet usage.

4 ma devo [2] dirgli anche che la Roma ha battuto la Lazio [3] tre a zero,
5 e che deve smettere di fare il tifo per questa squadra da quattro soldi.
6 Debbo parlare anche a Lidia,
7 devo dirle che abbiamo trovato un gattino [4] bianco...
8 – Sì, va bene, tu però devi sbrigarti con questa colazione!
9 E poi vai subito a lavarti i denti...
10 ... e a proposito, prima di metterti a tavola, ti sei lavato le mani [5]?

4 ... latsio ... dzèro **5** *... skouadra ...* **7** *... bia'nko* **8** *... kolatsionê*
9 ... dè'nti

Notes

2 **devo** = **debbo** (phrase 6), *je dois*. Comme nous l'avons vu en leçon 28, ces deux formes sont parfaitement équivalentes. Le même cas de figure se reproduit pour la 3e personne du pluriel **devono** ou **debbono**, *ils doivent*. À vous de choisir !

3 **la Lazio**, mais aussi **il Genova**, **il Milan**, **la Roma**, etc. constituent des équipes de football très connues. Vous le remarquez, en général, elles portent le nom de la ville pour laquelle elles jouent, précédé d'un article. Les 2e ou 3e équipes d'une même ville portent un nom différent, **l'Inter** (de Milan), **la Juve** (de Turin), etc.

4 **gattino**, *petit chat*. Vous connaissez déjà les superlatifs en **-issimo** (**a**, **i**, **e**), voici maintenant la forme du diminutif, fréquemment employé. On

***

Esercizio 1 – Traducete

❶ Oggi è l'onomastico di Piero! Ma no, è il suo compleanno! ❷ Luigi deve smettere di fare il tifo per la Roma! ❸ Devo telefonare a Luigi, per fargli gli auguri. ❹ Devo telefonarle, per spiegarle la lezione di ieri. ❺ Debbo lavarmi le mani e i denti.

4 mais je dois lui dire aussi que "la Roma" a battu "la Lazio" trois à zéro,
5 et qu'il doit arrêter de supporter cette équipe de quatre sous !
6 Je dois également parler *(aussi)* à Lidia,
7 je dois lui dire que nous avons trouvé un petit chat blanc...
8 – Oui, d'accord *(va bien)*, mais tu dois te dépêcher de finir ton *(avec ce)* petit-déjeuner !
9 Et puis tu vas tout de suite te laver les dents...
10 et, au fait, *(à propos)*, avant de te mettre à table, t'es-tu lavé les mains ?

l'obtient en remplaçant la dernière voyelle du mot par le suffixe **-ino** (**-ina**, **-ini**, **-ine**) : **gatt-o**, *chat* A **gatt-ino**, *petit chat* ; **uccell-i**, *oiseaux* A **uccell-ini**, *petits oiseaux*.

5 Le mot **mano**, *main*, est féminin, bien qu'il prenne les terminaisons du masculin : **la mano**, *la main* ; **le mani**, *les mains*. Soyez donc attentif aux accords, qui doivent tous être au féminin : **la mano bianca**, *la main blanche* ; **le mani bianche**, *les mains blanches*.

***

Corrigé de l'exercice 1

❶ Aujourd'hui, c'est la fête de Piero ! Mais non, c'est son anniversaire ! ❷ Luigi doit arrêter de supporter "la Roma" ! ❸ Je dois appeler Luigi, pour lui présenter mes vœux. ❹ Je dois lui téléphoner pour lui expliquer la leçon d'hier. ❺ Je dois me laver les mains et les dents.

Esercizio 2 – Completate

❶ Je dois lui dire *(à Piero)* que nous avons trouvé un petit chat.
. . . . che abbiamo trovato un . . . .

❷ Je dois lui dire *(à Lidia)* que "la Roma" a battu "la Lazio".
. . . . che la Roma . . . . la Lazio.

❸ Maman, je me suis lavé les mains !
Mamma, ... lavato . . . . . . !

❹ Les enfants, vous devez vous dépêcher avec ce téléphone !
Bambini, ... con questo telefono!

❺ Je dois me laver les dents !
Mi devo . . . . !

32

Trentaduesima lezione

Nicola fa la spesa

1 – Nic**o**la, h**a**i f**a**tto la sp**e**sa! Ma è meravigli**o**so!
2 – È per prov**a**rti che s**e**i **u**na catt**i**va l**i**ngua,
3 quando d**i**ci che i mar**i**ti non f**a**nno m**a**i ni**e**nte in c**a**sa!
4 Mi s**o**no pers**i**no ricord**a**to che il b**u**rro **e**ra fin**i**to [1] e l'ho compr**a**to [2]!

Prononciation

***1** … méravillioso **2** … sèï … li'ngua **3** … ditchi … niè'ntê …*

Notes

1 **era finito**, *était fini*, est une forme du **trapassato prossimo**, le *plus-que-parfait* ; ce dernier se construit (auxiliaire à l'imparfait + participe passé) et s'emploie exactement comme en français. Dans cet exemple,

Corrigé de l'exercice 2
❶ Devo dirgli – gattino ❷ Devo dirle – ha battuto – ❸ – mi sono – le mani ❹ – dovete sbrigarvi – ❺ – lavare i denti

En Italie, pays majoritairement catholique, on s'est pendant longtemps contenté de célébrer **l'onomastico**, la fête, *car le plus souvent les prénoms étaient des noms de saints. Mais aujourd'hui on a tendance à penser que toutes les occasions sont bonnes pour faire la fête…, et on fête tout,* **onomastico** *et* **compleanno**, anniversaire *!*

32

Trente-deuxième leçon

Nicola fait les courses

1 – Nicola, tu as fait les courses ! Mais [c']est merveilleux !
2 – [C']est pour te prouver que tu es *(une)* mauvaise langue,
3 quand tu dis que les maris ne font jamais rien à la *(dans)* maison !
4 Je me suis même rappelé qu'on avait fini le beurre *(le beurre était fini)* et j'en *(je l')* ai acheté !

finito est le participe passé du verbe du 3e groupe **finire**. Pour former les participes passés des verbes de ce groupe, on ajoute la terminaison **-ito** à la racine du verbe.

2 **l'ho comprato**, *je l'ai acheté*, comme en français, les pronoms personnels **lo**, **la**, **li**, **le**, exigent l'accord du participe passé du verbe qui les suit : **le ho viste**, *je les ai vues*.

5 – Chi**e**do sc**u**sa per le m**i**e maldic**e**nze!
6 Supp**o**ngo [3] che h**a**i compr**a**to **a**nche le cili**e**ge...
7 – Ah, le cili**e**ge le ho dimentic**a**te...
8 – E i griss**i**ni?
9 – Cr**e**do che li ho dimentic**a**ti...
10 – E la c**a**rne?
11 – La v**a**do a compr**a**re s**u**bito, se non l'ha gi**à** compr**a**ta F**a**usto!

*5 ... malditch**è**'ntsê **6** souppo'ngo ... tchili**è**djê ...*

Note

3 **suppongo** a pour infinitif **supporre**, *supposer*, verbe du 3e groupe, irrégulier au présent de l'indicatif. Vous en trouverez la conjugaison complète en leçon de révision.

***

Esercizio 1 – Traducete

❶ È meraviglioso, Nicola ha fatto la spesa! ❷ Suppongo che hai comprato la carne! ❸ Mio marito non fa mai niente in casa. ❹ Maria è proprio una cattiva lingua! ❺ Vado subito a comprare le ciliege.

Esercizio 2 – Completate

❶ Je ne me rappelle pas si on a terminé le beurre *(le beurre est fini)* !
Non . . . . se . . . . è . . . . . . !

❷ Les cerises, je les ai achetées !
Le ciliege, ... !

❸ As-tu acheté les grissini ? – Non, je les ai oubliés !
Hai comprato i grissini? – . . , li . . . . !

5 – Je te prie de m'excuser *(demande excuse)* pour mes médisances !
6 Je suppose que tu as acheté les cerises aussi...
7 – Ah, les cerises, je les ai oubliées...
8 – Et les gressins ?
9 – Je crois que je les ai oubliés...
10 – Et la viande ?
11 – Je vais *(à)* l'acheter tout de suite, si Fausto ne l'a pas déjà achetée !

***

Corrigé de l'exercice 1

❶ C'est merveilleux, Nicola a fait les courses ! ❷ Je suppose que tu as acheté la viande ! ❸ Mon mari ne fait jamais rien à la maison. ❹ Maria est vraiment mauvaise langue ! ❺ Je vais tout de suite acheter les cerises.

❹ Je suppose que Fausto a fait les courses.
. . . . che Fausto ha fatto . . . .

❺ Je suis sûre que ce sont des médisances !
Sono sicura che . . . . delle . . . . !

Corrigé de l'exercice 2

❶ – mi ricordo – il burro – finito ❷ – le ho comprate ❸ – No – ho dimenticati ❹ Suppongo – la spesa ❺ – sono – maldicenze

Trentatreesima lezione

I bambini propongono un menù

1 – Bambini, sapete che è tornata la zia Emma [1] da New York,
2 e che domenica lei e i nonni vengono [2] a pranzo da noi?
3 – Evviva! Che cosa gli [3] prepari di buono?
4 – Non lo so ancora. Tu che cosa proponi?
5 – Io propongo [4] lasagne, patatine fritte e gelato al cioccolato…
6 – Mamma, Andrea dice sempre sciocchezze,
7 io propongo spaghetti al pomodoro, torta di fragole e gelato alla vaniglia…
8 – Io invece pensavo a ravioli e cotolette…
9 – Che decisione difficile, mamma!
10 Perchè non chiamiamo i nonni e gli chiediamo che cosa preferiscono? □

Prononciation

ba'mbini propo'ngono … ménou **2** *… vè'ngono …* **3** *… ll^ii …* **5** *… lazagnê … djélato …* **6** *… a'ndrèa … chokkéttsê* **7** *spaguétti … vanill^ia …* **8** *… i'nvétchê … kotolèttê …* **9** *… détchizionê …* **10** *… kiamiamo …*

Notes

1 **la zia Emma** ou **zia Emma**, *tante Emma*. Les deux formes, avec ou sans article, sont correctes. De la même manière, vous pouvez dire **mamma** ou **la mamma** pour *maman*.

2 **vengono**, *ils viennent* : revoici un verbe irrégulier qui vous est désormais familier… L'infinitif de **vengono** est **venire**, *venir*, et il appartient au 3e groupe.

Trente-troisième leçon

Les enfants proposent un menu

1 – [Les] enfants, vous savez que *(la)* tante Emma est rentrée de New York,
2 et que dimanche elle et vos *(les)* grands-parents viennent *(à)* déjeuner à la maison *(chez nous)* ?
3 – Chic ! Qu'est-ce que tu leur prépares de bon ?
4 – Je ne *(le)* sais pas encore. Qu'est-ce que tu proposes, toi ?
5 – Moi, je propose [des] lasagnes, [des] *(petites pommes de terre)* frites et [de la] glace au chocolat...
6 – Maman, Andrea dit toujours [des] bêtises,
7 moi, je propose [des] spaghettis à la [sauce] tomate, [une] tarte aux *(de)* fraises et [de la] glace à la vanille...
8 – Moi, en revanche, je pensais à [des] ravioli et à [des] escalopes panées...
9 – Quelle décision difficile, maman !
10 Pourquoi n'appellons-nous pas les grands-parents pour leur demander ce qu'ils préfèrent ?

3 Le pronom **gli**, *lui*, s'emploie aujourd'hui très couramment à la place de la forme plurielle **loro**, *leur*, que vous trouverez dans les écrits formels uniquement.

4 L'infinitif de **propongo**, *je propose*, est **proporre**, *proposer* dont la conjugaison au présent est la même que celle de **supporre**, *supposer*. Vous trouverez sa conjugaison complète en leçon de révision.

Esercizio 1 – Traducete

❶ Marco è arrivato da New York. ❷ Domenica vado a pranzo da zia Emma. ❸ Che cosa prepari per i nonni? – Gli preparo le lasagne. ❹ Io propongo una torta di fragole. ❺ Vediamo se questo menù gli va bene.

Esercizio 2 – Completate

❶ Carla et Luigi viennent déjeuner chez nous aujourd'hui.
Carla e Luigi . . . . a . . . . oggi.

❷ Paolo est rentré de Rome dimanche.
Paolo . . . . Roma domenica.

❸ Je lui prépare des frites.
. . . preparo delle . . . .

34

Trentaquattresima lezione

Le dialogue qui suit est un peu particulier. Il vous propose de faire la connaissance en contexte des compléments d'objet indirect (COI).

Facciamo il punto

1 – **A**nnamar**i**a, non ci cap**i**sco ni**e**nte in qu**e**sti pron**o**mi person**a**li!
2 C**a**mbiano f**o**rma tre v**o**lte al gi**o**rno!
3 – Ma no, non s**o**no così diff**i**cili! Ti ric**o**rdi, abbi**a**mo v**i**sto che possi**a**mo d**i**re:

Prononciation
*fattch**a**mo … p**ou**'nto **1** … ni**è**'ntê … **2** k**a**'mbiano … **3** … diff**i**tchili …*

Corrigé de l'exercice 1

❶ Marco est arrivé de New York. ❷ Dimanche, je vais déjeuner chez tante Emma. ❸ Qu'est-ce que tu prépares pour les grands-parents ? – Je leur prépare des lasagnes. ❹ Je propose une tarte aux fraises. ❺ Voyons si ce menu leur convient.

❹ Maman dit que ce sont des bêtises.
.. mamma .... che sono delle ....

❺ Je leur ai préparé une glace à la vanille.
... ho preparato un ....

Corrigé de l'exercice 2

❶ – vengono – pranzo da noi – ❷ – è tornato da – ❸ Gli – patatine fritte ❹ La – dice – sciocchezze ❺ Gli – gelato alla vaniglia

34

Trente-quatrième leçon

Lisez attentivement le texte et repérez-les afin de comprendre leur fonctionnement… Vous verrez, ils vous sembleront vite familiers. Courage !

Faisons le point

1 – Annamaria, je n'y comprends rien à *(dans)* ces pronoms personnels !
2 Ils changent [de] forme trois fois par *(au)* jour !
3 – Mais non, ils ne sont pas si *(aussi)* difficiles ! Tu te souviens, nous avons vu que nous pouvons dire :

4 “Mi [1] chiedo dov’**è** **A**ldo”, ma **a**nche: “P**a**ola chi**e**de a me dov’**è** **A**ldo”.
5 “Ti prop**o**ngo di usc**i**re”, o “Prop**o**ngo a te di usc**i**re [2]”.
6 “Gli prep**a**ro un caff**è**”, o “Prep**a**ro un caff**è** a l**u**i”.
7 “Le prep**a**ro un caff**è**” o “Prep**a**ro un caff**è** a l**e**i [3]”.
8 “P**a**ola e Giovanna ci p**a**rlano”, o “P**a**ola e Giovanna p**a**rlano a n**o**i”.
9 “N**o**i vi parli**a**mo”, o “N**o**i parli**a**mo a v**o**i”.
10 “N**o**i parli**a**mo a P**a**ola e Giovanna”, o “N**o**i parli**a**mo l**o**ro”,
11 ma m**o**lto pi**ù** sp**e**sso “N**o**i gli parli**a**mo”.
12 – Ma è facil**i**ssimo!

***12** … fatchil**i**ssimo*

Notes

1 Dans chacune des phrases du dialogue, la première forme utilisée est appelée “faible”, la deuxième, “forte”, car on l’utilise lorsqu’on souhaite souligner le complément d’objet indirect, toujours précédé de la préposition **a**, *à*.

2 Pour cette phrase et les suivantes (jusqu’à la phrase 9), vous constatez que les deux traductions données sont identiques. Le français recourt en effet à une unique structure pour traduire les deux variantes italiennes. Si l’on devait pointer une différence entre ces dernières, on pourrait dire que la seconde des propositions insiste davantage sur

***

Esercizio 1 – Traducete

❶ Non ci capisco niente in questa lezione! ❷ Paola si cambia tre volte al giorno! ❸ Ti ricordi, abbiamo visto Pietro all’aeroporto! ❹ A volte diciamo “gli”, a volte “loro”. ❺ Di solito Aldo le prepara un caffè.

4 "Je me demande où est Aldo", mais aussi : "Paola me demande *(demande à moi)* où est Aldo".
5 "Je te propose de sortir", ou "Je te propose *(propose à toi)* de sortir".
6 "Je lui prépare un café", ou "Je lui prépare *(prépare à lui)* un café".
7 "Je lui prépare un café", ou "Je lui prépare *(prépare à elle)* un café".
8 "Paola et Giovanna nous parlent", ou "Paola et Giovanna nous parlent *(parlent à nous)*".
9 "Nous vous parlons", ou "Nous vous parlons *(parlons à vous)*".
10 "Nous parlons à Paola et Giovanna", ou "Nous leur parlons",
11 mais beaucoup plus souvent : "Nous leur *(lui)* parlons".
12 – Mais c'est très facile !

l'objet : **Propongo a te di uscire**, *Je te propose de sortir*, *C'est à toi que je propose de sortir*.

3 Remarquez de nouveau la différence entre **gli** et **le**, tous deux signifiant *lui*. Le bon usage maintient cette différence qui tend à disparaître de la langue parlée où l'on privilégie **gli**, qui remplace également souvent **loro**, *leur* (voir la phrase 11). Ainsi, vous n'entendrez jamais **Mandiamo loro una cartolina!** mais : **Mandiamogli una cartolina!**, *Envoyons-leur une carte !*

***

Corrigé de l'exercice 1

❶ Je n'y comprends rien, à cette leçon ! ❷ Paola se change trois fois par jour ! ❸ Tu te souviens, nous avons vu Pietro à l'aéroport ! ❹ Parfois nous disons "lui", parfois "leur". ❺ D'habitude, Aldo lui prépare un café.

Esercizio 2 – Completate

❶ Je lui propose de sortir, oui, c'est à elle que je propose de sortir !
. . propongo di uscire, sì, è . . . . che propongo di uscire!

❷ Je lui prépare un café, oui, c'est à lui que je prépare un café !
. . . preparo un caffè, sì, è . . . . che preparo un caffè!

❸ Tante Emma nous téléphone dimanche, oui, c'est à nous qu'elle téléphone !
La zia Emma . . telefona . . . . sì, telefona . . . . !

35

Trentacinquesima lezione

Revisione – Révision

1 Le verbe irrégulier *porre* et ses composés au présent de l'indicatif

La conjugaison du présent de l'indicatif du verbe **porre**, *poser*, et de ses composés tels que **supporre**, *supposer* ; **proporre**, *proposer* ; **disporre**, *disposer*, etc, est la suivante :

io suppongo *je suppose*
tu supponi *tu supposes*
lui/lei suppone *il/elle suppose*
noi supponiamo *nous supposons*
voi supponete *vous supposez*
loro suppongono *ils/elles supposent*

2 Le passé composé

2.1 Emploi

Comme nous l'avons vu au cours des six dernières leçons, le passé composé s'utilise pour parler d'un événement ponctuel ou dont on connaît la durée précise, dans le passé.

❹ Nous leur préparons une tarte aux fraises.
. . . prepariamo una . . . .

❺ Je n'y comprends rien, à ces pronoms italiens !
Non . . . . in questi pronomi italiani!

Corrigé de l'exercice 2
❶ Le – a lei – ❷ Gli – a lui – ❸ – ci – domenica – a noi ❹ Gli – torta alle fragole ❺ – ci capisco niente

35

Trente-cinquième leçon

2.2 Formation

La formation du passé composé italien ne vous semblera guère compliquée car elle est identique à celle que vous connaissez en français :

Auxiliaire **avere**, *avoir* ou **essere**, *être* à l'indicatif présent	+	participe passé du verbe conjugué

• Choix de l'auxiliaire

Notez qu'à quelques exceptions près, le choix entre les auxiliaires **essere** et **avere** se fait comme en français. Ne réfléchissez donc pas trop !
La seule différence importante concerne le verbe **essere**, qui se conjugue avec l'auxiliaire **essere**. Ex. : **sono stato** (litt. "je suis été"), *j'ai été*.

• Le participe passé

Formation du participe passé
Il se forme à partir de l'infinitif, en remplaçant sa terminaison par :
– **-ato**, pour les verbes du premier groupe : **pens-are**, *penser*, **pens-ato**, *pensé* ;
– **-uto** pour les verbes du deuxième groupe : **sap-ere**, *savoir*, **sap-uto**, *su* ;

– **-ito** pour les verbes du troisième groupe : **fin-ire**, *finir*, **fin-ito**, *fini*. Notez aussi que le participe passé du verbe **essere**, *être*, est **stato**, *été*, et le participe passé du verbe *avoir*, **avere**, est **avuto**, *eu*.

Accord du participe passé
– avec l'auxiliaire **essere** :
Le participe passé s'accorde obligatoirement avec le sujet : **Emma è tornata da New York**, *Emma est rentrée de New York*. Veillez à ne pas oublier l'accord lorsque vous utilisez le passé composé de **essere** : **La giornata è stata molto difficile!**, *La journée a été très difficile !*
– Avec l'auxiliaire **avere**, en revanche, il n'y a pas d'accord, sauf lorsque le passé composé est précédé des pronoms personnels compléments d'objet direct (COD) : **lo**, *le* ; **li**, *les* ; **la**, *la* ; **le**, *les* : **Le ciliege, le ho dimenticate**, *Les cerises, je les ai oubliées*.

3 Les pronoms personnels compléments d'objet indirect (COI)

Nous l'avons vu en leçon 34, les pronoms personnels compléments d'objet indirect (COI) peuvent avoir des formes dites "faibles" ou "atones" et des formes dites "fortes" ou "toniques".
On utilise les formes fortes lorsque l'on souhaite insister sur le COI.
Ce petit tableau récapitulatif vous aidera à y voir plus clair :

***

Dialogo di revisione

1 – Sapete che domenica vengono a pranzo da noi i nonni?
2 – Che cosa gli prepari di buono, lasagne e torta di fragole?
3 – Ma è meraviglioso, Nicola ha fatto la spesa!
4 Suppongo che hai comprato anche i grissini!
5 – No, i grissini li ho dimenticati, ma forse li ha già comprati Fausto!
6 – Oggi ho avuto mille cose da fare: accompagnare i bambini a scuola,
7 il corso di inglese, la ginnastica…
8 – Mamma, devo fare un colpo di telefono a Luigi,

Les pronoms personnels COI			
Formes faibles		Formes fortes	
mi	*me*	**a me**	*à moi*
ti	*te*	**a te**	*à toi*
gli/le	*lui*	**a lui/a lei**	*à lui/à elle*
ci	*nous*	**a noi**	*à nous*
vi	*vous*	**a voi**	*à vous*
gli/loro	*leur*	**a loro**	*à eux*

Attention :
Lorsqu'une des formes faibles accompagne un verbe à l'infinitif, elle le suit et s'y rattache : **Le ho domandato di spiegarmi la lezione**, *Je lui ai demandé de m'expliquer la leçon.*

4 Expressions à retenir

Voici quelques expressions utilisées dans les six leçons précédentes. Nous vous invitons à les retrouver et à les utiliser en contexte afin de mémoriser à la fois leur prononciation et leur signification.
Ho mille cose da fare... ou **C'ho mille cose da fare!**
Che cosa hai fatto di bello?
Non ci capisco niente!
Una squadra da quattro soldi!

***

9 devo dirgli che la Roma ha battuto la Lazio...
10 e a Lidia devo dirle che abbiamo trovato un gattino...

Traduction

1 Savez-vous que dimanche, vos grands-parents viennent déjeuner chez nous ? **2** Qu'est-ce que tu leur prépares de bon, des lasagnes et une tarte aux fraises ? **3** Mais c'est merveilleux, Nicola a fait les courses ! **4** Je suppose que tu as acheté les gressins aussi ! **5** Non, les gressins, je les ai oubliés, mais peut-être [que] Fausto les a déjà achetés ! **6** Aujourd'hui, j'ai eu mille choses à faire : accompagner les enfants à l'école, **7** le cours d'anglais, la gymnastique... **8** Maman, je dois passer un coup de fil à Luigi, **9** je dois lui dire que "la Roma" a battu "la Lazio"... **10** et à Lidia, je dois *(lui)* dire que nous avons trouvé un petit chat...

Trentaseiesima lezione

Concerto o teatro?

1 – Ciao, Aldo! Cosa fate tu e Stella sabato sera?
2 – Credo che non facciamo niente di speciale.
3 I ragazzi [1] vanno ad una festa,
4 e noi non sappiamo ancora...
5 – Vi va [2] di andare al cinema [3]?
6 – A dire il vero, abbiamo già visto parecchi [4] film in questi giorni.
7 Forse preferiamo andare a teatro o ad un concerto.
8 C'è un eccellente spettacolo al teatro [5] qui vicino,
9 e i biglietti posso passare a prenderli domani mattina!
10 – Sei un vero amico, Eugenio! □

Prononciation

ko'ntchèrto ... **2** ... *fattchamo* ... *spétchalê* **8** ... *éttchéllè'ntê* ... **9** ... *bill'étti* ... **10** ... *éoudjènio*

Notes

1 **ragazzi**, *adolescents, jeunes*, désigne des enfants déjà entrés dans l'adolescence, alors que **bambini** (leçon 33) désigne des enfants plus jeunes.

2 **vi va?** (litt. "ça vous va ?"), *ça vous dit ?* ; voici un emploi très fréquent, dans la langue parlée, du verbe **andare**, *aller*, pour demander un avis, un goût ou un souhait, un peu comme notre "Ça te va ?".

3 **cinema** reste invariable (leçon 21), car il s'agit de la forme abrégée de **cinematografo**, ce mot étant d'ailleurs tombé en désuétude.

4 **parecchi**, *plusieurs, beaucoup de* a plusieurs significations. Retenez déjà celle-ci : **parecchi film**, *plusieurs/beaucoup de films*, et remarquez qu'il est possible d'utiliser **parecchio** au singulier, avec des mots désignant

Trente-sixième leçon

Concert ou théâtre ?

1 – Salut, Aldo ! Que faites-vous, toi et Stella samedi soir ?
2 – Je crois que nous ne faisons rien de spécial.
3 Les enfants vont à une soirée,
4 et nous, nous ne savons pas encore...
5 – Ça vous dirait *(va)* d'aller au cinéma ?
6 – À vrai dire, nous avons déjà vu plusieurs films, *(en)* ces jours-ci.
7 Nous préférerions *(préférons)* peut-être aller au théâtre ou à un concert.
8 Il y a un excellent spectacle au théâtre près d'ici *(ici près)*,
9 et les billets, je peux passer les prendre demain matin !
10 – Tu es un véritable ami, Eugenio !

des quantités indénombrables : **C'è ancora parecchio caffè**, *Il y a encore beaucoup/pas mal de café*.

5 **a teatro/al teatro**, *au théâtre* ; observez et mémorisez ces emplois idiomatiques du verbe **andare**, *aller* : **andare al cinema**, *aller au cinéma*, mais **andare a teatro**, *aller au théâtre*. Pourquoi disons-nous alors : **al teatro qui vicino**, *au théâtre près d'ici*, ou encore **al teatro Quirino**, *au théâtre Quirino ?* Tout simplement parce que l'expression idiomatique est **andare a teatro**.

Esercizio 1 – Traducete

❶ Ragazzi, cosa fate sabato sera? ❷ Aldo va ad una festa, ma io non so ancora. ❸ Domenica non faccio niente di speciale. ❹ Ti va di andare al ristorante? ❺ Aldo e Stella sono dei veri amici.

Esercizio 2 – Completate

❶ Nous allons au restaurant, ça vous dit *(va)* de venir ?
. . . . al ristorante, ... di venire?

❷ Cette semaine nous avons vu plusieurs films.
Questa settimana abbiamo visto . . . .

❸ Les billets, c'est moi qui passe les prendre !
I . . . . passo a . . . . io!

37

Trentasettesima lezione

Come state?

1 – Carlo! Che piacere incontrarti!
2 Da quanto [1] tempo non ci vediamo!
3 Come stai [2]? Che cosa fai?
4 – Sto abbastanza bene, grazie.

Prononciation

1 … piatchérê …

Notes

1 **quanto**, *combien*, s'accorde en genre et en nombre (leçon 11) avec le nom qui le suit : **Da quanti giorni non hai visto Stella?**, *Depuis combien de jours n'as-tu pas vu Stella ?*

Corrigé de l'exercice 1

❶ Les copains, que faites-vous samedi soir ? ❷ Aldo va à une soirée, mais moi, je ne sais pas encore. ❸ Dimanche je ne fais rien de spécial. ❹ Ça te dit d'aller au restaurant ? ❺ Aldo et Stella sont de vrais amis.

❹ Samedi il y a un excellent concert, et c'est tout près d'ici.
...... c'è un eccellente .... ed è proprio ... .

❺ Stella préfère aller au théatre.
Stella .... andare al ....

Corrigé de l'exercice 2

❶ Andiamo – vi va – ❷ – parecchi film ❸ – biglietti – prenderli – ❹ Sabato – concerto – qui vicino ❺ – preferisce – teatro

37

Trente-septième leçon

Comment allez-vous ?

1 – Carlo ! Ça fait *(Quel)* plaisir [de] te rencontrer !
2 Depuis *(combien de)* le temps que nous ne nous sommes pas vus !
3 Comment vas-tu ? Que fais-tu ?
4 – Je vais *(suis)* assez bien, merci.

2 **stai** peut changer de sens selon le contexte. Ici, il signifie *tu vas, tu te portes* (phrases 3 et 4). Nous reviendrons sur les autres sens de **stare**.

5 – S**o**no **a**nni [3] che non ho pi**ù** noti**z**ie di t**u**a sor**e**lla **I**da!
6 – Sta ben**i**ssimo! Si è spos**a**ta, ha f**a**tto **u**na brill**a**nte carri**e**ra,
7 e ha d**u**e b**e**i [4] bamb**i**ni!
8 – Non so pi**ù** n**u**lla ne**a**nche d**e**lle t**u**e am**i**che, le sor**e**lle R**o**ppoli! Le freq**u**enti s**e**mpre?
9 – Sì, sì, le ho v**i**ste d**u**e settim**a**ne fa.
10 S**o**no in f**o**rma c**o**me s**e**mpre.
11 I l**o**ro cug**i**ni, inv**e**ce, li ho completam**e**nte p**e**rsi di v**i**sta. □

*7 … bèï … **11** … koudjini …*

Notes

3 **sono anni**, *ça fait des années*, est une construction à ne pas confondre avec l'expression de la phrase 9, **due settimane fa**, *il y a deux semaines*. Voyez aussi **due giorni fa**, *il y a deux jours* ≠ **sono due giorni**, *cela fait deux jours*.

4 **bei**, *beaux*, est le pluriel de l'adjectif **bello**, *beau/bel*. Lorsqu'il est placé devant le nom, il a la particularité d'avoir autant de formes qu'il existe d'articles. Nous aurons donc **il bel bambino**, *le bel enfant* ; **i bei bambini**, *les beaux enfants* ; **un bell'uomo**, *un bel homme* ; **dei begli uomini**, *de beaux hommes* ; **la bella bambina**, *la belle enfant* ; **le belle bambine**, *les belles enfants*.

***

Esercizio 1 – Traducete

❶ Da quanti giorni non abbiamo visto Luisa? ❷ Che piacere vederti, Eugenio! Sei in forma come sempre! ❸ Sono anni che non ho notizie delle sorelle Roppoli! ❹ Ida sta benissimo, ha fatto una brillante carriera! ❺ E Aldo, lo frequenti sempre?

5 – Ça fait *(sont)* des années que je n'ai plus de nouvelles de ta sœur Ida !
6 – Elle va très bien ! Elle s'est mariée, a fait une brillante carrière,
7 et elle a deux beaux enfants !
8 – Je n'ai plus entendu parler *(ne sais plus rien)* non plus de tes amies, les sœurs Roppoli ! Tu les fréquentes toujours ?
9 – Oui, oui, je les ai vues il y a deux semaines.
10 Elles sont en forme, comme toujours.
11 Leurs cousins, en revanche, je les ai complètement perdus de vue.

***

Corrigé de l'exercice 1

❶ Depuis combien de jours n'avons-nous pas vu Luisa ? ❷ Ça fait plaisir de te voir, Eugenio ! Tu es en forme, comme toujours ! ❸ Ça fait des années que je n'ai pas de nouvelles des sœurs Roppoli ! ❹ Ida va très bien, elle a fait une brillante carrière ! ❺ Et Aldo, tu le fréquentes toujours ?

Esercizio 2 – Completate

❶ Je ne sais plus rien de leurs cousins non plus.
. . . . niente . . . . dei loro cugini.

❷ Comment vas-tu ? – Je vais bien, merci !
Come . . . . ? – . . . . , grazie!

❸ Depuis combien de jours Mario est-il arrivé ?
. . . . giorni è arrivato Mario?

38

Trentottesima lezione

Le donne hanno sempre ragione

1 – Ragazzi, se volete un consiglio,
2 non andate a vedere quel film!
3 È veramente pessimo [1], noiosissimo e violento.
4 Ma sapete com'**è** Giovanna...
5 vuole sempre vedere gli **u**ltimi film, **a**nche se non ne sa niente.
6 La settimana scorsa ne ha visti [2] sette,
7 di cui [3] cinque, a suo parere, insulsi.

Prononciation

... radjonê **1** *... ko'nsillio* **4** *... djovanna* **5** *... niè'ntê*

Notes

1 **pessimo**, signifie *très mauvais*, tout comme **molto cattivo**. De même, pour traduire *très bon*, l'italien dispose de **ottimo** et de **molto buono**. Les premières formes, contractées, sont très proches du latin *pessimus* et *optimus* ; les secondes, avec **molto**, relèvent de formulations plus modernes. À vous de choisir celles que vous trouvez les plus sympathiques !

❹ Nous sommes allés au cinéma il y a trois jours.
Siamo andati al cinema . . . .

❺ Ça fait des années que je les ai perdus de vue !
. . . . che . . ho . . . . . di vista!

Corrigé de l'exercice 2

❶ Non so più – neanche – ❷ – stai – Sto bene – ❸ Da quanti – ❹ – tre giorni fa ❺ Sono anni – li – persi –

38

Trente-huitième leçon

Les femmes ont toujours raison

1 – Mes *(Les)* amis, si vous voulez un conseil,
2 n'allez pas *(à)* voir ce film !
3 Il est vraiment très mauvais, très ennuyeux et violent.
4 Mais vous savez comment est Giovanna…
5 elle veut toujours voir les derniers films, même si elle n'en a pas entendu parler *(n'en sait rien)*.
6 La semaine dernière, elle en a vu sept,
7 dont *(desquels)* cinq, à son avis, [sont] nuls.

2 **ne ha visti sette**, *elle en a vu sept* : attention à ne pas oublier l'accord du participe passé qui, contrairement au français, est obligatoire en italien lorsque le passé composé est précédé du pronom **ne**, *en* !

3 **di cui**, *dont*, remplace les formes **del quale**, *duquel* ; **dei quali**, *desquels* ; **della quale**, *de laquelle* ; **delle quali**, *desquelles*, qui sont extrêmement formelles et n'ont pas leur place dans les conversations informelles.

8 Pretende che è impossibile fidarsi dei critici cinematografici!
9 – Certo, preferisco di gran lunga farmi la mia idea da sola!
10 – Comunque sia, le donne non vogliono mai essere contraddette,
11 anche quando sanno che hanno torto! □

8 … tchinématografitchi ***9*** *… préfèrisko …* ***10*** *… voll'ono … ko'ntraddéttê* ***11*** *… sanno …*

***

Esercizio 1 – Traducete

❶ Sai com'è Carlo! ❷ Vuole vedere quel film anche se non ne sa niente! ❸ Giovanna ha visto cinque film, di cui tre insulsi! ❹ Lucia non vuole mai essere contraddetta, anche quando ha torto! ❺ Quel film è pessimo; ti consiglio di non andare a vederlo.

Esercizio 2 – Completate

❶ Combien de film as-tu vus ? – J'en ai vu deux.
Quanti film hai . . . . . ? – . . . . due.

❷ Elles savent qu'elles ont tort, mais elles ne veulent pas être contredites.
. . . . . che hanno . . . . . , ma non . . . . essere contraddette.

❸ Si vous voulez un conseil, n'allez pas voir ce film, il est très mauvais !
Se . . . . . . un consiglio, non . . . . . . a vedere . . . . film, è . . . . !

❹ Carlo n'en sait rien !
Carlo . . . . !

8 Elle prétend qu'il est impossible [de] se fier aux *(des)* critiques cinématographiques !

9 – Parfaitement ! Je préfère de loin me faire mon idée toute seule !

10 – Quoi qu'il en soit, les femmes ne veulent jamais être contredites,

11 même quand elles savent qu'elles ont tort !

***

Corrigé de l'exercice 1

❶ Tu sais comment est Carlo ! ❷ Il veut voir ce film, même s'il n'en a pas entendu parler ! ❸ Giovanna a vu cinq films, dont trois nuls ! ❹ Lucia ne veut jamais être contredite, même quand elle a tort ! ❺ Ce film est très mauvais ; je te conseille de ne pas aller le voir.

❺ J'ai vu quatre films, dont deux étaient très mauvais !
Ho visto quattro . . . . due erano . . . . !

Corrigé de l'exercice 2

❶ – visto – Ne ho visti – ❷ Sanno – torto – vogliono – ❸ – volete – andate – quel – pessimo ❹ – non ne sa niente ❺ – film di cui – pessimi

39 Trentanovesima lezione

I coniugi Della Casa litigano

1 – **Fai** presto, Filippo, la mamma [1] ha telefonato già due volte!
2 – **Senti Anna**, non ho sposato mia suocera, ho sposato te!
3 Non posso vivere con l'angoscia di una persona che [2] decide tutto al nostro posto…
4 … che cosa dobbiamo fare, che cosa non dobbiamo dimenticare,
5 a che ora dobbiamo rincasare…
6 Non è una donna, è un Generale delle Forze Armate!
7 Chi [3] può sopportarla?
8 – Sei un mostro Filippo, ti odio!
9 Come puoi dire delle cose così orribili di mia madre,
10 che è sempre così gentile con te!

Prononciation

… konioudji … litigano **1** *faï … djà …* **2** *… souotchèra …* **3** *… a'ngocha …* **6** *… djénéralê …* **9** *… pouoï … mïa …* **10** *… djé'ntilê …*

Notes

1 Rappelez-vous que **la mamma** ou **mamma** tout court sont les deux formes qu'on utilise pour dire *maman* (leçon 33).

2 **che**, signifie *qui* ou *que*. On dira donc **Paola, che vedo tutti i giorni…**, *Paola, que je vois tous les jours…* ; et aussi **Paola, che mi conosce bene…**, *Paola, qui me connaît bien…* D'un point de vue purement grammatical, on aurait pu employer, à la place de **che**, les formes **il**

Trente-neuvième leçon

Les époux Della Casa se disputent

1 – Dépêche-toi, Filippo, maman a déjà téléphoné deux fois !
2 – Écoute, Anna, je n'ai pas épousé ma belle-mère, c'est toi que j'ai épousée *(j'ai épousé toi)* !
3 Je ne peux pas vivre avec l'angoisse de quelqu'un *(d'une personne)* qui décide tout à notre place...
4 ... ce que nous devons faire, ce que nous ne devons pas oublier,
5 à quelle heure nous devons rentrer...
6 Ce n'est pas une femme, c'est un général des forces armées !
7 Qui peut la supporter ?
8 – Tu es un monstre, Filippo, je te déteste !
9 Comment peux-tu dire des choses aussi horribles sur *(de)* ma mère,
10 qui est toujours tellement gentille avec toi !

quale, *lequel* ; **i quali**, *lesquels* ; **la quale**, *laquelle* ; **le quali**, *lesquelles*, mais comme nous l'avons déjà vu (leçon 38, note 3), elles sont aujourd'hui totalement désuètes.

3 Attention ! Le pronom **chi**, *qui*, est presque toujours interrogatif : **Chi è quel signore?** *Qui est ce monsieur ?* Il ne peut avoir une fonction de démonstratif que dans des phrases assez rares ou des formules idiomatiques, comme par exemple **Chi vivrà vedrà**, *Qui vivra verra* ; **Chi rompe paga**, *Qui casse paie*.

Esercizio 1 – Traducete

❶ Ti odio, Filippo, chi può sopportarti? ❷ Fai presto, Anna! ❸ Ho sposato te, non mia suocera! ❹ Come puoi dire delle cose così orribili di me! ❺ Questa donna decide a che ora dobbiamo rincasare!

Esercizio 2 – Completate

❶ C'est maman qui a téléphoné déjà trois fois !
È . . mamma . . . ha telefonato già tre . . . . . !

❷ Qui peut supporter cette femme !
. . . . . . sopportare . . . . . . donna!

❸ Maman est toujours si gentille avec toi !
La mamma è . . . . gentile con . . !

❹ Je ne peux pas vivre avec cette angoisse !
Non . . . . . vivere con . . . . !

40 Quarantesima lezione

Spostiamo i mobili!

1 – Chi mi ai**u**ta a spost**a**re qu**e**sti m**o**bili?
2 – S**u**bito, pap**à**, ti aiuti**a**mo n**o**i!
3 Ho un'id**e**a! Perch**é** non facci**a**mo **u**na sorpr**e**sa **a**lla m**a**mma?
4 D**i**ce s**e**mpre che vu**o**le cambi**a**re c**a**sa [1], perch**é** non sposti**a**mo t**u**tti i m**o**bili?

Prononciation

2 … aïoutiamo … 4 ditchê … ka'mbiarê …

Corrigé de l'exercice 1

❶ Je te déteste, Filippo, qui peut te supporter ? ❷ Dépêche-toi, Anna ! ❸ Je t'ai épousée toi, pas ma belle-mère ! ❹ Comment peux-tu dire des choses aussi horribles sur moi ! ❺ Cette femme décide à quelle heure nous devons rentrer !

❺ C'est toujours Anna qui décide à ma place !
È sempre Anna . . . decide . . . . !

Corrigé de l'exercice 2

❶ – la – che – volte ❷ Chi può – questa – ❸ – sempre così – te ❹ – posso – questa angoscia ❺ – che – al mio posto

40

Quarantième leçon

Déplaçons les meubles !

1 – Qui m'aide à déplacer ces meubles ?
2 – Tout de suite, papa, nous [venons] t'aider *(t'aidons)* !
3 J'ai une idée ! Pourquoi ne ferions-nous *(faisons)* pas une surprise à maman ?
4 Elle dit toujours qu'elle veut changer d'appartement, [alors] pourquoi ne déplacerions-nous *(déplaçons)* pas tous les meubles ?

Note

1 **casa**, désigne tout à la fois *une maison* et *un appartement*. Le mot **appartamento**, *appartement*, existe, mais il est surtout utilisé dans le jargon immobilier.

5 – **Dai** [2], perché no? Da quali [3] cominciamo?
6 – Da quelli della mia camera!
7 Mettiamo il letto al posto dell'armadio,
8 la libreria al posto della scrivania... ecco così...
9 ed ora... vediamo un po' [4]...
10 – Un risultato sorprendente! Abbiamo guadagnato un sacco di spazio! □

5 daï ... komi'ntchamo

Notes

2 **Dai!**, *Allez !* Dans cet emploi idiomatique, **dai**, (litt. "tu donnes"), s'utilise aussi bien au singulier qu'au pluriel : **Dai, vieni al cinema con me!**, *Allez, viens au cinéma avec moi !* ; **Dai, venite anche voi!**, *Allez, venez vous aussi !* Mémorisez bien ce petit mot : son emploi est très courant, et il fait très "italien" !

***

Esercizio 1 – Traducete

❶ Chi mi da una mano a spostare l'armadio? ❷ Dai, facciamo una sorpresa alla mamma! ❸ Mettiamo la scrivania al posto del letto. ❹ In quale cinema hai visto quel film? ❺ In quello di via Rossini.

***

Esercizio 2 – Completate

❶ Mario dit qu'il veut changer d'appartement.
Mario . . . . vuole cambiare . . . . .

❷ Je t'aide tout de suite, papa !
Ti . . . . papà!

❸ Quels meubles déplaçons-nous ?
. . . . . mobili . . . . ?

5 – Allez *(donne)*, pourquoi pas ? Par lesquels est-ce qu'on commence *(commençons)* ?
6 – Par ceux de ma chambre !
7 Mettons le lit à la place de l'armoire,
8 la bibliothèque à la place du bureau... voilà, comme ceci...
9 et maintenant... voyons un peu...
10 – Un résultat étonnant ! Nous avons gagné une sacrée place *(plein d'espace)* !

3 **quali?**, *lesquels ?* est un interrogatif que l'on prononce ***[kouali]***. Faites attention à ne pas le confondre avec **quelli** ***[kouélli]***, *ceux*, dont il faut bien prononcer la double consonne.

4 **un po'**, *un peu* ; **po'** est la forme abrégée de **poco**. On l'utilise fréquemment, tout comme le diminutif **pochino**, *un petit peu*.

***

Corrigé de l'exercice 1

❶ Qui me donne un coup de main pour déplacer l'armoire ? ❷ Allez, faisons une surprise à maman ! ❸ Mettons le bureau à la place du lit. ❹ Dans quel cinéma as-tu vu ce film ? ❺ Dans celui de la rue Rossini.

***

❹ Déplaçons ceux de ma chambre !
Spostiamo . . . . . . della mia . . . . . . !

❺ Mettons la bibliothèque à la place de l'armoire ! – Pourquoi pas ?
Mettiamo la . . . . al posto dell' . . . . !
– . . . . ?

Corrigé de l'exercice 2

❶ – dice che – casa ❷ – aiuto subito – ❸ Quali – spostiamo ❹ – quelli – camera ❺ – libreria – armadio – Perché no

41

Quarantunesima lezione

Comme celui de la leçon 34, ce dialogue a une fonction toute particulière, il constitue à lui seul une petite rubrique de grammaire. Soyez attentif, regardez bien quelles sont les formes faibles et quelles sont les

Ancora un promemoria

1 – Allora, va meglio con i pronomi personali?
2 – Sì, sono diventato bravissimo, adesso [1] li conosco tutti benissimo!
3 Ascolta bene, si può dire:
4 "Io mi guardo allo specchio" o "Io guardo me allo specchio".
5 "Tu ti guardi nelle vetrine" o "Tu guardi te nelle vetrine".
6 "Io guardo Paolo", o "Io lo guardo".
7 "Io guardo Paola", o "Io la guardo".
8 "Loro ci guardano con insistenza", o "Loro guardano noi con insistenza".
9 "Loro vi guardano severamente", o "Loro guardano voi severamente".
10 "Io guardo Paolo e Marco", o "Io li guardo".
11 "Io guardo Paola e Carla", o "Io le guardo".

Prononciation

1 *… mèllo … **4** … spèkkio …*

Quarante et unième leçon

formes fortes : la découverte des pronoms personnels compléments d'objet direct (COD) se fait à ce prix !

Encore un aide-mémoire

1 – Alors, ça va mieux avec les pronoms personnels ?
2 – Oui, je suis devenu très fort, maintenant je les connais tous très bien !
3 Écoute bien, on peut dire :
4 "Je me regarde dans le *(au)* miroir", ou "C'est moi que je regarde dans le miroir *(je regarde moi dans le miroir)*".
5 "Tu te regardes dans les vitrines", ou "C'est toi que tu regardes dans les vitrines *(tu regardes toi dans les vitrines)*".
6 "Je regarde Paolo", ou "Je le regarde".
7 "Je regarde Paola", ou "Je la regarde".
8 "Ils nous regardent avec insistance", ou "C'est nous qu'ils regardent avec insistance *(ils regardent nous avec insistance)*".
9 "Ils vous regardent sévèrement", ou "C'est vous qu'ils regardent sévèrement *(ils regardent vous sévèrement)*".
10 "Je regarde Paolo et Marco", ou "Je les regarde".
11 "Je regarde Paola et Clara", ou "Je les regarde".

Note

1 **adesso**, *maintenant*, est un synonyme de **ora**, adverbe que l'on aurait pu employer dans cette phrase.

12 Dobbiamo necessariamente dire:
13 "Il pane l'ho comprato, ma i grissini li ho dimenticati.
14 La carne non l'ho comprata, ma le ciliege le ho comprate."
15 – Quanti film hai visto?
16 – "Ne ho visti molti [2]!" □

12 … nétchéssariame'ntê …

Note

2 **Ne ho visti tanti (di film)**, *J'en ai vu beaucoup (des films)* ; **Ne ho viste tante (di città)**, *J'en ai vu beaucoup (des villes)* ; **Ne ho mangiati due (di cornetti)**, *J'en ai mangé deux (des croissants)*, etc. Tâchez de bien mémoriser ces formes, afin de ne vous tromper ni dans l'accord du participe passé ni dans la traduction de **ne** (qui n'a rien à voir avec la négation !).

***

Esercizio 1 – Traducete

❶ Mi guardo nella vetrina. ❷ Paolo guarda te. ❸ Paolo e Aldo? Li chiamo subito! ❹ Le ciliege? No, non le ho comprate! ❺ Hai visto molti film? – No, non ne ho visti molti.

***

Esercizio 2 – Completate

❶ Paola n'est pas encore arrivée ! Je l'appelle !
Paola non . ancora . . . . ! . . . . !

❷ Les livres que tu m'as demandés, je les ai oubliés !
I libri . . . . . . hai domandato, ... !

❸ Les enfants, maman vous appelle !
. . . . , la mamma . . . . !

12 Nous devons dire obligatoirement :
13 "Le pain, je l'ai acheté, mais les grissini, je les ai oubliés.
14 La viande je ne l'ai pas achetée, mais les cerises, je les ai achetées."
15 – Combien de films as-tu vus ?
16 – "J'en ai vu beaucoup !"

***

Corrigé de l'exercice 1

❶ Je me regarde dans la vitrine. ❷ Paolo te regarde. ❸ Paolo et Aldo ? Je les appelle tout de suite ! ❹ Les cerises ? Non, je ne les ai pas achetées ! ❺ As-tu vu beaucoup de films ? – Non, je n'en ai pas vu beaucoup !

***

❹ Je te rappelle qu'ils nous attendent depuis une heure !
.. ricordo . . . . . aspettano . . . . !

❺ Je suis devenue très forte ! Les pronoms, je les connais tous très bien !
Sono . . . . ! I pronomi, ... tutti . . . .

Corrigé de l'exercice 2

❶ – è – arrivata – La chiamo ❷ – che mi – li ho dimenticati ❸ Bambini – vi chiama ❹ Ti – che ci – da un'ora ❺ – diventata bravissima – li conosco – benissimo

Quarantaduesima lezione

Revisione – Révision

1 Passé composé : précisions sur l'accord du participe passé avec l'auxiliaire *avere*

Nous l'avons vu, quand un verbe se conjugue avec l'auxiliaire **avere**, *avoir*, son participe passé s'accorde avec le COD quand le verbe conjugué est précédé d'un des pronoms personnels **lo**, *le* ; **li**, *les* ; **la**, *la* ; **le**, *les* (leçon 35) : **Li ho visti**, *je les ai vus.*

Nous attirons ici votre attention sur le fait que, contrairement à ce qui se passe en français, cet accord existe également lorsque le verbe conjugué est précédé du pronom **ne**, *en* :
Quanti spettacoli hai visto? – Ne ho visti molti!
Combien de spectacles as-tu vus ? – J'en ai vu beaucoup !

2 Les pronoms personnels compléments d'objet direct (COD)

Nous l'avons vu en leçon 41, les pronoms personnels compléments d'objet direct (COD) peuvent avoir des formes dites "faibles" ou "atones" et des formes dites "fortes" ou "toniques".

On utilise les formes fortes lorsque l'on souhaite insister sur le COD : **Guardano voi severamente**, *Vous, ils vous regardent sévèrement.*
Vous le voyez, pour rendre l'insistance inhérente aux formes fortes des pronoms personnels COD italiens, nous sommes obligés, en français, d'utiliser un pronom tonique en plus du pronom personnel COD.

Quarante-deuxième leçon

Ce tableau récapitulatif vous permettra d'y voir plus clair :

Les pronoms personnels COD			
Formes faibles		Formes fortes	
mi	*me*	**me**	*moi*
ti	*te*	**te**	*toi*
lo/la	*la/le*	**lui/lei**	*lui/elle*
ci	*nous*	**noi**	*nous*
vi	*vous*	**voi**	*vous*
li/le	*les*	**loro**	*eux*

Attention :
Lorsqu'une des formes faibles accompagne un verbe à l'infinitif, elle le suit et s'y rattache : **Le ciliege? Ho domandato a Paolo di comprarle!**, *Les cerises ? J'ai demandé à Paolo de les acheter !*

3 Les interrogatifs

3.1 Les pronoms interrogatifs

Comme en français, le pronom interrogatif de personne **Chi?**, *Qui ?* est invariable en genre et en nombre ; on l'utilise donc à la fois pour le féminin et pour le masculin, pour le singulier et pour le pluriel : **Chi è quella ragazza?**, *Qui est cette fille ?* ; **Chi sono quei ragazzi?**, *Qui sont ces jeunes ?*

3.2 Les adjectifs interrogatifs

• **quale, quali**
À la différence du français, il existe seulement une forme d'adjectif interrogatif au singulier et une forme au pluriel.

Singulier :
Quale?, *Quel, quelle ?*
Quale libreria spostiamo?, *Quelle bibliothèque déplaçons-nous ?*

Pluriel :
Quali?, *Quels, quelles ?*
Quali mobili spostiamo?, *Quels meubles déplaçons-nous ?*

• **quanto, quanti**
Quanto, *combien*, s'accorde en genre et en nombre avec le mot qu'il précède : **Quanti libri hai comprato?**, *Combien de livres as-tu achetés ?* Faites bien attention car cet accord n'existe pas en français !

4 Les pronoms relatifs

Historiquement, l'italien possède deux formes de pronoms relatifs ; l'une des deux est aujourd'hui largement privilégiée à l'oral.

4.1 Formes courantes

• **che**, *qui, que*, est la forme du pronom relatif, lorsqu'il est sujet ou complément d'objet direct (COD) : **La persona che parla è Carla!**, *La personne qui parle est Carla !* ; **Il ragazzo che parla è Carlo**, *Le garçon qui parle est Carlo* ; **La persona che vedi là è Paola!**, *La personne que tu vois là est Paola !*

• **cui**, toujours précédé d'une préposition (**di**, *de* ; **a**, *à* ; **da**, *de* ; **con**, *avec* ; **su**, *sur* ; **per** ; **tra/fra**, *entre*), est le pronom relatif complément d'objet indirect (COI). On le traduit différemment selon la proposition qui le précède (*dont, duquel, de laquelle, desquels, desquelles, auquel*, etc.) : **Il ragazzo a cui parlo è Carlo**, *Le garçon auquel je parle est Carlo* ; **Il ragazzo di cui parlo è Carlo**, *Le garçon dont* (litt. "de qui") *je parle est Carlo.*

4.2 Formes réservées aux écrits formels

Les pronoms **il quale**, *lequel* ; **la quale**, *laquelle* ; **i quali**, *lesquels* ; **le quali**, *lesquelles*, sont très peu utilisés dans la langue parlée. On les rencontre parfois dans des écrits formels.

5 Exprimer le temps qui passe

Il est important que vous mémorisiez bien les expressions temporelles que vous avez rencontrées au cours des six leçons précédentes…

Les avez-vous encore en tête ? N'hésitez pas à vérifier cela en essayant de retrouver la signification de ces quelques phrases !
Da quanto tempo non ti vedo!
Sono anni che l'ho perso di vista!
L'ho visto due giorni fa!

Dialogo di revisione

1 – Ciao, Stella! Cosa fate domenica sera?
2 – Niente di speciale. Vi va di andare al cinema?
3 – Perché no! Quale film preferisci vedere?
4 – Non so, quello che preferite tu e Luisa!
5 La settimana scorsa ho visto sette film, di cui due insulsi!
6 Ma, volete un consiglio? Non andate a vedere quel film, è pessimo!
7 – ... Carlo! Da quanto tempo non ci vediamo! Come stai?
8 – Sto benissimo, grazie!
9 – E Aldo, lo vedi sempre? Chi ha sposato? Come sta?
10 – L'ho visto due settimane fa, è in forma come sempre!

Traduction

1 Salut, Stella ! Que faites-vous dimanche soir ? **2** Rien de spécial. Ça vous va d'aller au cinéma ? **3** Pourquoi pas ! Quel film préfères-tu voir ? **4** Je ne sais pas, celui que vous préférez, toi et Luisa ! **5** La semaine dernière j'ai vu sept films, dont deux nuls ! **6** Mais, voulez-vous un conseil ? N'allez pas voir ce film, il est très mauvais ! **7** ... Carlo ! Depuis combien de temps ne nous sommes-nous pas vus ? Comment vas-tu ? **8** Je vais très bien, merci ! **9** Et Aldo, tu le vois toujours ? Qui a-t-il épousé ? Comment va-t-il ? **10** Je l'ai vu il y a deux semaines, il est en forme, comme toujours !

Les six prochaines leçons sont consacrées, entre autres, à l'étude de l'imparfait de l'indicatif. Vous le verrez, ce temps n'a rien de difficile : il possède les mêmes usages qu'en français et sa construction est tout à fait à votre portée. Bon courage !

Quarantatreesima lezione

I coniugi Della Casa litigano ancora

1 – Te lo [1] avevo detto che non dovevamo [2] firmare quel contratto!
2 C'erano [3] un sacco di punti poco chiari,
3 avevamo [4] pochissimo tempo per riflettere,
4 ma il signore voleva a tutti i costi un grande giardino!
5 – Già, ma la signora era entusiasta di avere un'enorme cucina,
6 in cui [5] si poteva mangiare.
7 – Lo ammetto! Ma a che cosa serve una grande cucina,
8 se la stanza da pranzo è minuscola e il bagno microscopico?

Prononciation

*5 … é'ntousi**a**sta … 6 … ma'ndj**a**rê 8 … pr**a**'nzo …*

Notes

1 Notez que lorsqu'un des pronoms compléments d'objet indirect (COI) (**mi**, *me* ; **ti**, *te* ; **ci**, *nous* ; **vi**, *vous*), précède un des pronoms compléments d'objet direct (COD) (**lo**, *le* ; **la**, *la* ; **li**, *les* (m.) ; **le**, *les* (f.)), le **i** des premiers se transforme en **e** : **Me lo aveva detto**, *Il me l'avait dit* ; **Ce lo avevano detto**, *Ils nous l'avaient dit*, etc.

2 **dovevamo**, *nous devions* ; voici donc l'imparfait ! Vous le voyez, sa contruction est simple : on reprend le radical (**dov-**) du verbe **dovere**, *devoir*, auquel on ajoute la terminaison de l'imparfait, ici **-evamo**.

3 **c'erano**, *il y avait*, littéralement "ils y étaient" ; l'imparfait de l'indicatif du verbe **essere**, *être*, ne se construit pas de la même manière que

Quarante-troisième leçon

Les époux Della Casa se disputent encore

1 – Je te l'avais dit, que nous ne devions pas signer ce contrat !
2 Il y avait *(ils y étaient)* beaucoup de points assez confus *(peu clairs)*,
3 nous avions très peu de temps pour réfléchir,
4 mais *(le)* monsieur voulait à tout prix *(à tous les coûts)* un grand jardin !
5 – Certes *(déjà)*, mais *(la)* madame était ravie *(enthousiaste)* [à l'idée] d'avoir une énorme cuisine,
6 dans laquelle on puisse *(pouvait)* manger.
7 – Je le reconnais *(l'admets)* ! Mais à quoi cela sert-il une grande cuisine,
8 si la salle à manger est minuscule et la salle de bains microscopique ?

celui des autres verbes. C'est un des rares verbes à avoir un imparfait irrégulier.

4 **avevamo**, *nous avions*, est, vous l'avez deviné, l'imparfait régulier du verbe **avere**, *avoir*.

5 **una cucina in cui si poteva mangiare**, *une cuisine dans laquelle l'on puisse manger* : il serait correct, mais très formel de remplacer cette expression par **una cucina nella quale si poteva mangiare**. Nous l'avons vu, la langue parlée utilise plutôt **cui** lorsqu'une des prépositions **a**, *à* ; **di/da**, *de* ; **in**, *en* ; **con**, *avec* ; **su**, *sur* ; **per**, *pour* ; **tra**, *dans*, est suivie par les pronoms **il/la quale, i/le quali** : **l'amico del quale/di cui ti ho parlato**, *l'ami duquel/dont je t'ai parlé* ; **gli amici con i quali/con cui hai parlato**, *les amis avec lesquels/avec qui tu as parlé*, etc. Observez au passage l'absence d'article devant **cui**.

9 In **o**gni c**a**so, io non **e**ro d'acc**o**rdo per firm**a**re in qu**a**ttro e quattr'**o**tto!

10 Ad**e**sso ci trovi**a**mo con un prog**e**tto di autostr**a**da dav**a**nti **a**lle n**o**stre fin**e**stre! □

***

Esercizio 1 – Traducete

❶ Chi ve lo ha detto? – Ce lo ha detto la Signora Della Casa. ❷ Carlo era entusiasta del nuovo progetto di autostrada. ❸ Luigi voleva firmare il contratto anche se c'erano molti punti poco chiari. ❹ Avevano una cucina in cui non potevano mangiare. ❺ Volevo a tutti i costi firmare quel contratto.

Esercizio 2 – Completate

❶ Ils avaient une autoroute devant leurs fenêtres.
. . . . un'autostrada . . . . finestre.

❷ Il voulait nous faire signer un contrat dans lequel il y avait des points assez confus.
. . . . . . farci firmare un contratto . . . .
dei punti poco chiari.

❸ Ils étaient ravis *(enthousiastes)* de leur énorme cuisine.
Erano . . . . enorme cucina.

❹ Je ne pouvais pas réfléchir, j'avais très peu de temps.
Non . . . . , avevo . . . .
. . . . . .

❺ Le jardin, Paola me l'a montré.
Il giardino . . . . . . mostrato Paola.

9 **De toute manière, je n'étais pas d'accord pour signer à la va-vite** *(en quatre et quatre huit)* **!**
10 **Maintenant nous nous [re]trouvons avec un projet d'autoroute devant** *(à les)* **nos fenêtres !**

***

Corrigé de l'exercice 1

❶ Qui vous l'a dit ? – Madame Della Casa nous l'a dit. ❷ Carlo était enthousiaste [à l'idée] du nouveau projet d'autoroute. ❸ Luigi voulait signer le contrat, même s'il y avait beaucoup de points confus. ❹ Ils avaient une cuisine dans laquelle ils ne pouvaient pas manger. ❺ Je voulais à tout prix signer ce contrat.

Corrigé de l'exercice 2

❶ Avevano – davanti alle loro – ❷ Voleva – in cui c'erano – ❸ – entusiasti della loro – ❹ – potevo riflettere – pochissimo tempo ❺ – me lo ha –

Quarantaquattresima lezione

Les phrases qui sont utilisées dans ce dialogue relèvent d'un registre de langue soutenu. Vous en aurez donc l'usage dans tout type de

Un'accoglienza formale

1 – Buongiorno, Signora Della Casa, si accomodi, La prego [1]!
2 Abbiamo ricevuto la Sua lettera raccomandata,
3 in cui Lei ci chiede il rimborso dell'assegno,
4 e l'abbiamo immediatamente trasmessa al nostro direttore.
5 Siamo molto dolenti [2] per questo sgradevole contrattempo!
6 La prego di credere che stiamo facendo [3] tutto il possibile,

Prononciation
5 … ko'ntrattè'mpo 6 … fatchè'ndo …

Notes

1 **La prego**, *Je vous [en] prie* : vous le savez désormais sur le bout des doigts, la formule de politesse italienne utilise le **Lei** (autrefois *Elle, Sa Seigneurie*) et non le *vous* ; de ce fait, les verbes doivent être conjugués à la 3e personne du singulier. Le bon usage (qui tend à disparaître) veut que l'on écrive les pronoms du vouvoiement avec une majuscule afin de faire la différence avec ceux de la 3e personne du singulier classique.

2 **dolenti**, *désolés*, est un adjectif assez formel. Dans les situations courantes, utilisez plutôt **dispiaciuti**.

Quarante-quatrième leçon

situation formelle. N'hésitez pas à les répéter plusieurs fois afin qu'elles deviennent des modèles facilement réutilisables !

Un accueil formel

1 – Bonjour, Madame Della Casa, entrez, je vous *(La)* en prie !

2 Nous avons reçu votre *(la Sienne)* lettre recommandée,

3 dans laquelle vous nous demandez *(Elle nous demande)* le remboursement de votre *(du)* chèque,

4 et nous l'avons immédiatement transmise à notre directeur.

5 Nous regrettons vivement *(sommes vraiment désolés pour)* ce contretemps [si] désagréable !

6 Je vous *(La)* prie de croire que nous sommes en train de faire *(faisant)* tout notre *(le)* possible,

3 **stiamo facendo**, *nous sommes en train de faire* ; la forme progressive, très utilisée en italien s'obtient en mettant **stare** devant le gérondif : **sto cercando**, *je suis en train de chercher* ; **stanno parlando**, *ils sont en train de parler*, etc. Notez ici que le gérondif des verbes du 1er groupe se forme en substituant **-ando** à la terminaison **-are** de l'infinitif.

7 per trov**a**re **u**na soluzi**o**ne soddisfac**e**nte per entr**a**mbe [4] le p**a**rti.
8 Il S**u**o recl**a**mo è st**a**to invi**a**to [5] anche al n**o**stro avvoc**a**to,
9 il c**u**i [6] princip**a**le c**o**mpito, c**o**me L**e**i sa,
10 è la salvagu**a**rdia d**e**gli inter**e**ssi d**e**i n**o**stri cli**e**nti. □

*7 … soddisfatch**è**'ntê … é'ntr**a**'mbê … **8** … i'nvi**a**to …*

Notes

4 **entrambe**, *les deux*, est aussi un mot adapté aux situations formelles. Pour les conversations courantes, préférez-lui **tutti/e e due**, en prenant garde à ne pas oublier de glisser le **e** entre **tutti** et **due** !

5 **è stato inviato**, *a été envoyé* ; comme en français, la forme passive nécessite l'emploi de l'auxiliaire **essere**, *être*. Notez qu'elle est assez

***

Esercizio 1 – Traducete

❶ È la lettera raccomandata in cui ci chiedono il rimborso dell'assegno. **❷** Signora, La prego di credere che è un eccellente contratto. **❸** Il Suo reclamo non è stato trasmesso al direttore. **❹** Ecco il nostro avvocato, il cui principale compito è trovare una soluzione soddisfacente. **❺** Entrambe le parti sono d'accordo.

***

Esercizio 2 – Completate

❶ Nous avons reçu un accueil très formel.
Abbiamo . . . . un' . . . . molto . . . .

❷ Je vous en prie, Monsieur Della Casa, installez-vous.
. . . . . . , Signor Della Casa, ...

❸ Notre directeur est en train de faire tout ce qu'il peut.
. . nostro direttore . . . . tutto quello che . . . .

7 pour trouver une solution satisfaisante pour les deux parties.
8 Votre *(Sa)* réclamation a été envoyée à notre avocat aussi,
9 dont la tâche principale *(duquel)*, comme vous *(Elle)* [le] savez,
10 est de défendre *(la sauvegarde)* les *(des)* intérêts de nos clients.

rarement employée dans la langue parlée, où l'on préfère les tournures actives.

6 **il nostro avvocato, il cui principale compito** (...) **è la salvaguardia**, *notre avocat, dont la tâche principale* (...) *est la défense* ; cette tournure, assez recherchée, est relativement fréquente dans les contextes formels. On pourrait dire également **un avvocato, il principale compito del quale è la salvaguardia**, mais cette structure est moins naturelle, plus lourde. Remarquez que dans ce cas (c'est le seul), le pronom **cui** est précédé d'un article.

***

Corrigé de l'exercice 1

❶ C'est la lettre recommandée dans laquelle ils nous demandent le remboursement du chèque. ❷ Madame, je vous prie de croire que c'est un excellent contrat. ❸ Votre réclamation n'a pas été transmise au directeur. ❹ Voici notre avocat, dont la tâche principale est de trouver une solution satisfaisante. ❺ Les deux parties sont d'accord.

***

❹ Comme vous le savez, Madame, c'est ma tâche principale !
Come . . . . . . , Signora, è il mio . . . . principale!

❺ Votre lettre a été envoyée hier.
La . . . lettera . . . . ieri.

Corrigé de l'exercice 2

❶ – ricevuto – accoglienza – formale ❷ Prego – si accomodi ❸ Il – sta facendo – può ❹ – Lei sa – compito – ❺ – Sua – è stata inviata –

45 Quarantacinquesima lezione

Pazienza!

1 – Ma cosa fai qui, Nicola!
2 Non dovevi andare a giocare a tennis con Aldo?
3 – Sì, pensavamo [1] di uscire dall'ufficio alle sei,
4 ma una cliente ci ha trattenuti.
5 Un noiosissimo reclamo e una richiesta di rimborso.
6 Mi sai dire perché la gente [2] non riflette,
7 prima di mettere la propria [3] firma su un documento?
8 Sai, con Aldo pensavamo di consolarci con un buon ristorante,
9 e magari [4] anche con un filmetto [5], che ne dici?
10 – Mi sembra perfetto, amore! □

Prononciation

4 … kliè'ntê … 6 … djè'ntê … 8 … pé'nsavamo …

Notes

1 **pensavamo**, *nous pensions*, est l'imparfait du verbe du 1er groupe **pensare**, *penser*.

2 Attention, **la gente**, *les gens*, est toujours singulier en italien, et s'accompagne logiquement d'un verbe au singulier.

3 **la propria firma**, *leur propre signature*, voici un emploi de **proprio** à bien mémoriser, il souligne ici la possession : **la propria firma**, *sa signature (à soi)* ; **il proprio cognome**, *son nom (à soi)*, etc.

4 **magari**, *peut-être*, est un mot particulièrement prisé des Italiens, et que l'on entend très souvent ! Son utilisation nécessite un peu d'attention car il possède plusieurs significations. Retenez pour le moment : **Che**

Quarante-cinquième leçon

Tant pis *(Patience)* !

1 – Mais que fais-tu ici, Nicola !
2 Tu ne devais pas aller jouer au *(à)* tennis avec Aldo ?
3 – Si, nous pensions *(de)* sortir du bureau à *(les)* six [heures],
4 mais une cliente nous a retenus.
5 Une réclamation très ennuyeuse et une demande de remboursement.
6 Peux-tu *(Sais-tu)* me dire pourquoi les gens ne réfléchissent pas,
7 avant de mettre leur *(propre)* signature sur un document ?
8 Tu sais, avec Aldo nous pensions *(de)* nous consoler avec un bon restaurant,
9 et peut-être aussi avec un petit cinéma *(film)*, qu'en penses-tu ?
10 – Cela me paraît parfait, [mon] amour !

ne dici di un ristorante, e magari poi di un buon film? *Que dirais-tu* (litt. "qu'en dis-tu") *d'un restaurant et peut-être après d'un bon film ?*

5 **filmetto**, *un petit film* ; synonyme de **-ino**, le suffixe **-etto** apporte à un mot la connotation de "petit et gracieux". Notez par exemple : **una casetta**, *une maisonnette*.

Esercizio 1 – Traducete

❶ Prego, Signora, deve mettere la Sua firma su questo documento. ❷ Ma non dovevate giocare a tennis? ❸ Perché la gente non riflette prima di firmare? ❹ Pensavamo di consolarci con un filmetto. ❺ Che ne dici, amore? – È perfetto!

Esercizio 2 – Completate

❶ Mais que faites-vous ici ?
Ma . . . . qui?

❷ Nous devions faire une réclamation.
. . . . fare un . . . .

❸ Nous pensions aller dans un bon restaurant.
. . . . andare . . un . . . . ristorante.

46

Quarantaseiesima lezione

Sai chi ho incontrato?

1 – Te li ricordi quei [1] ragazzi danesi,
2 che tu e Lidia avevate conosciuto [2] all'Università?

Notes

1 **quei**, *ces* ; l'adjectif **quello**, *ce*, se décline de la même manière que l'adjectif **bello**, *beau* (leçon 37, note 4), en fonction de la première lettre du nom qu'il accompagne : **il ragazzo**, *le garçon* A **quel ragazzo**, *ce garçon* ; **i ragazzi**, *les garçons* A **quei ragazzi**, *ces garçons*, etc. Remarquez que ces formes sont calquées sur celles des articles définis ; nous y reviendrons en leçon de révision.

Corrigé de l'exercice 1

❶ S'il vous plaît, Madame, vous devez mettre votre signature sur ce document. ❷ Mais ne deviez-vous pas jouer au tennis ? ❸ Pourquoi les gens ne réfléchissent-ils pas avant de signer ? ❹ Nous pensions nous consoler avec un petit cinéma. ❺ Qu'en dis-tu, mon amour ? – C'est parfait !

❹ Et peut-être [qu']elle demande aussi un remboursement !
E . . . . . . chiede anche un . . . . !

❺ C'est important de mettre sa signature sur un contrat.
È importante mettere . . . . su un . . . .

Corrigé de l'exercice 2

❶ – cosa fate – ❷ Dovevamo – reclamo ❸ Pensavamo di – in – buon – ❹ – magari – rimborso ❺ – la propria firma – contratto

46

Quarante-sixième leçon

Sais-tu qui j'ai rencontré ?

1 – Te *(les)* rappelles-tu ces jeunes *(garçons)* Danois,
2 que toi et Lidia aviez rencontrés *(connu)* à l'université ?

2 **avevate conosciuto**, *vous aviez rencontré* (litt. "vous aviez connu") ; rappelez-vous, le plus-que-parfait se forme avec l'imparfait de l'auxiliaire suivi du participe passé du verbe : **Avevo conosciuto Michele**, *J'avais rencontré Michele* ; **Ero andato a Roma**, *J'étais allé à Rome*, etc. Il s'emploie exactement comme en français.

3 – Quegli studenti in storia dell'arte che amavano follemente Firenze e le fiorentine?
4 – Proprio loro!
5 Figurati [3] che stavo tranquillamente prendendo [4] un caffè in un bar,
6 un po' leggevo, un po' ascoltavo le conversazioni dei vicini,
7 e improvvisamente sento qualcuno che dice "Ma è Luca!".
8 Alzo la testa e chi vedo?
9 Il biondo Sören, con al braccio la bruna e formosa Emanuela Rossi,
10 e con loro avevano due bei bambini,
11 con dei magnifici occhioni [5] azzurri!

Prononciation

3 kouéll'i … 5 … tra'nkouillamè'ntê …

Notes

3 **figurati**, *figure-toi*, et, au pluriel, **figuratevi**, *figurez-vous*, sont des expressions très courantes en italien. N'hésitez pas à les employer pour exprimer votre étonnement ou votre surprise : **Lei, arrivare in orario? Figurati!**, *Elle, arriver à l'heure ? Penses-tu !/Tu plaisantes !*

4 **prendendo**, *en prenant* : le gérondif des verbes du 2e groupe se forme en remplaçant la terminaison **-ere** de l'infinitif par la terminaison **-endo** : **prend-ere**, *prendre* A **prend-endo**, *en prenant*.

***

Esercizio 1 – Traducete

❶ Figurati che abbiamo incontrato Emanuela! ❷ Ve le ricordate quelle ragazze italiane? ❸ E quei ragazzi francesi, te li hanno presentati? ❹ Stavano prendendo un caffè al bar vicino all'università. ❺ Il bambino di Luca ha dei magnifici occhioni!

3 – Ces étudiants en histoire de l'art qui aimaient follement Florence et les Florentines ?
4 – Tout à fait *(eux)* !
5 Figure-toi que j'étais tranquillement en train de prendre *(prenant)* un café dans un bar,
6 tantôt *(un peu)* je lisais, tantôt *(un peu)* j'écoutais les conversations des voisins,
7 et soudain j'entends quelqu'un qui dit "Mais c'est Luca !".
8 Je lève la tête et qui [est-ce que] je vois ?
9 Le blond Sören, avec, à son bras, la brune et plantureuse Emanuela Rossi,
10 et avec eux ils avaient deux beaux enfants,
11 avec de grands yeux bleus magnifiques !

5 Le suffixe **-one**, **-oni**, permet de former l'augmentatif : **Che begli occhi!**, *Quels beaux yeux !* ; **Che begli occhioni!**, *Quels beaux grands yeux !*

***

Corrigé de l'exercice 1

❶ Figure-toi que nous avons rencontré Emanuela ! ❷ Vous souvenez-vous de ces filles italiennes ? ❸ Et ces garçons français, ils te les ont présentés ? ❹ Ils étaient en train de prendre un café au bar près de l'université. ❺ L'enfant de Luca a de grands yeux magnifiques !

Esercizio 2 – Completate

❶ Tu avais connu ces étudiants florentins !
.... studenti fiorentini!

❷ Ils me l'ont envoyé hier.
.... hanno inviato .....

❸ Figurez-vous que j'ai parlé avec Sören !
.... che .. .. con Sören!

47

Quarantasettesima lezione

Che golosi!

1 – Bambini, sbaglio o dovevate finire i compiti prima di passare alla merenda?
2 – Mamma, Lorenzo aveva tanta fame che si sentiva [1] svenire,
3 e aveva male allo stomaco!
4 – Poverino! Dovevano essere crampi! Troppo tempo senza cioccolato!
5 Non ne mangiava da ventiquattro ore!
6 – Mamma, dove hai messo le ciliege che abbiamo comprato stamattina [2]?
7 – Mamma, ci avevi promesso di comprarci un gelato,

Prononciation

1 ... sballo ...

Notes

1 **si sentiva**, *il se sentait* ; voici l'imparfait régulier du verbe pronominal du 3e groupe **sentirsi**, *se sentir*.

❹ Voilà la lettre d'Aldo, je te la lis.
. . . . la lettera di Aldo, ... leggo.

❺ Quels beaux enfants ! Et quelle belle femme !
Che . . . bambini! E che . . . . . donna!

Corrigé de l'exercice 2
❶ Avevi conosciuto quegli – ❷ Me lo – ieri ❸ Figuratevi – ho parlato – ❹ Ecco – te la – ❺ – bei – bella –

47

Quarante-septième leçon

Quels gourmands !

1 – [Les] enfants, je me trompe ou vous deviez finir vos *(les)* devoirs avant de passer au goûter ?
2 – Maman, Lorenzo avait tellement faim qu'il était *(se sentait)* sur le point de s'évanouir,
3 et il avait mal à l'estomac !
4 – Le pauvre *(petit)* ! Ça devait être des crampes ! Trop de temps sans chocolat !
5 Il n'en avait pas mangé *(mangeait pas)* depuis vingt-quatre heures !
6 – Maman, où as-tu mis les cerises que nous avons achetées ce matin ?
7 – Maman, tu nous avais promis de nous acheter une glace,

2 **le ciliege che abbiamo comprato**, *les cerises que nous avions achetées*. En français on accorde le participe passé précédé du pronom relatif **che**, *que*, *qui*, avec le complément d'objet direct (COD) ; pas en italien. Prudence donc !

8 se finivamo i compiti entro [3] le cinque!
9 – Ma come potete essere così golosi?
10 Mi chiedo se non avete una strana malattia! □

Note

3 **entro le cinque**, *avant cinq heures*. Voici une nouvelle expression de temps à bien mémoriser : **Devo mandare il mio C.V. entro il dieci gennaio**, *Je dois envoyer mon C.V. avant le dix janvier*, ou, *pour le dix janvier dernier délai*.

***

Esercizio 1 – Traducete

❶ Lorenzo aveva dei crampi allo stomaco e si sentiva svenire. ❷ Poverino! Non mangiava da dodici ore! ❸ Quei bambini sono troppo golosi! ❹ Forse hanno una strana malattia. ❺ Lidia ha mangiato le ciliege che avevamo comprato!

***

Esercizio 2 – Completate

❶ Avant de passer au goûter, tu dois finir tes *(les)* devoirs.
. . . . passare alla . . . . , devi finire . . . .

❷ J'avais mal à l'estomac depuis trois jours.
. . . . allo stomaco . . tre giorni.

❸ Nous devions aller chez Lorenzo avant sept heures.
. . . . andare . . Lorenzo . . . . sette.

❹ Le pauvre ! Peut-être avait-il une étrange maladie !
. . . . ! Forse . . . . . una strana . . . . !

8 si nous finissions nos *(les)* devoirs avant cinq heures !
9 – Mais comment pouvez-vous être aussi gourmands ?
10 Je me demande si vous n'avez pas une maladie bizarre *(étrange)* !

***

Corrigé de l'exercice 1

❶ Lorenzo avait des crampes à l'estomac et était sur le point de *(se sentait)* s'évanouir. ❷ Le pauvre ! Il n'avait pas mangé depuis douze heures ! ❸ Ces enfants sont trop gourmands ! ❹ Peut-être ont-ils une étrange maladie. ❺ Lidia a mangé les cerises que nous avions achetées !

***

❺ Il était tellement gourmand qu'il devait manger du chocolat tous les jours.
. . . così . . . . . . che . . . . . . mangiare . . .
. . . . tutti i giorni.

Corrigé de l'exercice 2

❶ Prima di – merenda – i compiti ❷ Avevo male – da – ❸ Dovevamo – da – entro le – ❹ Poverino – aveva – malattia ❺ Era – goloso – doveva – del cioccolato –

Quarantottesima lezione

Attenzione alle promesse!

1 – Luisa, a che **o**ra dov**e**vano part**i**re per la camp**a**gna i tu**o**i genit**o**ri?
2 – St**a**nno part**e**ndo [1] in qu**e**sto mom**e**nto, c**a**ro!
3 – Accid**e**nti [2]! **E**ro talm**e**nte assorb**i**to dal lav**o**ro
4 che non mi s**o**no r**e**so c**o**nto del t**e**mpo che pass**a**va!
5 Che pecc**a**to! Ci ten**e**vo m**o**lto ad accompagn**a**rli **a**lla stazi**o**ne!
6 Gl**ie**lo [3] av**e**vo prom**e**sso da un p**e**zzo! [4]
7 D**e**vono av**e**r pens**a**to che ment**i**vo spudoratam**e**nte!
8 – Ma no! Gliel'h**o** spieg**a**to che, eccezionalm**e**nte, fin**i**vi di lavor**a**re m**o**lto t**a**rdi!

Prononciation

3 attchidè'nti ... 6 ... lliélo ... 8 ... éttchédzionalm'èntê

Notes

1 **partendo**, *en partant* : on forme le gérondif des verbes réguliers du 3e groupe en remplaçant la terminaison **-ire** de l'infinitif par la terminaison **-endo** du gérondif : **part-ire**, *partir* A **part-endo**, *en partant*.

2 **Accidenti!**, *Zut !*, vous permet d'exprimer votre mécontentement de manière tout à fait courtoise... Ce n'est pas nécessairement le cas avec ses nombreux synonymes !

Quarante-huitième leçon

Attention aux promesses !

1 – Luisa, à quelle heure tes parents devaient-ils partir pour la campagne ?
2 – Ils sont en train de partir en ce moment, chéri !
3 – Zut ! J'étais tellement absorbé par mon travail
4 que je ne me suis pas rendu compte du temps qui passait !
5 Quel dommage *(Quel péché)* ! Je *(y)* tenais beaucoup à les accompagner à la gare !
6 Je le leur avais promis depuis longtemps *(un morceau)* !
7 Ils ont dû croire *(Ils doivent avoir pensé)* que je mentais effrontément *(sans pudeur)* !
8 – Mais non ! Je *(le)* leur ai expliqué que, exceptionnellement, tu finissais de travailler très tard !

3 **glielo**, *le leur* : lorsque le pronom **gli** est suivi de **lo**, *le* ; **la**, *la* ; **li**, *les* (m.) ; **le**, *les* (f.) ; **ne**, *en*, les deux pronoms fusionnent et sont reliés par un **e** de liaison.

4 **da un pezzo**, *depuis longtemps*, notez cette expression, assez courante, que vous pourrez utiliser en alternance avec **da un sacco di tempo**.

9 Ma per **ca**so, e per for**tu**na, **o**ggi pome**ri**ggio par**ti**va **a**nche lo **zi**o **Ca**rlo,

10 così è pass**a**to l**u**i a pr**e**nderli.

11 – M**e**no m**a**le [5]! F**o**rse per qu**e**sta v**o**lta l'ho scamp**a**ta b**e**lla! □

Note

5 **Meno male!** (litt. "moins mal !"), *Heureusement !* Cette expression, un peu surprenante, est très courante ; il vous faut absolument la retenir !

***

Esercizio 1 – Traducete

❶ Gli mentivo spudoratamente, ma l'ho scampata bella! ❷ Meno male, Luca è passato a prendermi. ❸ Per caso ieri pomeriggio ho incontrato Nicola. ❹ Ci tenevo ad andare a Roma con lo zio Aldo. ❺ Ma no, non stanno pensando che dimentichi sempre tutto.

***

Esercizio 2 – Completate

❶ Zut ! L'oncle Carlo est en train de partir !
. . . . ! . . . . . Carlo sta . . . . !

❷ Je le lui avais promis, mais j'ai oublié !
. . . . . . avevo . . . . , ma ho dimenticato!

❸ Elles sont en train d'acheter toute la boutique de chaussures !
. . . . tutto il negozio di . . . . . . !

❹ As-tu dit à tes parents que je finis de travailler très tard ? – Oui, je le leur ai dit.
Hai detto . . . . che . . . . di lavorare molto tardi ? – Si, ... detto.

9 **Mais par hasard, et par chance, cet après-midi** *(aujourd'hui après-midi)*, **l'oncle Carlo partait aussi,**
10 *(ainsi)* **[c'est lui qui]** *(lui)* **est passé les chercher** *(prendre)*.
11 – **Heureusement** *(moins mal)* **! Peut-être l'ai-je échappé belle pour cette fois** *(peut-être pour cette fois l'ai-je échappé belle)* **!**

***

Corrigé de l'exercice 1

❶ Je lui mentais effrontément, mais je l'ai échappé belle ! ❷ Heureusement, Luca est passé me prendre. ❸ Par hasard, hier après-midi, j'ai rencontré Nicola. ❹ Je tenais à aller à Rome avec l'oncle Aldo. ❺ Mais non, ils ne sont pas en train de penser que tu oublies toujours tout.

***

❺ Je voulais passer la chercher à sept heures et demie.

. . . . . . passare . . . . alle sette e . . . . . .

Corrigé de l'exercice 2

❶ Accidenti – Lo zio – partendo ❷ Glielo – promesso – ❸ Stanno comprando – scarpe ❹ – ai tuoi genitori – finisco – gliel'ho – ❺ Volevo – a prenderla – mezza

Quarantanovesima lezione

Revisione – Révision

1 L'imparfait

1.1 Emploi

Comme en français, l'imparfait italien est un temps que l'on utilise pour parler d'une action passée qui est interrompue ou dont la durée est inconnue, pour évoquer une habitude passée ou pour décrire une situation, un état d'esprit, etc.

1.2 Formation

En italien, l'imparfait se forme en ajoutant au radical de l'infinitif les terminaisons que vous pouvez découvrir ci-dessous. Ce temps est facile à retenir car il compte très peu de verbes irréguliers (un présent irrégulier n'entraîne pas un imparfait irrégulier et des verbes comme **potere**, **volere** ou **dovere** sont complètement réguliers à l'imparfait).

• **Les verbes**

– 1er groupe : **pensare**, *penser*

io pens-avo	*je pensais*
tu pens-avi	*tu pensais*
lui/lei pens-ava	*il/elle pensait*
noi pens-avamo	*nous pensions*
voi pens-avate	*vous pensiez*
loro pens-avano	*ils/elles pensaient*

– 2e groupe : **volere**, *vouloir*

io vol-evo	*je voulais*
tu vol-evi	*tu voulais*
lui/lei vol-eva	*il/elle voulait*
noi vol-evamo	*nous voulions*

voi vol-evate	*vous vouliez*
loro vol-evano	*ils/elles voulaient*

– 3e groupe : **finire**, *finir*

io fin-ivo	*je finissais*
tu fin-ivi	*tu finissais*
lui/lei fin-iva	*il/elle finissait*
noi fin-ivamo	*nous finissions*
voi fin-ivate	*vous finissiez*
loro fin-ivano	*ils/elles finissaient*

• **Les auxiliaires**

Remarquez que si **avere**, *avoir* ne présente aucune irrégularité à l'imparfait, il en va différemment pour **essere**, *être* :

io ero, *j'étais*	**io avevo**, *j'avais*
tu eri, *tu étais*	**tu avevi**, *tu avais*
lui/lei era, *il/elle était*	**lui/lei aveva**, *il/elle avait*
noi eravamo, *nous étions*	**noi avevamo**, *nous avions*
voi eravate, *vous étiez*	**voi avevate**, *vous aviez*
loro erano, *ils/elles étaient*	**loro avevano**, *ils/elles avaient*

2 Le plus-que-parfait

Le plus-que-parfait a le même emploi et la même construction en italien et en français. Il est donc utilisé pour marquer une antériorité dans le passé et se forme ainsi :

Auxiliaire **avere** ou **essere** conjugué à l'imparfait	+	Participe passé du verbe conjugué

Pour le verbe **conoscere**, *connaître*, par exemple, cela donne : **Avevo conosciuto Maria all'Università**, *J'avais fait la connaissance de Maria à l'université.*

3 Le gérondif

Il s'utilise seul (pour donner une indication sur la manière), ou dans des structures complexes.
Sa construction est assez simple :
– pour les verbes du 1er groupe, on remplace la terminaison **-are** par la terminaison **-ando** : **parl-are**, *parler* → **parl-ando**, *en parlant*.

– pour ceux du 2e et du 3e groupes, on remplace les terminaisons **-ere** et **-ire** par la terminaison **-endo** : **sap-ere**, *savoir* → **sap-endo**, *en sachant* ; **fin-ire**, *finir* → **fin-endo**, *en finissant*.

4 La forme progressive

La forme progressive est très utilisée en italien. Elle décrit une action (présente, passée ou future) dans son déroulé. On la forme ainsi : verbe **stare** conjugué + gérondif du verbe conjugué

Exemples :
Sto cercando, *Je suis en train de chercher.*
Stavo cercando, *J'étais en train de chercher.*

5 La voix passive

La structure de la phrase passive est identique en français et en italien. Pour passer de la forme active à la forme passive d'un verbe il faut donc utiliser l'auxiliaire **essere**, *être*, et faire précéder le complément d'agent de la préposition **da**, *par* :
Mario ha inviato questa cartolina, *Mario a envoyé cette carte.*
→ **Questa cartolina è stata inviata da Mario**, *Cette carte a été envoyée par Mario.*

6 Précisions au sujet des pronoms personnels

6.1 Ordre des pronoms personnels

Quand deux pronoms personnels sont employés ensemble, comme dans la phrase **Glielo ha detto**, *Il le lui a dit*, le pronom complément indirect (ici **gli**, *lui*) précède toujours le pronom complément direct (ici **lo**, *le*). L'ordre est donc différent de celui établi en français.

Voyez les différentes combinaisons possibles :

Pron. COD / Pron. COI	lo	la	li	le	ne
mi	**me lo**	**me la**	**me li**	**me le**	**me ne**
ti	**te lo**	**te la**	**te li**	**te le**	**te ne**
gli, le	**glielo**	**gliela**	**glieli**	**gliele**	**gliene**
ci	**ce lo**	**ce la**	**ce li**	**ce le**	**ce ne**
vi	**ve lo**	**ve la**	**ve li**	**ve le**	**ve ne**
gli	**glielo**	**gliela**	**glieli**	**gliele**	**gliene**

6.2 Modification orthographique

Vous le constatez dans le tableau ci-dessus, lorsque deux pronoms personnels sont employés ensemble, la voyelle **i** du pronom personnel COI se transforme en **e** :
Ti avevo detto. *Je t'avais dit.* → **Te lo avevo detto.** *Je te l'avais dit.*

Par ailleurs, si le pronom complément d'objet indirect est **gli**, *(à) lui*, il fusionne avec le pronom complément d'objet direct, et il faut intercaler un **e** entre **gli** et le pronom COD : **Glielo avevo detto**, *Je le lui avais dit.*

7 Les adjectifs *quello* et *bello*

Quello, *ce*, et **bello**, *beau*, ont plusieurs formes. Elles sont calquées sur les formes des articles déterminatifs et leur emploi suit les mêmes règles d'utilisation :

	Article défini	quello	bello
Masc. sing.	**il**	**quel**	**bel**
	lo	**quello**	**bello**
	l'	**quell'**	**bell'**
Fém. sing.	**la**	**quella**	**bella**
Masc. pl.	**i**	**quei**	**bei**
	gli	**quegli**	**begli**
Fém. pl.	**le**	**quelle**	**belle**

Exemples :
il ragazzo, il bel ragazzo, quel ragazzo
le garçon, le beau garçon, ce garçon

i ragazzi, i bei ragazzi, quei ragazzi
les garçons, les beaux garçons, ces garçons

8 Des suffixes qui connotent

8.1 Le suffixe *-etto*

Il apporte une connotation de "petit et joli" au mot auquel il s'ajoute :

una casa → **una casetta**
une maison *une maisonnette*

Dialogo di revisione

1 – Nicola!... ma non dovevi giocare a tennis con Aldo?
2 – Sì, ma ci ha trattenuti una cliente per un reclamo e una richiesta di rimborso!
3 "Te lo avevo detto che non dovevamo firmare...", continuava a dire la signora.
4 E il marito "Già, ma tu volevi una cucina in cui si poteva mangiare!"
5 – Poverino!
6 Sono sicura che il vostro avvocato sta facendo tutto il possibile per trovare una soluzione soddisfacente.
7 – Ah, sai che ho incontrato quegli studenti che avevamo conosciuto a Firenze?
8 – E sai che i miei genitori stanno partendo in questo momento?

8.2 Le suffixe *-one*

Ce suffixe est un augmentatif :

degli occhi azzurri → **degli occhioni azzurri**
des yeux bleus *de grands yeux bleus*

9 Expressions à retenir

Il est temps de vérifier que vous avez bien assimilé le vocabulaire des six leçons précédentes en réutilisant en contexte les expressions suivantes :

Du registre informel
Accidenti! Figurati che...!
Meno male! Poverino!
Che peccato!

Du registre formel
Sì, proprio loro!
Si accomodi, prego!

9 – Oh, no! Ci tenevo ad accompagnarli alla stazione!
10 Glielo avevo promesso!

Traduction

1 Nicola !... Mais tu ne devais pas jouer au tennis avec Aldo ? **2** Si, mais une cliente nous a retenus pour une réclamation et une demande de remboursement ! **3** "Je te l'avais dit que nous ne devions pas signer...", continuait de *(à)* dire la dame. **4** Et le mari, "Certes *(déjà)*, mais [toi], tu voulais une cuisine dans laquelle on puisse *(pouvait)* manger !" **5** Mon *(Le)* pauvre ! **6** Je suis sûre que votre avocat est en train de faire tout son *(le)* possible pour trouver une solution satisfaisante. **7** Ah, sais-tu que j'ai rencontré ces étudiants que nous avions connus à Florence ? **8** Et sais-tu que mes parents sont en train de partir en ce moment ? **9** Oh, non ! Je *(y)* tenais à les accompagner à la gare ! **10** Je le leur avais promis !

Vous voici arrivé à la fin de la première vague de votre apprentissage. Vous n'êtes pas encore tout à fait en mesure de juger de vos progrès. Mais dès demain, en abordant la deuxième vague, vous allez vous rendre compte de tout le trajet parcouru...

50

Cinquantesima lezione

Saldi, sconti!

1 – Buongiorno, Signorina.
2 Per cortesia, vorrei misurare quella gonna blu [1], a pieghe, in vetrina.
3 – Certo Signora, che [2] taglia?
4 – Quarantadue. È di lana vero?
5 – Certo, pura lana! Gliela prendo subito!
6 Ah, mi dispiace, la quarantadue mi è rimasta solamente in rosso.
7 Provi [3] questa in nero! È un modello un po' diverso,
8 ma secondo me è molto più carina della [4] blu!
9 E c'è uno sconto del trenta per cento.
10 – No, ho bisogno di qualcosa di blu.

Notes

1 **blu**, *bleue* ; certains adjectifs désignant des noms de couleurs sont invariables en italien : **blu**, *bleu* ; **rosa**, *rose* ; **viola**, *violet*. Pour **marrone**, *marron*, l'accord est facultatif.

2 **che taglia**, *quelle taille* : un langage plus formel exigerait que l'on dise **quale taglia?**, *quelle taille ?* Toutefois, dans la langue parlée, on préfère souvent utiliser **che**, plutôt que **quale**.

3 **Provi!**, *Essayez !* et **Guardi!**, *Regardez !* (phrase 10) sont des verbes au subjonctif à valeur d'impératif. Les formes de la 3e personne étant inexistantes à l'impératif, l'italien recourt au subjonctif pour le vouvoiement. À partir de **provare**, *essayer*, on a : **prov-i**, *(qu'il/elle) essaie* A *Essayez !* La leçon de révision vous en apprendra plus à ce sujet.

Cinquantième leçon

Soldes, rabais !

1 – Bonjour, Mademoiselle.
2 S'il vous plaît, je voudrais essayer *(mesurer)* cette jupe bleue, plissée, [qui est] en vitrine.
3 – Certainement, Madame, quelle taille ?
4 – Quarante-deux. Elle est en laine, n'est-ce pas ?
5 – Bien sûr, [elle est en] pure laine ! Je vous l'apporte *(la prends)* tout de suite !
6 Ah, je suis désolée *(me déplaît)*, il me reste *(m'est restée)* la quarante-deux seulement en rouge.
7 Essayez celle-ci, en noir ! C'est un modèle un peu différent,
8 mais d'après moi, elle est beaucoup plus jolie que la bleue !
9 Et il y a une réduction de *(du)* trente pour cent.
10 – Non, j'ai besoin de quelque chose de bleu.

4 **più carina della blu**, *plus jolie que la bleue* : observez, dans les phrases comparatives, les expressions **più di**, *plus que*, et **meno di**, *moins que* : **la giacca è meno cara del pantalone**, *la veste est moins chère que le pantalon*. Pour l'instant, contentez-vous de les retenir. Nous y reviendrons un peu plus tard.

11 – Allora guardi questo pantalone blu: è il meno caro di tutti [5],

12 ma le posso garantire la qualità: un capo fatto per durare molto a lungo! □

Note

5 il meno caro di tutti, *le moins cher de tous* ; il più… di, *le plus… de*, et il meno… di, *le moins… de*, sont les deux formules pour exprimer

***

Esercizio 1 – Traducete

❶ Vorrei misurare quel pantalone nero. ❷ Glielo prendo in vetrina! ❸ Che taglia, Signora? – Quaranta! ❹ La gonna blu è molto più carina della rossa. ❺ È la gonna più cara di tutte.

Esercizio 2 – Completate

❶ J'ai besoin d'une jupe bleue, taille trente-huit.
. . . . di una gonna . . . , ... trentotto.

❷ Regardez ce pantalon noir, il est très joli.
. . . . . . questo . . . . nero, è . . . .

❸ Aujourd'hui il y a une réduction de *(du)* cinquante pour cent.
Oggi . . . uno . . . . cinquanta per cento.

❹ Je voudrais essayer *(mesurer)* la jupe la moins chère.
Vorrei . . . . la gonna . . . .

❺ Je suis désolé, les soldes sont finis.
. . . . , i . . . . . sono . . . .

11 – Alors regardez ce pantalon bleu, c'est le moins cher de tous,

12 mais je peux vous [en] garantir la qualité : [c'est] une pièce faite pour durer très longtemps !

les superlatifs de supériorité et d'infériorité. Retenez au passage que l'italien n'utilise qu'une fois l'article dans une phrase comme *C'est la jupe [la] moins chère de toutes*, **È la gonna meno cara di tutte**.

***

Corrigé de l'exercice 1

❶ Je voudrais essayer ce pantalon noir. ❷ Je vous le prends dans la vitrine ! ❸ Quelle taille, Madame ? – Quarante ! ❹ La jupe bleue est beaucoup plus jolie que la rouge. ❺ C'est la jupe la plus chère de toutes.

Corrigé de l'exercice 2

❶ Ho bisogno – blu, taglia – ❷ Guardi – pantalone – molto carino ❸ – c'è – sconto del – ❹ – misurare – meno cara ❺ Mi dispiace – saldi – finiti

Vous voici au seuil de la seconde vague. Voici comment vous allez procéder : après avoir étudié attentivement la cinquantième leçon, vous reprendrez la première leçon. Reprenez le texte du dialogue et de l'exercice 1 en français et traduisez-le en italien, et vous vous corrigerez vous-même. Ainsi, vous étudierez chaque jour une nouvelle leçon et une leçon passée (la leçon 2 avec la leçon 51, la leçon 3 avec la leçon 52, etc.). Il n'y a pas de meilleur moyen pour consolider vos acquis et vous amener à parler naturellement. Vous verrez, vous serez impressionné de vos progrès ! Bon courage !

Deuxième vague : 1re leçon

Cinquantunesima lezione

Qualche [1] modifica

1 – Questi pantal**o**ni [2] Le st**a**nno [3] ben**i**ssimo, Sign**o**ra,
2 si d**e**vono [4] s**o**lo accorci**a**re di un p**a**io di cent**i**metri.
3 Alla gi**a**cca inv**e**ce non si d**e**ve f**a**re ness**u**na mod**i**fica.
4 – A me s**e**mbra un poch**i**no [5] l**a**rga...
5 ma mi s**e**mbra sopratt**u**tto tr**o**ppo sc**u**ra.
6 Vorr**e**i un col**o**re più chi**a**ro... un t**a**glio più ader**e**nte...
7 o all**o**ra **u**na t**a**glia [6] più p**i**ccola...
8 – Ho qu**e**sta bell**i**ssima gi**a**cca in s**e**ta gr**i**gia.
9 Se vu**o**le Gli**e**la f**a**ccio misur**a**re, ma sarà tr**o**ppo str**e**tta, t**e**mo.
10 – Av**e**va ragi**o**ne! La gi**a**cca vi**o**la mi sta m**e**glio!

Notes

1 Attention, **qualche**, *quelque(s)* est toujours singulier en italien, et s'emploie aussi bien au masculin qu'au féminin.

2 **questi pantaloni**, *ce pantalon* : nous aurions pu dire également **questo pantalone**, *ce pantalon*. Les deux formes sont parfaitement équivalentes.

3 **Questi pantaloni le stanno benissimo**, *Ce pantalon vous va très bien* : voici un nouvel emploi du verbe **stare**, qui signifie *aller*, lorsqu'il s'agit, comme ici, d'habillement.

4 **si devono**, *on doit* ; à la forme impersonnelle française *on doit*, correspondent deux formes en italien, une pour le singulier et une pour le

Cinquante et unième leçon

Quelques retouches *(modifications)*

1 – Ce pantalon vous va très bien, Madame,
2 il faut *(on doit)* seulement le raccourcir de quelques *(une paire de)* centimètres.
3 À la veste, en revanche, on ne doit faire aucune retouche.
4 – Elle me semble *(à moi elle semble)* un peu large...
5 mais elle me semble *(à moi elle semble)* surtout trop foncée.
6 Je voudrais un coloris plus clair... une coupe plus ajustée...
7 ... ou alors une taille en dessous *(plus petite)*...
8 – J'ai cette magnifique *(très belle)* veste en soie grise.
9 Si vous voulez, je vous la fais essayer *(mesurer)*, mais elle sera trop serrée, je [le] crains.
10 – Vous aviez raison ! La veste violette me va mieux !

pluriel : **si devono** et **si deve** (phrase 3). Attention à ne pas oublier de choisir la forme plurielle lorsque votre sujet est pluriel !

5 **un pochino**, *un petit peu* ; **un po'**, **un poco**, *un peu*... Comme nous le disions en leçon 40, ces trois formes sont quasiment équivalentes. Utilisez celle que vous préférez !

6 Observez la différence de sens que peut entraîner parfois le passage du masculin au féminin : **il taglio**, *la coupe* / **la taglia**, *la taille* ; **il caso**, *le hazard* / **la casa**, *la maison* ; **il foglio**, *la feuille (de papier)* / **la foglia**, *la feuille (de l'arbre)*, etc. Cette modification du sens n'est bien sûr pas systématique, mais on la retrouve dans un nombre relativement important de mots. Attention donc aux petites voyelles !

11 Ma le maniche non Le sembrano troppo corte?
12 – Non credo. Se vuole le allunghiamo un po',
giusto un centimetro!
13 Vedrà, sarà molto contenta di questo completo;
14 c'è sempre bisogno [7] di un abito elegante nel
proprio guardaroba! □

Note

7 **c'è bisogno**, *il y a besoin, il faut*, est une expression assez simple à utiliser : elle peut être suivie aussi bien d'un verbe que d'un nom : **C'è bisogno di qualcosa?**, *Y a-t-il besoin de quelque chose ?* ; **C'è bisogno di comprare qualcosa?**, *Y a-t-il besoin d'acheter quelque chose ?*

***

Esercizio 1 – Traducete

❶ Questa giacca Le sta molto bene, Signorina! ❷ Le maniche si devono accorciare un pochino. ❸ Questi pantaloni non Le sembrano un po' larghi? ❹ Se vuole Le faccio misurare la taglia più piccola. ❺ C'è sempre bisogno di un completo elegante!

***

Esercizio 2 – Completate

❶ Ce pantalon a besoin de quelques retouches.
Questi . . . . hanno . . . . di . . . .
. . . .

❷ Cette veste me paraît trop large et les manches sont trop courtes.
Questa . . . . sembra troppo . . . . . e le
. . . . sono troppo . . . . . .

❸ Je vous la fais essayer tout de suite !
. . . . . . faccio misurare . . . . . . !

11 Mais les manches ne vous paraissent *(semblent)* pas trop courtes ?
12 – Je ne crois pas. Si vous voulez, nous [vous] les allongeons un peu, juste un centimètre !
13 Vous verrez, vous serez très contente de ce tailleur ;
14 il faut toujours avoir *(il y a toujours besoin)* un vêtement élégant dans sa garde-robe !

***

Corrigé de l'exercice 1

❶ Cette veste vous va très bien, Mademoiselle ! ❷ Les manches doivent être un petit peu raccourcies. ❸ Ce pantalon ne vous semble-t-il pas un peu large ? ❹ Si vous voulez, je vous fais essayer la taille en dessous. ❺ On a toujours besoin d'un complet élégant !

***

❹ Vous serez certainement très contente de cette jupe !
. . . . certamente . . . . di questa gonna!

❺ Ce pantalon, il faut l'allonger de trois centimètres.
Questi pantaloni, ... allungare di tre . . . .

Corrigé de l'exercice 2

❶ – pantaloni – bisogno – qualche modifica ❷ – giacca mi – larga – maniche – corte ❸ Gliela – subito ❹ Sarà – molto contenta – ❺ – si devono – centimetri

Deuxième vague : 2e leçon

Cinquantaduesima lezione

Antonio, smetti [1] di fare storie!

1 – Scusi, mi sa dire dove posso trovare il reparto giocattoli?
2 – Prenda [2] la scala mobile qui a destra,
3 e poi salga fino al terzo piano, Signora!
4 Li troverà sulla Sua sinistra, a fianco all'abbigliamento per bambini.
5 – Zia Ida, io voglio questo pallone giallo e verde, sono i colori della mia squadra!
6 – Io voglio anche la maglietta azzurra della nazionale!
7 – Ma siete sicuri di meritare questi regali?
8 Siete stati buoni e ubbidienti?
9 – Sono stato sempre buonissimo, zia Ida, mi puoi comprare tutto!
10 – No, non è giusto zia Ida, compri più cose a lui che a me [3]!
11 – Sì, è giusto, perché il tuo pallone è più grande del mio!

Notes

1 **smetti!**, *arrête !* est un impératif à la 2e personne du singulier. Vous ne remarquez rien ? Si ! La forme du verbe est la même que celle du présent de l'indicatif... et il en est de même pour la 2e personne du pluriel (phrase 9). Voilà de quoi vous réjouir, non ?! Font exception tous les verbes du premier groupe dont la deuxième personne du singulier prend la terminaison **-a** : **guard-are**, *regarder* A **guard-a!**, *regarde !*, et quelques autres cas isolés, sur lesquels nous reviendrons.

Cinquante-deuxième leçon

Antonio, arrête de faire des histoires !

1 – S'il vous plaît *(excusez-moi)*, pouvez-vous *(savez-vous)* me dire où je peux trouver le rayon jouets ?
2 – Prenez l'escalier mécanique ici à droite,
3 et ensuite, montez jusqu'au troisième étage, Madame !
4 Vous les trouverez sur votre gauche, à côté des vêtements pour enfants.
5 – Tante Ida, je veux ce ballon jaune et vert, [ce] sont les couleurs de mon équipe !
6 – Moi, je veux aussi le maillot bleu ciel de la "Nationale" !
7 – Mais êtes-vous sûrs de mériter ces cadeaux ?
8 Avez-vous été sages *(bons)* et obéissants ?
9 – J'ai toujours été très sage *(bon)*, tante Ida, tu peux tout m'acheter !
10 – Non, ce n'est pas juste, tante Ida, tu achètes plus de choses à lui qu'à moi !
11 – Si, c'est juste, parce que ton ballon est plus gros *(grand)* que le mien !

2 **prenda**, *prenez* : voici encore un impératif de politesse… Vous souvenez-vous de sa construction (leçon 50) ?

3 Dans les phrases comparatives, on utilise en général **più di** et **meno di**. Toutefois, si les deux termes que l'on compare se suivent, on doit utiliser **più che** et **meno che** : **Luca ha più giocattoli che libri**, *Luca a plus de jouets que de livres*. Mais **Luca ha più giocattoli di Carlo**, *Luca a plus de jouets que Carlo*.

12 – Bambini, smettete immediatamente di fare storie, o non avrete niente [4]!

13 Avete capito? Se non la smettete [5] nessuno avrà niente! □

Notes

4 **non avrete niente**, *vous n'aurez rien* : dans une phrase négative, la règle générale veut qu'il y ait toujours un élément négatif devant le verbe. Donc, lorsque nous avons des pronoms négatifs, comme **niente**, *rien* ou **nessuno**, *personne* (phrase 10) : soit ils sont en début de phrase, auquel cas une seule négation suffit, soit ils sont situés après le verbe, ce qui

***

Esercizio 1 – Traducete

❶ Scusi, dove posso trovare il reparto abbigliamento? ❷ Lo trova sulla Sua destra, affianco ai giocattoli. ❸ Signora, prenda la scala mobile e salga fino al quinto piano. ❹ Marco, guarda questo pallone! ❺ Bambini, smettete di correre o nessuno avrà niente.

Esercizio 2 – Completate

❶ Maman, tu achètes plus de jouets à Luisa qu'à moi.
Mamma, ... giocattoli a Luisa . . . .

❷ Prenez ce tee-shirt, Madame, c'est votre taille !
. . . . . . questa . . . ., Signora, è la . . . taglia!

❸ Personne n'a vu mon ballon ?
. . . . visto . . . . . . pallone?

❹ Les enfants, regardez où vous mettez les pieds et arrêtez de faire des histoires !
Bambini, ... dove . . . . i piedi e . . . . di . . . . !

12 – [Les] enfants, arrêtez immédiatement de faire des histoires, ou vous n'aurez rien !

13 Vous avez compris ? Si vous n'*(l')*arrêtez pas, personne [n']aura rien !

entraîne une double négation. Ainsi, *Personne n'est venu* pourra se dire **Nessuno è venuto** ou **Non è venuto nessuno**.

5 **La smettete?**, *Vous arrêtez ?* ou **La smetti?**, *Tu arrêtes ?*, sont des expressions très courantes dans la langue parlée uniquement.

***

Corrigé de l'exercice 1

❶ Excusez-moi, où puis-je trouver le rayon vêtements ? ❷ Vous le trouvez sur votre droite, à côté des jouets. ❸ Madame, prenez l'escalier mécanique et montez jusqu'au cinquième étage. ❹ Marco, regarde ce ballon ! ❺ Les enfants, arrêtez de courir, ou personne n'aura rien.

❺ Marco, mange ta glace et achète des gâteaux pour Luisa !
Marco, ... gelato e . . . . . . dei . . . . per Luisa!

Corrigé de l'exercice 2

❶ – compri più – che a me ❷ Prenda – maglietta – Sua – ❸ Nessuno ha – il mio – ❹ – guardate – mettete – smettete – fare storie ❺ – mangia il tuo – compra – biscotti –

*Le **calcio**, le foot, est assurément le sport national par excellence des Italiens. Ils s'y mettent très tôt, dès leur plus jeune âge... ce qui renvoie aux images bien connues de petits groupes d'enfants ou d'adolescents jouant au foot dès qu'ils disposent du moindre espace : cour, terrasse, plage, tout s'y prête. Cette passion génère aussi des images de foules*

53

Cinquantatreesima lezione

Quanta pazienza!

1 – Mio Dio, con questi bambini ci vuole [1] veramente [2] una pazienza infinita,
2 e non bisogna [3] mai perderli di vista...
3 Confesso che il pomeriggio è stato un po' difficile.
4 Il negozio era pieno zeppo [4]
5 a causa del ponte per la Festa della Repubblica.
6 Loro erano scatenati all'idea delle vacanze imminenti.
7 Correvano di qua e di là,
8 toccavano tutto, volevano tutto.
9 E io non smettevo di dire: "Non toccate, non rompete [5]!

Notes

1 **ci vuole**, *il faut*, est toujours suivi d'un substantif singulier. On utilise **ci vogliono**, *il faut*, lorsque le substantif qui suit cette expression est au pluriel. Notez bien que ces deux expressions ne fonctionnent que suivies d'un substantif, seul ou accompagné d'un adjectif : **Ci vuole molta pazienza**, *Il faut beaucoup de patience*.

2 **veramente**, *vraiment* : les adverbes se forment à partir de la forme féminine de l'adjectif, à laquelle on ajoute le suffixe **-mente** : **vero**, *vrai* A **vera-mente**, *vraiment* ; **sicuro**, *sûr* A **sicura-mente**, *sûrement*.

3 **Non bisogna perderli de vista**, *Il ne faut pas les perdre de vue* ; on utilise impérativement l'expression invariable **bisogna** lorsque l'idée

en liesse à l'occasion des victoires et donne lieu à des discussions à la fois animées et interminables, notamment dans les cafés le lundi matin, après les matches du dimanche et la lecture du journal sportif **La gazzetta dello sport**.

Deuxième vague : 3e leçon

53

Cinquante-troisième leçon

Que *(Combien)* [de] patience !

1 – Mon Dieu, avec ces enfants, il faut vraiment [avoir] une patience infinie,
2 et il ne faut jamais les perdre de vue…
3 J'avoue que l'après-midi a été un peu difficile.
4 Le magasin était plein à craquer
5 à cause du pont pour la Fête de la République.
6 *(Eux)* Ils étaient déchaînés à l'idée des vacances imminentes.
7 Ils couraient partout *(de-ci et de-là)*,
8 ils touchaient [à] tout, ils voulaient tout.
9 Et je n'arrêtais pas de dire : "Ne touchez pas, ne cassez [rien] !

d'obligation est exprimée par un verbe : **Bisogna avere pazienza**, *Il faut avoir de la patience*.

4 **pieno zeppo**, *plein à craquer*, est une expression très courante dans la langue parlée. On peut se contenter d'ailleurs de l'adjectif **zeppo** seul : **Il treno era zeppo**, *Le train était bondé*.

5 **non toccate**, *ne touchez pas* : on obtient la forme négative de l'impératif à la 2e personne du pluriel tout simplement en ajoutant la négation **non** à l'impératif positif. En revanche, pour la 2e personne du singulier, il faut utiliser l'infinitif : **Luca, non correre!** (litt. "ne pas courir !"), *Lucas, ne cours pas!*

10 Antonio, non **co**rrere! M**a**rco, non grid**a**re!..."

11 E pens**a**vo **a**lla n**o**nna Ter**e**sa qu**a**ndo dic**e**va che con i bamb**i**ni,

12 ci v**o**gliono s**e**mpre c**e**nto **o**cchi! □

***

Esercizio 1 – Traducete

❶ Bambini, non correte e non gridate! ❷ Marco, non toccare i giocattoli, Luca non rompere i bicchieri! ❸ Con Paolo ci vuole molta pazienza. ❹ Bisogna avere cento occhi con questo bambino! ❺ In un guardaroba ci vogliono sempre degli abiti eleganti.

Esercizio 2 – Completate

❶ Il ne faut jamais perdre de vue les enfants !
Non . . . . mai . . . . i bambini!

❷ Marco, ne cours pas de-ci de-là et ne touche pas aux *(les)* jouets !
Marco, non . . . . e . . . . e non . . . . i giocattoli!

❸ Il faut beaucoup de retouches à ce pantalon.
. . . . molte . . . . a questo pantalone.

❹ Avec une veste rouge, il faut une jupe noire.
Con una . . . . . . rossa . . . . una . . . . . nera.

❺ Luca et Luisa, ne touchez [à] rien et arrêtez de crier !
Luca e Luisa, non . . . . e . . . . di gridare!

10 Antonio, ne cours pas ! Marco, ne crie pas !..."

11 Et je pensais à *(la)* grand-mère Teresa quand elle disait qu'avec les enfants,

12 il faut toujours [avoir] une centaine *(cent)* d'yeux !

***

Corrigé de l'exercice 1

❶ Les enfants, ne courez pas et ne criez pas ! ❷ Marco, ne touche pas aux jouets, Luca, ne casse pas les verres ! ❸ Avec Paolo, il faut avoir beaucoup de patience. ❹ Il faut avoir une centaine d'yeux avec cet enfant ! ❺ Dans une garde-robe, il faut toujours avoir des vêtements élégants.

Corrigé de l'exercice 2

❶ – bisogna – perdere di vista – ❷ – correre di qua – di là – toccare – ❸ Ci vogliono – modifiche – ❹ – giacca – ci vuole – gonna – ❺ – toccate niente – smettete –

Deuxième vague : 4e leçon

Cinquantaquattresima lezione

Che [1] comodi, i cellulari!

1 – Ciao, Carla, siamo quasi arrivate a Roma,
2 siamo in autostrada, ma siamo un po' perse!
3 – L'uscita migliore per arrivare da me [2] è la Salaria.
4 Una volta che ci siete, seguitela [3] sempre,
5 e in dieci minuti siete a casa mia.
6 – Non vedo l'ora [4]! Figurati che siamo partite da Firenze da tre ore circa,
7 ma abbiamo avuto a lungo una sola corsia,
8 perché c'erano dei lavori in corso.
9 – Coraggio, ce l'avete quasi fatta [5]! Sai chi c'è con noi stasera?
10 Francesco, quel ragazzo di Venezia che trovavi così simpatico!
11 E resta a Roma ancora due giorni!

Notes

1 **che comodi**, *c'est bien pratique* + pluriel : il est également possible de dire **come sono comodi**, ou **quanto sono comodi**, mais la langue parlée va souvent au plus simple et dira **che comodi**, **che belle**, etc. Notez que l'adjectif s'accorde avec le substantif : **Che comoda, l'autostrada!**, *C'est bien pratique, l'autoroute !*

2 **da me** et **a casa mia** ont exactement le même sens, *chez moi*. Utilisez l'expression que vous préférez !

3 **seguitela**, *suivez-la* : lorsque le verbe est à l'impératif, le pronom personnel le suit et s'y rattache : **prendilo**, *prends-le*. Notez que l'accent du verbe ne se déplace pas.

Cinquante-quatrième leçon

C'est bien pratique *(Que commodes)*, les portables !

1 – Salut, Carla, nous sommes presque arrivées à Rome,
2 nous sommes sur *(en)* [l']autoroute, mais nous sommes un peu perdues !
3 – La meilleure sortie pour arriver chez moi est la Salaria.
4 Une fois que vous y êtes, suivez-la toujours,
5 et en dix minutes vous êtes chez moi *(à ma maison)*.
6 – J'ai hâte [d'y être] *(Je ne vois pas l'heure)* ! Figure-toi que nous sommes parties de Florence depuis près de trois heures,
7 mais nous avons eu longtemps une seule voie,
8 parce qu'il y avait des travaux *(en cours)*.
9 – Courage, vous y êtes presque *(y l'avez presque faite)* ! Sais-tu qui est avec nous ce soir ?
10 Francesco, ce garçon de Venise que tu trouvais si sympathique !
11 Et il reste à Rome encore deux jours !

4 non vedo l'ora, *j'ai hâte* ; cette expression idiomatique s'emploie très souvent… Retenez-la bien ! Non vedo l'ora di essere a Roma, *J'ai hâte d'être à Rome*.

5 ce l'avete fatta, *vous y êtes*, est une autre expression idiomatique très courante, à utiliser pour exprimer la réussite, le fait d'y arriver : Ce la fai? – Sì, sì, grazie, ce la faccio!, *Tu y arrives ? – Oui, oui, merci, j'y arrive !*

12 – Carla, devo chiudere, non c'è più campo e il mio telefonino è quasi scarico! □

***

Esercizio 1 – Traducete

❶ Prendete la Salaria e seguitela sempre fino a casa mia. ❷ Siamo partite da un'ora circa e siamo quasi arrivate a Roma. ❸ Sull'autostrada c'erano dei lavori in corso e abbiamo avuto a lungo una sola corsia. ❹ Ci siamo un po' perse, ma poi ce l'abbiamo fatta. ❺ Devo chiamare Anna, ma il mio telefonino è quasi scarico!

Esercizio 2 – Completate

❶ Qu'elle est commode, cette autoroute ! Nous sommes arrivés en deux heures.
. . . . questa autostrada! Siamo . . . . due . . . .

❷ Je ne sais pas où est la Salaria ! Demande-le à Paolo !
. . . . . dov'è la Salaria! . . . . a Paolo!

❸ J'ai hâte d'être à Florence ! Nous sommes parties depuis deux heures !
. . . . di essere a Firenze! Siamo . . . . due ore!

❹ Encore vingt minutes et nous y sommes !
Ancora . . . . e . . l'. . . . . !

❺ Tu sais qui est avec nous aujourd'hui ? Ida, cette fille si sympathique !
. . . . . . è con noi oggi? Ida . . . . . . ragazza . . . . simpatica!

12 – Carla, je dois raccrocher, il n'y a plus de réseau et mon portable n'a presque plus de batterie *(est presque déchargé)* **!**

***

Corrigé de l'exercice 1

❶ Prenez la Salaria et suivez-la toujours jusque chez moi. ❷ Nous sommes parties depuis une heure environ et nous sommes presque arrivées à Rome. ❸ Sur l'autoroute, il y avait des travaux et nous avons eu longtemps une seule voie. ❹ Nous nous sommes un peu perdues, mais ensuite nous y sommes arrivées. ❺ Je dois appeler Anna mais mon portable n'a presque plus de batterie !

Corrigé de l'exercice 2

❶ Che comoda – arrivati in – ore ❷ Non so – Chiedilo – ❸ Non vedo l'ora – partite da – ❹ – venti minuti – ce – abbiamo fatta ❺ Sai chi – quella – così –

Deuxième vague : 5e leçon

55

Cinquantacinquesima lezione

Guarda chi è arrivato!

1 – Finalmente, eccovi qui!
2 Non è stato difficile con le mie indicazioni!
3 – No, no, è stato facilissimo!
4 Ma se non ti dispiace ho bisogno [1] di un bicchiere d'acqua.
5 Il viaggio è stato un po' agitato.
6 Sai che siamo partite con la macchina di Claudio,
7 e naturalmente la polizia ci ha fermate per un controllo.
8 Luisa non aveva allacciato la cintura di sicurezza
9 e abbiamo avuto una bella multa [2]!
10 Per la rabbia Luisa ha versato del caffè...
11 sui meravigliosi sedili di pelle [3] di questa super macchina!
12 Però abbiamo chiacchierato un sacco, di vestiti, di film, di uomini...
13 A che ora arriva Francesco...?

Notes

1 **ho bisogno**, *j'ai besoin*, est une expression très pratique car elle peut être suivie aussi bien d'un nom que d'un verbe : **Ho bisogno di una gonna**, *J'ai besoin d'une jupe*, ou **Hai bisogno di comprare una gonna**, *Tu as besoin d'acheter une jupe*.

2 **una bella multa**, *une bonne amende* : voici un emploi détourné de l'adjectif **bello** qui apporte une nuance un peu ironique au substantif qu'il qualifie : **È una bella lezione!**, *C'est une bonne leçon !* Comparez avec le français : "C'est un beau gâchis !"

Cinquante-cinquième leçon

Regarde qui est arrivé !

1 – Enfin, vous voilà *(voilà-vous ici)* !
2 Ça n'a pas été difficile, avec mes indications !
3 – Non, non, ça a été très facile !
4 Mais si cela ne t'ennuie pas, j'ai besoin d'un verre d'eau.
5 Le voyage a été un peu agité.
6 Tu sais que nous sommes parties avec la voiture de Claudio,
7 et, naturellement, la police nous a arrêtées pour un contrôle.
8 Luisa n'avait pas attaché sa *(la)* ceinture de sécurité
9 et nous avons eu une sacrée *(belle)* amende !
10 De rage *(Pour la colère)*, Luisa a renversé du café...
11 sur les merveilleux sièges en cuir de cette super voiture !
12 Mais nous avons énormément bavardé *(un tas)*, de vêtements, de films, d'hommes...
13 À quelle heure arrive Francesco... ?

3 **i sedili di pelle**, *les sièges en cuir* : le complément de matière italien est toujours introduit par la préposition **di** : **un bicchiere di carta**, *un verre en papier*.

Esercizio 1 – Traducete

❶ Ho bisogno di un caffè e di un bicchiere d'acqua. ❷ Con le tue indicazioni è stato facilissimo arrivare qui. ❸ Luisa ha avuto una multa perché non aveva allacciato la cintura di sicurezza. ❹ Maria ha versato del caffè sui sedili di pelle! ❺ Hanno parlato di molte cose, di vestiti, di film...

***

Esercizio 2 – Completate

❶ Regarde qui est là !
. . . . c'è!

❷ Enfin, tu es arrivé ! As-tu besoin de quelque chose ?
. . . . sei arrivato! . . . . di qualcosa?

❸ Ça a été très facile d'arriver ici !
. . . . arrivare . . . !

❹ Nous avons eu un voyage un peu agité, mais nous avons beaucoup bavardé.
. . . . un viaggio . . . . . agitato, ma abbiamo . . . . molto.

56

Cinquantaseiesima lezione

Revisione – Révision

1 L'impératif

1.1 Emploi

L'impératif a les mêmes emplois en français et en italien. À la forme affirmative, il exprime un ordre, une demande, une suggestion ou un conseil ; à la forme négative, l'interdiction ou la défense de faire quelque chose.

Corrigé de l'exercice 1

❶ J'ai besoin d'un café et d'un verre d'eau. ❷ Avec tes indications, ça a été très facile d'arriver ici. ❸ Luisa a eu une contravention parce qu'elle n'avait pas attaché sa ceinture de sécurité. ❹ Maria a renversé du café sur les sièges en cuir ! ❺ Elles/Ils ont parlé de beaucoup de choses, de vêtements, de films…

***

❺ À quelle heure arrive Francesco ? – Il est déjà là !
. . . . arriva Francesco? – È già . . . !

Corrigé de l'exercice 2

❶ Guarda chi – ❷ Finalmente – Hai bisogno – ❸ È stato facilissimo – qui ❹ Abbiamo avuto – un po' – chiacchierato – ❺ A che ora – qui

Deuxième vague : 6e leçon

56

Cinquante-sixième leçon

1.2 L'impératif à la forme affirmative

Les formes de l'impératif, à l'exception de la deuxième personne du singulier des verbes du premier groupe, sont identiques à celles du présent de l'indicatif :

parl-are, *parler* → **parl-a!**, **parl-iamo!**, **parl-ate!**
prend-ere, *prendre* → **prend-i!**, **prend-iamo!**, **prend-ete!**
sal-ire, *monter* → **sal-i!**, **sal-iamo!**, **sal-ite!**

Pour la formule de politesse, l'impératif emprunte au présent du subjonctif les formes de la 3e personne du singulier et du pluriel. Cette dernière est toutefois très peu utilisée, car très formelle. À la place on revient au "vous", et donc à la 2e personne du pluriel. Gardez ce principe en mémoire, ainsi que les quelques exemples que nous avons déjà rencontrés ; nous y reviendrons lorsque nous aborderons le subjonctif.

1.3 L'impératif négatif

Il se forme tout simplement en faisant précéder les formes affirmatives par la négation **non**.
Attention toutefois, cette règle compte une exception... À la 2e personne du singulier, on utilise la forme négative de l'infinitif :

Non comprare!	*N'achète pas !*
Non credere!	*Ne crois pas !*
Non venire!	*Ne viens pas !*

1.4 L'impératif et les pronoms

Lorsque l'impératif affirmatif est accompagné d'un des pronoms personnels **lo**, *le* ; **la**, *la* ; **li**, *les* ; **le**, *les* ; **ne**, *en*, ces derniers doivent obligatoirement le suivre et fusionnent avec le verbe : **Comprala!**, *Achète-la !*
Cette règle est facultative pour l'impératif négatif : *Ne la prends pas !*, peut donc se dire **Non prenderla!** ou **Non la prendere!**

2 Les traductions de "il faut"

Pour traduire *il faut*, l'italien utilise les expressions :
– **ci vuole / ci vogliono** devant un nom :
Ci vuole un'ora per arrivare a Roma? – No, ci vogliono due ore!, *Il faut une heure pour arriver à Rome ? – Non il faut deux heures !*

– **si deve / si devono** devant un verbe :
Si deve comprare il pane? – No, ma si devono comprare i grissini, *Faut-il acheter du pain ? – Non, mais il faut acheter les gressins.*

– **c'é bisogno**, *il y a besoin* (ou *il faut*) indifféremment devant un nom ou un verbe : **Non c'è bisogno di niente**, *Il n'y a besoin de rien* ; **Non c'è bisogno di comprare altro**, *Il n'est pas nécessaire d'acheter autre chose.*

– **aver bisogno**, *avoir besoin*, indifféremment devant un nom ou un verbe :
Non ho bisogno di niente, *Je n'ai besoin de rien* ; **Non ho bisogno di comprare altro**, *Je n'ai pas besoin d'acheter autre chose.*

3 La comparaison

3.1 Les comparatifs

Lorsque l'on procède à des comparaisons, les formules les plus utilisées sont les suivantes :
– **più di**, *plus que* :
La giacca è più cara della gonna.
La veste est plus chère que la jupe.

– **meno di**, *moins que* :
Il pantalone è meno caro della giacca.
Le pantalon est moins cher que la veste.

Notez qu'une phrase telle que **Questa giacca è più comoda che elegante**, *Cette veste est plus confortable qu'élégante*, est parfaitement correcte, mais peu employée. On lui préfèrerait une phrase du genre : **Questa giacca è comoda, ma non molto elegante.**

3.2 Les superlatifs relatifs

Ils s'utilisent presque de la même manière qu'en français. Regardez les exemples ci-dessous, voyez-vous la petite différence ? Alors que le français double l'article défini (*le jouet le plus (...)*), l'italien ne l'utilise qu'une fois (**il giocattolo più (...)**).

• **Il più di**, *le plus... de* :
È il giocattolo più caro di tutti, *C'est le jouet le plus cher de tous.*

• **Il meno di**, *le moins... de* :
Sono le valigie meno pesanti di tutte, *Ce sont les valises les moins lourdes de toutes.*

4 Les pronoms et adjectifs indéfinis

4.1 *Nessuno, niente*

Tous deux sont des pronoms que l'on utilise dans des phrases telles que :
Nessuno è venuto, *Personne n'est venu.*
Niente è impossibile, *Rien n'est impossible.*
Notez qu'il est possible de placer **nessuno** et **niente** à la fois en début de phrase, comme dans les exemples précédents, et en fin de phrase : **Non è venuto nessuno**, *Personne n'est venu.* Dans ce cas, il faut faire précéder le verbe de la négation **non**.
Observez enfin que **nessuno** peut avoir également une fonction d'adjectif, comme dans la phrase : **Non avrai nessun giocattolo**, *Tu n'auras aucun jouet.*

4.2 *Qualche*

Attention, l'indéfini **qualche**, *quelque*, adjectif uniquement, est invariable et impose que le nom qui le suit soit au singulier : **qualche giacca**, *quelques vestes* ; **qualche giacattolo**, *quelques jouets*. Notez bien que **qualche** ne se traduit jamais par *quelque* au singulier.

5 Les interrogatifs

5.1 *quale, quali*, pronoms interrogatifs

Vous savez déjà que **quale**, *lequel, laquelle ?* et son pluriel **quali**, *lesquels, lesquelles ?*, font partie des pronoms interrogatifs les plus utilisés en italien :

Quale desidera?, *Lequel/Laquelle désirez-vous ?*
Quali desidera?, *Lesquels/Lesquelles désirez-vous ?*

5.2 *quale, quali*, adjectifs interrogatifs

Vous savez également que **quale**, *quel, quelle,* et **quali**, *quels, quelles,* peuvent avoir une fonction d'adjectif : **Quale gonna desidera?**, *Quelle jupe désirez-vous ?*

La nouveauté (rencontrée en leçon 50), réside dans le fait d'apprendre que, dans la langue parlée, on remplace volontiers ces adjectifs par **che** :
Che gonna desidera?, *Quelle jupe désirez-vous ?*
Che giocattoli desidera?, *Quels jouets désirez-vous ?*

6 Les adverbes

La formation des adverbes italiens ne présente aucune difficulté. On construit un adverbe en ajoutant le suffixe **-mente** au féminin singulier de l'adjectif correspondant. Par exemple, le féminin de **vero**, *vrai,* est **vera**, *vraie* ; l'adverbe correspondant à **vero** est donc :
vera + mente = veramente, *vraiment.*

7 Expressions à retenir

Entraînez-vous à retrouver le sens de ces phrases… Cherchez bien, elles se trouvent toutes au sein des six leçons précédentes !
Vorrei misurare quella gonna!
Ho bisogno di un bicchiere d'acqua!
Ci vuole molta pazienza!
Luca, smetti di fare storie!
Coraggio, ce l'avete fatta!

Dialogo di revisione

1 – Vorrei misurare quella gonna blu, per cortesia, taglia quaranta.
2 – Mi dispiace, mi è rimasta solo in rosso,
3 ma secondo me è molto più carina della blu! La provi!
4 Guardi, le sta benissimo, si deve solo accorciare un pochino!
5 – Mi sa dire dove posso trovare il reparto giocattoli?
6 – Prenda la scala mobile e salga al terzo piano, Signora.
7 – Marco, non toccare i giocattoli e guarda dove metti i piedi!
8 Con questi bambini ci vuole una pazienza infinita!
9 Ah, il mio cellulare (...) ciao Rita, (...) sì, prendete la Salaria e seguitela sempre!

57 Cinquantasettesima lezione

Io non ho progetti per le vacanze!

1 – E v**o**i che prog**e**tti av**e**te per le vac**a**nze?
2 – Si**a**mo anc**o**ra un p**o**' inc**e**rti.
3 C**o**me al s**o**lito decider**e**mo [1] all'**u**ltimo min**u**to.

Note

1 **decideremo**, *nous déciderons*, est la 1re personne du pluriel du futur du verbe **decidere**, *décider*. Aux 1er et 2e groupes, le futur se construit avec le radical de l'infinitif et les terminaisons **erò**, **erai**, **erà**, **eremo**, **erete**, **eranno**.

10 (...) Cosa dici? (...) Luisa ha versato del caffè sui sedili di pelle della super macchina di Cl**a**udio!?

Traduction

1 Je voudrais essayer cette jupe bleue, s'il vous plaît, [en] taille quarante. **2** Je suis désolée, il ne m'en reste qu'en rouge *(elle m'est restée qu'en rouge)*, **3** mais, d'après moi, elle est beaucoup plus jolie que la bleue. Essayez-la ! **4** Regardez, elle vous va très bien, il faut seulement la raccourcir un peu ! **5** Pouvez-vous me dire où je peux trouver le rayon jouets ? **6** Prenez l'escalier mécanique et montez jusqu'au troisième étage, Madame. **7** Marco, ne touche pas aux jouets, et regarde où tu mets les pieds ! **8** Avec ces enfants, il faut une patience infinie ! **9** Ah, mon portable ! (...) Salut, Rita, (...) Oui, prenez la Salaria, et suivez-la toujours ! **10** (...) Qu'est-ce que tu dis ? (...) Luisa a renversé du café sur les sièges en cuir de la super voiture de Claudio !?

Deuxième vague : 7e leçon

57

Cinquante-septième leçon

Je n'ai pas [de] projets pour les vacances !

1 – Et vous, quels projets avez-vous pour les vacances ?
2 – Nous sommes encore un peu indécis.
3 Comme d'habitude, nous déciderons à la dernière minute.

4 A **vo**lte mi pi**a**ce [2] pens**a**re che andr**e**mo [3] sempliceme**n**te al m**a**re;
5 **a**ltre v**o**lte, inv**e**ce, che partir**e**mo [4] per un pa**e**se lontan**i**ssimo,
6 che scoprir**e**mo un **a**ltro contin**e**nte...
7 – Se cap**i**sco b**e**ne, i progr**a**mmi tr**o**ppo prec**i**si non ti pi**a**cciono m**o**lto.
8 – No, per ni**e**nte. Ho s**e**mpre bis**o**gno di sogn**a**re.
9 Se p**e**nso che partir**ò** tra un m**e**se esattam**e**nte,
10 che avr**ò** gi**à** prenot**a**to [5] t**u**tto,
11 che vedr**ò** [6] s**o**lo qu**e**llo che prev**e**dono le gu**i**de,
12 mi s**e**nto soffoc**a**re gi**à** da ad**e**sso. □

Notes

2 Observez qu'il n'y a pas de préposition après **mi piace** ; **mi piace sognare**, *il me plaît de/j'aime rêver*. Observez aussi que nous disons **mi piace partire**, et non **amo partire**. En effet, l'italien n'utilise le verbe **amare** que pour exprimer un sentiment amoureux. Nous y reviendrons.

3 **andremo**, *nous irons* : de nombreux verbes irréguliers au présent de l'indicatif le sont également au futur. C'est le cas de **andare**, *aller*, dont vous trouverez la conjugaison complète au sein de l'appendice grammatical.

4 **partiremo**, *nous partirons*, vient du verbe **partire**, *partir*, et **scopriremo**, *nous découvrirons* (phrase 6), du verbe **scoprire**, *découvrir*. Les terminaisons des verbes du 3e groupe sont **irò**, **irai**, **irà**, **iremo**, **irete**, **iranno**.

***

Esercizio 1 – Traducete

❶ E tu, che progetti hai per domani? ❷ Non so. I programmi troppo precisi non mi piacciono per niente. ❸ Andranno al mare la settimana prossima. ❹ Vedranno solo quello che prevede la loro guida. ❺ Scoprirò un continente lontano.

4 **Parfois j'aime** *(il me plaît de)* **penser que nous irons simplement à la mer ;**
5 **d'autres fois, en revanche, que nous partirons pour un pays** *(très)* **lointain,**
6 **que nous découvrirons un autre continent...**
7 – **Si je comprends bien, les programmes trop précis ne te plaisent pas beaucoup.**
8 – **Non, [ils ne me plaisent] pas du tout. J'ai toujours besoin de rêver.**
9 **Si je sais** *(pense)* **que je partirai dans un mois exactement,**
10 **qu'[alors] j'aurai déjà tout réservé,**
11 **[et] que je ne verrai que ce que prévoient les guides,**
12 **j'étouffe déjà** *(je me sens déjà étouffer par ça)*.

5 **avrò prenotato**, *j'aurai réservé* : le futur antérieur se forme et s'utilise exactement comme en français. Le futur de l'auxiliaire **avere** ou **essere** est suivi du participe passé du verbe.

6 **vedrò**, *je verrai*, est le futur du verbe **vedere**, *voir*. Ici aussi, vous pouvez constater une petite irrégularité. Si vous êtes curieux de découvrir les conjugaisons des verbes irréguliers au futur, rendez-vous vite à l'appendice grammatical.

***

Corrigé de l'exercice 1

❶ Et toi, quels projets as-tu pour demain ? ❷ Je ne sais pas. Les programmes trop précis ne me plaisent pas du tout. ❸ Ils iront à la mer la semaine prochaine. ❹ Ils ne verront que ce que prévoit leur guide. ❺ Je découvrirai un continent lointain.

Esercizio 2 – Completate

❶ J'aime savoir *(Il me plaît de penser)* que j'ai déjà réservé la chambre.
. . . . che ho già . . . . la camera.

❷ Nous partirons dans un mois.
. . . . un mese.

❸ Je n'ai aucun projet pour la semaine prochaine.
Non ho . . . . per la settimana
. . . .

58

Cinquantottesima lezione

Un'organizzazione perfetta

1 – Io sono tutto il contrario di Carla,
2 mi piace programmare i miei spostamenti fin nei minimi [1] dettagli:
3 dove sarò [2], che cosa farò, quando tornerò [3]...
4 – Allora sai già quando partirai e che cosa farai?
5 – Certamente [4]! E anche quando partiranno i bambini e che cosa faranno!

Notes

1 **i minimi**, *les plus petits*, vous ne tarderez pas à le constater, l'italien possède de nombreux superlatifs absolus irréguliers. Ici, au lieu de **i minimi dettagli**, nous aurions pu écrire **i più piccoli dettagli**, sans modifier le sens de la phrase.

2 L'infinitif de **sarò**, *je serai*, est **essere**, *être*, celui de **farò**, *je ferai* est **fare**, *faire*, et celui de **avranno**, *ils auront* (phrase 9), est **avere**, *avoir*. Vous

❹ Ces guides ne me plaisent pas du tout.
Queste guide . . . .

❺ Il a toujours besoin de rêver.
. . sempre . . . . di . . . .

Corrigé de l'exercice 2
❶ Mi piace pensare – prenotato – ❷ Partiremo tra – ❸ – nessun progetto – prossima ❹ – non mi piacciono per niente ❺ Ha – bisogno – sognare

Deuxième vague : 8e leçon

58

Cinquante-huitième leçon

Une organisation parfaite

1 – Je suis tout le contraire de Carla,
2 j'aime bien programmer mes déplacements jusque dans les moindres *(plus petits)* détails :
3 où je serai, ce que je ferai, quand je rentrerai *(reviendrai)*...
4 – Alors tu sais déjà quand tu partiras et ce que tu feras ?
5 – Bien sûr *(Certainement)* ! Et aussi quand partiront les enfants et ce qu'ils feront !

trouverez les formes des futurs des auxiliaires en leçon de révision et celles de **fare** au sein de l'appendice grammatical.

3 **tornerò** est le futur de **tornare**, *revenir*. Observez qu'au futur, les terminaisons des verbes réguliers du 1er groupe prennent un **e** en lieu et place du **a** de l'infinitif.

4 **certamente** et **certo** (phrase 12) sont parfaitement synonymes.

6 – E allora?
7 – Passeranno due settimane dagli zii, con i loro cugini [5].
8 Lisa scoprirà la barca a vela e Antonio l'equitazione.
9 Naturalmente avranno anche dei corsi di nuoto.
10 Invece per Piero e per me ho previsto un corso di alta cucina e uno di enologia.
11 – E poi partirete tutti insieme?
12 – Certo, passeremo due settimane in montagna, e ci ho iscritti ad una [6] corale. □

Notes

5 **i loro cugini**, *leurs cousins* : vous souvenez-vous de la règle de l'utilisation des adjectifs possessifs avec les noms de famille (leçons 10 et 14) ?

6 **ad una**, *à une* : rappelez-vous que lorsque le **a** ou le **e** précèdent un mot commençant par une voyelle, on leur ajoute généralement un **d** pour rendre la prononciation plus facile. **Parlo ad Aldo**, *Je parle à Aldo* ; **Paolo ed Aldo**, *Paolo et Aldo*.

***

Esercizio 1 – Traducete

❶ Stupendo! Sappiamo già dove saremo per le vacanze! ❷ E sapete anche quando partirete e quando tornerete? ❸ Carla programma i minimi dettagli, i minimi spostamenti. ❹ L'anno prossimo farò un corso di cucina e uno di enologia. ❺ Marco passerà due settimane in montagna, con i suoi cugini.

6 – Et alors ?

7 – Ils passeront deux semaines chez leurs *(les)* oncles, avec leurs cousins.

8 Lisa découvrira le bateau à voiles et Antonio, l'équitation.

9 Naturellement, ils prendront *(auront)* aussi des cours de natation.

10 En revanche, pour Piero et pour moi, j'ai prévu un stage de grande cuisine *(cours de haute cuisine)* et un d'œnologie.

11 – Et ensuite, vous partirez tous ensemble ?

12 – Bien sûr, nous passerons deux semaines à la *(en)* montagne, et je nous ai inscrits à une chorale.

***

Corrigé de l'exercice 1

❶ Fantastique ! Nous savons déjà où nous serons pendant les vacances ! ❷ Et vous savez aussi quand vous partirez et quand vous reviendrez ? ❸ Carla programme les moindres détails, les moindres déplacements. ❹ L'an prochain, je suivrai un stage de cuisine et un d'œnologie. ❺ Marco passera deux semaines à la montagne, avec ses cousins.

Esercizio 2 – Completate

❶ Je suis le contraire de Giovanna, je ne programme jamais rien.
Sono . . . . di Giovanna, non programmo . . . .

❷ J'aime beaucoup passer mes vacances à la mer.
. . . . molto passare le vacanze . . . .

❸ Paolo aura un stage de natation dans deux semaines.
Paolo . . . . un corso di . . . . . tra due . . . .

***

L'abondance de superlatifs irréguliers en italien s'explique par l'histoire de la langue. En effet, pendant six siècles environ, du XIIe au XIXe siècle, elle n'a été utilisée que dans les écrits littéraires. Au quotidien, on utilisait des dialectes différents selon les régions et le latin continuait à être utilisé dans l'enseignement, les traités scientifiques, les écrits religieux, etc. En 1870, date de l'unification politique de l'Italie, le pays s'est acheminé

59

Cinquantanovesima lezione

Un vecchio sogno

1 – **So**no in uno st**a**to di eccitazi**o**ne incred**i**bile,
2 sto per realizz**a**re [1] un s**o**gno che ho da **a**nni:
3 s**o**no riusc**i**to [2] ad otten**e**re **u**na b**o**rsa di st**u**dio
4 e pot**rò** [3] pass**a**re un int**e**ro **a**nno sabb**a**tico in **I**ndia.

Notes

1 **sto per realizzare**, *je vais réaliser* ; cette tournure, **stare** + **per** + verbe à l'infinitif, correspond à notre *être sur le point de* et traduit un futur proche : **sta per partire**, *il va partir*.

2 **sono riuscito**, *j'ai réussi* ; ici, vous constatez qu'il y a parfois des différences dans le choix des auxiliaires entre les temps composés italiens

❹ Demain je serai à la montagne, chez mes oncles.
Domani . . . . , dai . . . .

❺ Nous découvrirons la voile et Lisa, l'équitation.
. . . . la vela e Lisa . . . .

Corrigé de l'exercice 2
❶ – il contrario – mai niente ❷ Mi piace – al mare ❸ – avrà – nuoto – settimane ❹ – sarò in montagna – miei zii ❺ Scopriremo – l'equitazione

***

vers une langue commune à tout le territoire, une langue qui a assimilé de nombreuses variantes régionales et beaucoup de mots latins à peine italianisés ; c'est le cas de **minimo**, *que nous rencontrons ici et d'***ottimo** *et* **pessimo** *que nous avons déjà croisés (leçon 38).*

Deuxième vague : 9e leçon

59

Cinquante-neuvième leçon

Un vieux rêve

1 – Je suis dans un état d'excitation incroyable,
2 je vais réaliser un rêve que j'ai depuis [des] années :
3 j'ai réussi à avoir une bourse d'étude[s]
4 et je pourrai passer toute une *(entière)* année sabbatique en Inde.

et français. Ainsi, **essere**, vous le savez, se conjugue avec l'auxiliaire **essere riuscire**, *réussir*, également ! **Carlo è riuscito a partire**, *Carlo a réussi à partir*.

3 **potrò**, *je pourrai*, est un autre futur irrégulier, celui du verbe **potere**, *pouvoir* (voir l'appendice grammatical).

5 **S**o**no** **a**nni che lav**o**ro s**u**lla st**o**ria e s**u**lle religi**o**ni di qu**e**sto pa**e**se,

6 non mi s**e**mbra v**e**ro che finalm**e**nte vi [4] far**ò** un soggi**o**rno cos**ì** l**u**ngo!

7 – È un v**e**ro piac**e**re ved**e**re il t**u**o entusi**a**smo!

8 Non v**o**glio raffredd**a**rti, e nepp**u**re inquiet**a**rti,

9 ma non ti fa p**a**ura [5] l'id**e**a di lasci**a**re la t**u**a cult**u**ra

10 e di tuff**a**rti in un ambi**e**nte cos**ì** div**e**rso dal t**u**o?

11 – No, per ni**e**nte! **A**nzi [6] l'id**e**a di t**a**nta diversit**à**

12 e di **u**na cos**ì** gr**a**nde ricch**e**zza cultur**a**le mi es**a**lta!

13 E f**o**rse mi ai**u**ta **a**nche a sent**i**rmi un po' cittad**i**no del m**o**ndo! □

Notes

4 **vi**, *y*, est un synonyme de **ci**, mais il est adapté à des contextes plutôt formels.

5 En suivant le modèle de cette phrase : **Non ti fa paura l'idea di questo lungo viaggio?**, *L'idée de ce long voyage ne te fait pas peur ?* ; **– No, non mi spaventa per niente!**, *– Non, cela ne m'effraie pas le moins du monde !*, vous pouvez vous amuser à intervertir les verbes **far paura** et **spaventare**, car ils sont tous deux synonymes !

***

Esercizio 1 – Traducete

❶ Stiamo per ottenere una eccellente borsa di studio. ❷ Maria è riuscita a realizzare un sogno che aveva da tre anni. ❸ L'idea di passare il pomeriggio con loro non mi piace per niente. ❹ No, non mi fa paura! Anzi, mi piace! ❺ È un vero piacere conoscere l'India, la sua storia, le sue religioni!

5 Ça fait *(sont)* des années que je travaille sur l'histoire et *(sur)* les religions de ce pays,
6 je n'arrive pas à croire *(il ne me semble pas vrai)* que j'y ferai enfin un séjour aussi long !
7 – C'est un vrai plaisir [que de] voir ton enthousiasme !
8 Je ne veux pas te refroidir ni t'inquiéter non plus,
9 mais [cela] ne te fait pas peur, l'idée de quitter ta [propre] culture
10 et de te plonger dans un milieu si différent du tien ?
11 – Non, pas le moins du monde *(pour rien)* ! Au contraire, l'idée de tant de diversité
12 et d'une si grande richesse culturelle m'enthousiasme !
13 Et peut-être cela m'aide-t-il aussi à me sentir un peu citoyen du monde !

6 Mémorisez bien cette phrase et le sens du mot **anzi**, qui signifie ici *au contraire*. Il peut avoir d'autres sens, que nous découvrirons prochainement.

Corrigé de l'exercice 1

❶ Nous sommes sur le point d'obtenir une excellente bourse d'études. ❷ Maria a réussi à réaliser un rêve qu'elle avait depuis trois ans. ❸ L'idée de passer la soirée avec eux ne me plaît pas du tout. ❹ Non, ça ne me fait pas peur ! Au contraire, ça me plaît ! ❺ C'est un vrai plaisir de connaître l'Inde, son histoire, ses religions !

Esercizio 2 – Completate

❶ Ils sont sur le point de partir pour une année sabbatique en Italie.
. . . . per un . . . . in Italia.

❷ Nous avons réussi à nous inscrire à un cours d'œnologie.
. . . . a iscriverci ad un corso di . . . .

❸ Nous voulons nous plonger dans un milieu très différent du nôtre.
. . . . in un ambiente molto diverso
. . . .

❹ Ils iront en France et ils y resteront trois semaines.
. . . . in Francia e . . . . tre settimane.

60

Sessantesima lezione

Un paesaggio straordinario

1 – Guarda la meraviglia che ho appena comprato [1]!
2 È uno degli ultimi modelli di apparecchi fotografici, sofisticatissimo!
3 È digitale, ed è commercializzato da una settimana solamente.
4 Ha un obiettivo superpotente [2], ipersensibile!
5 Potrò fare delle vere foto, delle foto grandiose!

Notes

1 **Mario è appena partito**, *Mario vient de partir* : l'adverbe **appena** accompagné d'un verbe au passé composé, traduit la tournure *je viens de*. N'oubliez pas que **appena** doit être placé entre l'auxiliaire et le participe passé. Dans d'autres contextes, il signifie *à peine* : **Mario, lo conosco appena**, *Mario, je le connais à peine*.

❺ Nous ne sommes pas fatigués du tout, au contraire, nous sommes prêts à partir.
Non siamo stanchi . . . . siamo pronti a partire.

Corrigé de l'exercice 2
❶ Stanno per partire – anno sabbatico – ❷ Siamo riusciti – enologia ❸ Vogliamo tuffarci – dal nostro ❹ Andranno – vi resteranno – ❺ – per niente anzi –

Deuxième vague : 10e leçon

60

Soixantième leçon

Un paysage extraordinaire

1 – Regarde la merveille que je viens d'acheter *(j'ai à-peine acheté)* !
2 C'est un des derniers modèles d'appareils photo, ultra-sophistiqué !
3 C'est un *(il est)* numérique et il n'est commercialisé que depuis une semaine.
4 Il a un objectif superpuissant, hypersensible !
5 Je pourrai faire de véritables photos, des photos grandioses !

2 **super**..., **iper**... : encore des superlatifs ! mais cette fois-ci beaucoup plus récents. En effet, à partir des années 60/70, dans la langue parlée, dans les publicités et les journaux, ces nouveaux préfixes superlatifs **super**, **iper**, **stra**, etc., se sont multipliés. Cela donne des mots tels que : **strapotente**, *tout-puissant* ; **iperinteressante**, *hyper intéressant* ; **superfacile**, *super facile*.

6 – Credo che state [3] per partire per gli Stati Uniti!
7 – Sì, faremo la mitica traversata, da "costa a costa".
8 Lì, la natura è veramente straordinaria!
9 In alcune zone è assolutamente intatta,
10 si può quasi immaginare di essere alle origini dell'universo!
11 Capisci che mi occorreva [4] un apparecchio all'altezza di tanta bellezza!
12 A dire il vero, avevo pensato di [5] comprare una cinepresa,
13 ma trovo che le foto mi riescono meglio! □

Notes

3 **state**, *vous êtes* : on utilise ici l'indicatif pour restituer le caractère informel de la conversation. Un registre plus soutenu aurait exigé le subjonctif : **stiate**. Nous y reviendrons.

4 **mi occorreva**, *il me fallait*, est synonyme, dans un registre plus soutenu, de **avevo bisogno**. Le verbe **occorrere** ne s'emploie qu'à la troisième personne du singulier et du pluriel : **mi occorre un po' d'acqua**, *il me faut un peu d'eau* ; **mi occorrono due bicchieri**, *il me faut deux verres*.

***

Esercizio 1 – Traducete

❶ Guardate la cinepresa che ho appena comprato, è straordinaria! ❷ Gli occorre una nuova macchina fotografica e deve essere superpotente. ❸ Con questo obiettivo ipersensibile faremo delle foto meravigliose! ❹ Sono appena tornati dalla mitica traversata "da costa a costa". ❺ È l'ultimo modello di macchina fotografica, è una meraviglia!

6 – Je crois que vous allez partir pour les États-Unis !
7 – Oui, nous ferons la traversée légendaire *(mythique)* de "côte à côte".
8 Là[-bas] la nature est vraiment extraordinaire !
9 Dans certains endroits elle est totalement intacte,
10 on peut presque imaginer [que l'on est] *(d'être)* aux origines de l'univers !
11 Tu comprends qu'il me fallait un appareil à la hauteur d'une telle *(de tant de)* beauté !
12 À vrai dire, j'avais pensé *(de)* acheter une caméra,
13 mais je trouve que les photos me réussissent mieux !

5 **avevo pensato di** (litt. "j'avais pensé de"), vous le voyez, lorsque le verbe **pensare**, *penser*, est suivi d'un autre verbe à l'infinitif il est indispensable d'intercaler entre les deux la préposition **di** : **Penso di andare a Roma**, *Je pense aller à Rome*.

Corrigé de l'exercice 1

❶ Regardez la caméra que je viens d'acheter, elle est extraordinaire ! ❷ Il lui faut un nouvel appareil photo et il doit être hyperpuissant. ❸ Avec cet objectif hypersensible, nous ferons des photos merveilleuses ! ❹ Ils viennent de rentrer de la traversée légendaire "de côte à côte". ❺ C'est le dernier modèle d'appareil photo, c'est une merveille !

Esercizio 2 – Completate

❶ Nous venons de rencontrer Piero.
. . . . incontrato Piero.

❷ Il lui fallait une veste rouge.
. . . . una . . . . . . rossa.

❸ C'est un appareil photo hypersensible !
È una . . . . !

❹ À vrai dire, je pensais partir demain.
. . . . pensavo . . . . domani.

61

Sessantunesima lezione

Zainetto o valigione?

1 – Ho appena sentito [1] Silvia, ti saluta molto.
2 – Grazie, e cosa racconta? Stanno per partire?
3 Sai che detestano gli alberghi di lusso e le mondanità.
4 Ipersportivi come al solito,
5 stanno per partire con zaino e sacco a pelo
6 per un trekking sulle cime del Monte Bianco.
7 Dormiranno nei campeggi alpini, scoveranno locande e rifugi...
8 – Beati loro [2], avranno delle emozioni intensissime.

Notes

1 Il est très courant d'utiliser le verbe **sentire**, *entendre*, pour traduire *avoir quelqu'un au téléphone*, qu'il s'agisse de *passer un coup de fil à quelqu'un* ou de *recevoir un coup de fil de quelqu'un*, dans les conversations informelles.

❺ Je viens de le rencontrer, et je n'avais aucun projet pour la soirée !
L'. . . . . incontrato e non avevo . . . . . .
. . . . per la serata!

Corrigé de l'exercice 2
❶ Abbiamo appena – ❷ Gli occorreva – giacca – ❸ – macchina fotografica ipersensibile ❹ A dire il vero – di partire – ❺ – ho appena – nessun progetto –

Deuxième vague : 11e leçon

61

Soixante et unième leçon

[Un] petit sac à dos ou [une] grosse valise ?

1 – Je viens d'avoir *(d'entendre)* Silvia au téléphone, elle te salue *(beaucoup)*.
2 – Merci, et que raconte-t-elle ? Ils sont sur le point de partir ?
3 Tu sais qu'ils détestent les hôtels de luxe et les mondanités.
4 Hypersportifs comme d'habitude,
5 ils vont partir avec un sac à dos et un sac de couchage
6 pour un trekking sur les sommets du mont Blanc.
7 Ils dormiront dans [des] campings alpins, ils dénicheront [des] auberges, [des] refuges...
8 – Quelle chance [ils ont] *(heureux eux)*, ils auront des émotions très intenses.

2 **Beato te!**, *Tu as de la chance !* ; **Beati voi!**, *Vous en avez, de la chance !*, etc. L'utilisation du mot **beato**, *béat*, peut sembler un peu étrange, mais cette tournure fait partie du langage de tous les jours.

9 Io non **po**sso **fa**re a **me**no delle **mi**e comodi**tà**
10 ma, paradossal**men**te, li in**vi**dio:
11 **han**no **sem**pre **u**na **fo**rma **fi**sica per**fe**tta
12 e **san**no par**ti**re con **u**no zai**ne**tto
13 piu**tto**sto che con un vali**gio**ne [3] **pie**no di **co**se in**u**tili. □

Note

3 **una valigia**, *une valise* ; **un valigione**, *une grosse valise* ; **una donna**, *une femme* ; **un donnone**, *une grosse femme*, etc. Comme vous le constatez, l'augmentatif **-one** entraîne un changement de genre pour les mots féminins.

***

Esercizio 1 – Traducete

❶ Questo valigione per tre giorni? – Sì, ma ho anche uno zainetto! ❷ Il trekking ci darà una forma fisica perfetta. ❸ Hai sentito Silvia? – No, sono due settimane che non la sento! ❹ Ho appena parlato con lui e ho già dimenticato tutto. ❺ Beato lui! Veramente, lo invidio!

***

Esercizio 2 – Completate

❶ Vous allez partir avec un sac de couchage et vous dormirez dans des refuges !
. . . . partire con un . . . . e
. . . . nei rifugi!

❷ Nous venons d'avoir Silvia et Mario au téléphone, ils vous saluent !
Abbiamo . . . . Silvia e Mario, vi . . . . !

❸ Une semaine sur les sommets du mont Blanc ! Quelle chance elle a *(heureuse elle)* !
Una settimana . . . . del Monte Bianco! . . . . !

9 Je ne peux pas me passer *(faire à moins)* de mes commodités
10 mais, paradoxalement, je les envie :
11 ils ont toujours une condition *(forme)* physique parfaite
12 et ils savent partir avec un petit sac à dos
13 plutôt qu'avec une grosse valise pleine de choses inutiles.

Corrigé de l'exercice 1

❶ Cette grosse valise pour trois jours ? – Oui, mais j'ai aussi un petit sac à dos ! ❷ Le trekking nous donnera une condition physique parfaite. ❸ Tu as eu Silvia au téléphone ? – Non, ça fait deux semaines que je n'ai pas [eu] de ses nouvelles ! ❹ Je viens de parler avec lui et j'ai déjà tout oublié. ❺ Il a de la chance ! Vraiment, je l'envie !

***

❹ Tu ne peux pas prendre cette immense valise !
Non . . . . prendere questo . . . . !

❺ Voilà mon petit sac à dos, plein de choses très utiles !
Ecco il mio . . . . cose . . . . !

Corrigé de l'exercice 2

❶ State per – sacco a pelo – dormirete – ❷ – appena sentito – salutano ❸ – sulle cime – Beata lei ❹ – puoi – valigione ❺ – zainetto pieno di – utilissime

Deuxième vague : 12ᵉ leçon

62

Sessantaduesima lezione

Dove sarà Claudio?

1 – Ma dove sarà finito [1] Claudio?
2 Aveva detto che faceva un salto al porto,
3 per vedere l'arrivo delle barche [2] da pesca,
4 ma sono quasi due ore che è uscito e ancora non si vede!
5 – Avrà deciso [3] di imbarcarsi come clandestino su una nave per l'America!
6 O forse sta corteggiando una bella turista
7 con la scusa di farle da guida!
8 Scherzo! Secondo me, durante le vacanze [4] bisogna rispettare il ritmo di ognuno.
9 Passiamo tutto l'anno a guardare l'orologio,
10 a sentirci colpevoli di essere in ritardo!
11 Almeno qui, lasciamoci [5] andare!... ah, eccolo!
12 Ma è pieno di pacchi, carico come un mulo!

Notes

1 **Dove sarà finito?**, *Où est-il [donc] passé ?* : voici une utilisation du futur qui n'exprime pas le temps, mais plutôt un questionnement ou un doute : **Che ora è? – Sarà tardi!**, *Quelle heure est-il ? – Il doit être tard !*

2 **barche**, *bateaux* ; au mot *bateau* correspondent deux mots en italien, **barca** pour les *petites embarcations*, et **nave** pour les *navires* ou les *paquebots*.

3 **Avrà deciso di imbarcarsi**, *Il a dû décider de s'embarquer* : encore un emploi du futur qui n'a aucune relation avec le temps, il exprime ici la probabilité.

4 Vous rencontrez ici la forme **durante le vacanze**, *pendant les vacances*, toutefois la forme **in vacanza**, au singulier, existe également. On peut

Soixante-deuxième leçon

Où pourrait bien être *(sera)* Claudio ?

1 – Mais où est passé *(sera fini)* Claudio ?
2 Il avait dit qu'il ferait *(faisait)* un saut au port,
3 pour voir l'arrivée des bateaux de pêche,
4 mais ça fait *(sont)* presque deux heures qu'il est parti, et on ne l'a toujours pas vu *(ne le voit pas encore)* !
5 – Il a dû décider *(aura décidé)* de s'embarquer comme clandestin sur un bateau pour l'Amérique !
6 Ou peut-être est-il en train de faire la cour à une jolie touriste
7 sous *(avec le)* prétexte de lui servir *(faire)* de guide !
8 Je plaisante ! À mon avis, en *(pendant les)* vacances, il faut respecter le rythme de chacun.
9 Nous passons toute l'année à regarder notre *(la)* montre,
10 à nous sentir coupables d'être en retard !
11 Au moins ici, laissons-nous aller !... Ah, le voilà !
12 Mais il croule sous les paquets *(il est plein de paquets)*, [il est] chargé comme un mulet !

très souvent utiliser indifféremment l'une ou l'autre expression, mais, si vous voulez vraiment suivre les bonnes règles, préférez la forme au singulier pour exprimer l'idée de pause, d'arrêt du travail. Vous direz par exemple : **Adoro essere in vacanza!**, *J'adore être en vacances !* Utilisez plutôt la forme au pluriel lorsque vous voulez exprimer l'idée du temps consacré aux vacances : **avrò tre mesi di vacanze**, *j'aurai trois mois de vacances* ; **durante le vacanze di Natale**, *pendant les vacances de Noël*.

5 **lasciamoci**, *laissons-nous* ; l'impératif italien, nous l'avons vu, exprime en général un ordre ou une exigence, mais également, nous le découvrons, une invitation ou une exhortation. Cela ne devrait pas trop vous dépayser par rapport à ce que vous connaissez en français !

13 – Ragazzi, guardate il pesce che vi porto per la cena:
14 spigole, gamberi, calamari... e guardate queste stelle marine, questi ippocampi... □

***

Esercizio 1 – Traducete

❶ Avranno deciso di fare un salto al porto. ❷ Ma sì, lasciatevi andare, siete in vacanza! ❸ È sempre in ritardo e non si sente mai colpevole. ❹ Ma dove saranno finiti i bambini? È un'ora che non li sento!
❺ Prendi quella spigola per la cena!

Esercizio 2 – Completate

❶ Il dit qu'il veut s'embarquer sur un bateau ! – Mais non, il plaisante !
. . . . che . . . . . imbarcarsi su . . . . !
– Ma no, ... !

❷ Mais où est passé mon passeport ? Je n'arrive plus à le trouver !
Ma dove . . . . il mio . . . . ? Non riesco più a . . . . !

❸ Ne vous sentez pas coupable d'être en retard !
Non . . . . colpevoli di essere . . . . !

❹ Demain il faut [aller] voir l'arrivée des bateaux de pêche !
Domani . . . . vedere . . . . delle . . . . . . da . . . . . !

***

Le bar – également appelé loup *en Méditerranée, se nomme* **spigola** *en Italie du Sud, et* **branzino** *en Italie du Nord ; un* petit pain *sera un* **panino** *au sud et* **una michetta** *au nord ; quant au mot* **broccoli**, brocoli, *il s'applique à des légumes différents selon les régions... Le vocabulaire italien comporte ainsi de nombreuses spécificités régio-*

13 – Les amis, regardez le poisson que je vous apporte pour le dîner :

14 [des] bars, [des] crevettes, [des] calamars... et regardez ces étoiles de mer, [et] ces hippocampes...

***

Corrigé de l'exercice 1

❶ Ils ont dû décider de faire un saut au port. ❷ Mais oui, laissez-vous aller, vous êtes en vacances ! ❸ Il est toujours en retard et il ne se sent jamais coupable. ❹ Mais où ont bien pu passer les enfants ? Ça fait une heure que je ne les entends pas ! ❺ Prends ce bar pour le dîner !

❺ Les enfants, regardez les étoiles de mer, mais ne les touchez pas !
Bambini, ... le . . . . , ma non . . . . !

Corrigé de l'exercice 2

❶ Dice – vuole – una nave – scherza ❷ – sarà finito – passaporto – trovarlo ❸ – sentitevi – in ritardo ❹ – bisogna – l'arrivo – barche – pesca ❺ – guardate – stelle marine – toccatele

***

nales, notamment en ce qui concerne la gastronomie et les noms d'aliments. Cela s'explique, encore une fois, par l'histoire de la langue italienne, qui, depuis le début du XXe siècle, ne cesse d'assembler dans une langue commune de nombreuses variantes lexicales régionales.

Deuxième vague : 13e leçon

Sessantatreesima lezione

Revisione – Révision

1 Le futur simple

1.1 Emploi

Comme son homologue français, le futur italien désigne un événement à venir. Cependant, il peut avoir une autre valeur – celle du doute ou de la probabilité :
Saranno già partiti?, *Est-ce qu'ils seraient déjà partis ?*
Sarà stanco dopo questo viaggio, *Il doit être fatigué après ce voyage.*

1.2 Formation

• **Les verbes réguliers**

La règle de formation du futur italien des verbes réguliers, sans difficulté particulière, est la suivante :
Radical de l'infinitif + les terminaisons **-erò**, **-erai**, **-erà**, **-eremo**, **-erete**, **-eranno** pour les verbes des 1er et 2e groupes ;
Radical de l'infinitif + les terminaisons **-irò**, **-irai**, **-irà**, **-iremo**, **-irete**, **-iranno** pour les verbes du 3e groupe ;
Vous le constatez, certaines formes portent un accent sur la dernière voyelle : si vous souhaitez vous faire comprendre, travaillez bien votre intonation.

– 1er groupe : **tornare, revenir**

io torn-erò	*je reviendrai*
tu torn-erai	*tu reviendras*
lui/lei torn-erà	*il/elle reviendra*
noi torn-eremo	*nous reviendrons*
voi torn-erete	*vous reviendrez*
loro torn-eranno	*ils/elles reviendront*

Soixante-troisième leçon

– 2e groupe : **decidere**, *décider*

io decid-erò	*je déciderai*
tu decid-erai	*tu décideras*
lui/lei decid-erà	*il/elle décidera*
noi decid-eremo	*nous déciderons*
voi decid-erete	*vous déciderez*
loro decid-eranno	*ils/elles décideront*

– 3e groupe : **partire**, *partir*

io part-irò	*je partirai*
tu part-irai	*tu partiras*
lui/lei part-irà	*il/elle partira*
noi part-iremo	*nous partirons*
voi part-irete	*vous partirez*
loro part-iranno	*ils/elles partiront*

• **Les verbes irréguliers**

Ils sont assez peu nombreux au futur. On compte parmi eux les auxiliaires **avere** et **essere**, dont nous vous proposons la conjugaison ici, et quelques autres verbes dont vous trouverez la conjugaison en vous reportant à l'appendice grammatical.

– **avere**, *avoir*

io avrò	*j'aurai*
tu avrai	*tu auras*
lui/lei avrà	*il/elle aura*
noi avremo	*nous aurons*
voi avrete	*vous aurez*
loro avranno	*ils/elles auront*

– **essere**, *être*

io sarò	*je serai*
tu sarai	*tu seras*
lui/lei sarà	*il/elle sera*
noi saremo	*nous serons*
voi sarete	*vous serez*
loro saranno	*ils/elles seront*

2 D'autres manières d'exprimer le futur

2.1 Le futur proche

Dans la langue parlée, le français utilise bien plus fréquemment le futur proche (*je vais* + infinitif) que le futur simple. L'italien fonctionne différemment.
Ainsi, pour dire *Je vais partir dans quelques jours*, il a recours ou au présent, **Parto tra qualche giorno**, ou au futur simple, **Partirò tra qualche giorno**.

2.2 Le futur immédiat

Deux tournures idiomatiques traduisent notre *je suis sur le point de*. La première pourrait être traduite par un futur proche en français mais désigne toujours un événement imminent, la seconde a exactement les mêmes usages que son homologue français :
– **stare** + **per** + infinitif : **Sto per partire**, *Je suis sur le point de partir*, *Je vais partir*.
– **essere** + **sul punto di** + infinitif : **Sono sul punto di partire**, *Je suis sur le point de partir*.

3 Le "passé récent"

Le passé récent a exactement les mêmes emplois en italien qu'en français. Sa construction est assez simple à retenir :

Auxiliaire **essere** ou **avere** + **appena** + participe passé
Le verbe conjugué l'est donc au passé composé et l'adverbe **appena** se glisse entre l'auxiliaire et le participe passé du verbe.

Ainsi, on a :
Sono appena tornato/a, *Je viens de rentrer.*
L'ho appena fatto, *Je viens de le faire.*

4 Les autres valeurs de l'impératif

Aux emplois de l'impératif que nous avons étudiés en leçon 56, vient s'en ajouter un autre. L'impératif peut en effet s'utiliser dans le cadre d'une invitation ou d'une proposition :
Su, venite con noi!, *Allez, venez avec nous !*
Ma sì, lasciatevi andare!, *Mais oui, laissez-vous aller !*

5 Les expressions impersonnelles

5.1 *Mi piace / Mi piacciono*

– L'objet est singulier : **Mi piace il mare**, *J'aime* (litt. "me plaît") *la mer.*
– L'objet est au pluriel : **Mi piacciono i viaggi**, *J'aime* (litt. "me plaisent") *les voyages.*
Attention, lorsque **mi piace** est suivi d'un verbe, il n'y a jamais de préposition (entre les deux) : **Mi piace sognare**, *J'aime* (litt. "il me plaît"[de]) *rêver.*

5.2 *Occorre*

Ce verbe, réservé aux contextes un peu formels et toujours utilisé à la 3e personne (singulier et pluriel), peut remplacer :
– **ho bisogno**, *j'ai besoin, il me faut* :
Mi occorrono due valigie, *J'ai besoin de deux valises.*
Mi occorre tempo, *J'ai besoin de temps.*
– **bisogna**, *il faut* :
Occorre sbrigarsi, *Il faut se dépêcher.*
Observez bien comment se conjugue le verbe **occorre** en fonction des phrases dans lesquelles il apparaît.

6 L'augmentatif *-one*

Cet augmentatif entraîne le changement du genre des noms féminins qu'il accompagne.

Ainsi **valigia**, *valise*, féminin, accompagné de l'augmentatif **-one** devient masculin : **un valigione**, *une grosse valise*. Il en est de même par exemple pour **donna**, féminin qui devient **un donnone**, qui désigne *une grosse femme*, pour **una palla**, *une balle* qui devient **un pallone**, *un ballon* ou encore pour **una forchetta**, *une fourchette* qui se transforme en **un forchettone**, *une grosse fourchette*, etc.
Attention cependant aux surprises ! Le mot **un cannone**, *un canon*, par exemple, est complètement indépendant et n'a rien à voir avec **una canna**, *un roseau*... Ne vous y trompez pas !

7 Les nouvelles formes de superlatifs

Comme nous l'avons brièvement vu, l'italien contemporain s'est enrichi de nouveaux préfixes superlatifs, tels que :
super, *super* → **una supermacchina**, *une super voiture*

Dialogo di revisione

1 – Sai che mi piace molto fare progetti per le vacanze!
2 Ho deciso che quest'anno andremo al mare, e faremo barca a vela,
3 che Piero avrà un corso di nuoto e Lisa uno di equitazione.
4 – Beati voi! Io invece passerò quattro settimane in montagna!
5 – Ieri ho sentito Piero,
6 dice che sta per partire per un anno sabbatico in India
7 e non è per niente spaventato, anzi è piuttosto esaltato!
8 – Elena invece è appena tornata da un trekking sul Monte Bianco.
9 – Sai com'è, le occorrono sempre vacanze ipersportive.

iper, *hyper* → **ipersimpatico**, *hyper sympa*
stra, *extra* → **strapotente**, *tout-puissant*

8 Quelques phrases à retenir

Nous vous proposons de bien retenir les quelques expressions suivantes un peu plus longues et plus complexes que celles des leçons de révision précédentes... Regardez bien, elles comportent quelques difficultés grammaticales que vous maîtrisez désormais parfaitement !
Sto per realizzare un progetto meraviglioso!
Non mi spaventa per niente, anzi mi esalta!
Ho appena sentito Marco, ti saluta!
Ma dove saranno finiti i bambini?

10 È tutto il contrario di Claudio che vuole solo lasciarsi andare e guardare l'arrivo delle barche da pesca.

Traduction

1 Tu sais que j'aime beaucoup faire des projets de vacances ! **2** J'ai décidé que cette année nous irons à la mer, et que nous ferons du bateau à voiles, **3** que Piero fera *(aura)* un stage de natation et Lisa, un [stage] d'équitation. **4** Vous avez de la chance ! Moi, par contre, je passerai quatre semaines à la montagne ! **5** Hier j'ai eu des nouvelles de *(entendu)* Piero, **6** il dit qu'il est sur le point de partir pour une année sabbatique en Inde **7** et il n'est pas du tout effrayé, au contraire il est plutôt enthousiaste ! **8** Elena, en revanche, est à peine revenue d'un trekking sur le mont Blanc. **9** Tu sais comme elle est, il lui faut toujours des vacances hypersportives. **10** C'est tout le contraire de Claudio, qui veut seulement se laisser aller et regarder l'arrivée des bateaux de pêche.

Deuxième vague : 14e leçon

64

Sessantaquattresima lezione

Quanta posta [1]!

1 – Guarda la posta che abbiamo ricevuto, Luisa!
2 Dopo due settimane di vacanze, la cassetta delle lettere era piena fino all'orlo!
3 – Fammi [2] vedere chi ci ha scritto!
4 Mi piace da pazzi [3] ricevere [4] delle lettere,
5 tanto più che il mio oroscopo annuncia bellissime novità in arrivo...
6 – Piano [5] Ida! Mi fai cadere tutto di mano!
7 – Scusami, sono troppo impaziente!
8 Prendi la mia borsa, per favore, e dammi tutto il pacchetto...
9 Dunque... l'estratto conto della banca, la bolletta [6] del telefono,

Notes

1 Comme la traduction l'indique, le mot **posta** traduit le mot *courrier*. Mais ne soyez pas étonné d'entendre quelqu'un vous dire "**Devo andare alla posta**", car, en effet, **posta** signifie également *bureau de poste*.

2 **fammi vedere**, *fais-moi voir* : lorsque la 2e personne du singulier de l'impératif des verbes **fare**, *faire* ; **dare**, *donner* ; **dire**, *dire* ; **andare**, *aller* ; **stare**, *être*, *rester*, etc., est suivie d'un des pronoms **mi**, *moi* ; **ti**, *toi* ; **le**, *lui* ; **ci**, *nous* ou de **ne**, *en*, ou de **ci**, *y*, ces derniers sont rattachés au verbe et leur consonne est doublée : **da**, *donne* + **le**, *lui* A **dalle**, *donne-lui* ; **di'**, *dis* + **mi**, *moi* A **dimmi**, *dis-moi* ; **fa'**, *fais* + **ti**, *toi* A **fatti**, *fais-toi* ; **va'**, *va* + **ci**, *y* A **vacci**, *vas-y*, etc.

3 **da pazzi** (litt. "de fous"), est une expression très courante dans la langue parlée. On trouve d'ailleurs souvent son équivalent, *à la folie*, en

Soixante-quatrième leçon

Que de *(combien)* courrier !

1 – Regarde le courrier que nous avons reçu, Luisa !
2 Après deux semaines de vacances, la boîte aux *(des)* lettres était pleine à ras bord !
3 – Fais-moi voir qui nous a écrit !
4 Je raffole *(me plaît de fous)* de recevoir des lettres,
5 d'autant plus que mon horoscope annonce de très heureuses nouvelles *(en arrivée)*...
6 – Doucement, Ida ! Tu me fais tout tomber des mains *(de main)* !
7 – Excuse-moi, je suis trop impatiente !
8 Prends mon sac, s'il te plaît, et donne-moi tout le paquet...
9 Voyons *(donc)*... le relevé de compte de la banque, la facture du téléphone,

français. On aurait pu utiliser également **un sacco** (litt. "un tas", leçon 30), ou **immensamente**, *énormément*.

4 Observez encore une fois l'absence de partitif : la phrase **Mi piace ricevere delle lettere**, *J'aime recevoir des lettres*, est parfaitement correcte, mais on lui préfère généralement **Mi piace ricevere lettere**, comme ici.

5 **piano**, *lentement*, *doucement*. Attention, encore une fois aux faux amis ! Ici, **piano** prend le sens de *doucement*, car le mot **dolcemente**, *doucement*, peut être utilisé seulement dans des phrases telles que : **La accarezzava dolcemente**, *Il la caressait avec douceur*.

6 Le mot **fattura**, *facture*, est employé uniquement pour les factures destinées à être produites devant le fisc. Pour toutes les charges courantes, téléphone, électricité, etc., on utilise le mot **bolletta**.

10 l'avv**i**so di pagam**e**nto d**e**lle t**a**sse,
11 **u**na raccomand**a**ta per **u**na riuni**o**ne di condom**i**nio,
12 e t**u**tta **u**na s**e**rie di pubblicit**à**:
13 idr**a**ulico, lavanderi**a**, c**o**rsi di ginn**a**stica, s**a**una...
14 Ma che p**o**sta è qu**e**sta! Qu**e**ste l**e**ttere non mi pi**a**cciono per ni**e**nte! □

***

Esercizio 1 – Traducete

❶ Dalle la sua borsa e prendile il suo cappotto. ❷ Nella mia cassetta delle lettere non c'era niente. ❸ Fammi una cortesia, telefonami domani sera. ❹ Le bollette non mi piacciono per niente. ❺ Non riempirgli il bicchiere fino all'orlo!

Esercizio 2 – Completate

❶ Doucement ! Ne le fais pas tomber !
. . . . . ! Non . . . . . cadere!

❷ Donne-moi toutes les lettres, laisse-moi voir !
. . . . . tutte le lettere, ... vedere!

❸ J'ai reçu les impôts et la facture de la copropriété.
Ho ricevuto . . . . e la . . . . del condominio.

❹ Fais-lui *(à elle)* voir les photos de son anniversaire !
. . . . . vedere le . . . . del suo . . . . !

❺ Dis-nous tout ce que vous avez fait en Italie !
. . . . quello . . . . in Italia!

10 l'avis de paiement des impôts,
11 une [lettre] recommandée pour une réunion de la copropriété,
12 et toute une série de publicités :
13 plombier, pressing, cours de gymnastique, sauna...
14 Mais qu'est-ce que c'est que ce courrier *(Mais quelle courrier est celui-ci)* ! Ces lettres ne me plaisent pas du tout !

***

Corrigé de l'exercice 1

❶ Donne-lui son sac et prends son manteau. ❷ Dans ma boîte aux lettres, il n'y avait rien. ❸ Fais-moi plaisir, appelle-moi demain soir. ❹ Les factures ne me plaisent pas du tout. ❺ Ne remplis pas son verre à ras bord !

Corrigé de l'exercice 2

❶ Piano – farlo – ❷ Dammi – lasciami – ❸ – le tasse – bolletta – ❹ Falle – foto – compleanno ❺ Dicci tutto – che avete fatto –

Deuxième vague : 15e leçon

Sessantacinquesima lezione

Vediamo, vediamo…

1 – Oh, finalmente… ecco una cartolina di Elena:
2 "Carissimi saluti [1] da Positano"
3 – e Aldo aggiunge:
4 "Un abbraccio affettuoso".
5 – Questa, invece, è una cartolina che abbiamo ricevuto da Pietro:
6 "Inondati [2] di sole, perduti nella bellezza della natura,
7 impazienti di raccontarvi. Baci e a prestissimo."
8 – E qui c'è un avviso del condominio del nostro palazzo [3]:
9 "Si informano [4] i Signori condomini che dal 10 al 30 agosto,
10 l'acqua mancherà dalle ore otto alle ore dodici,
11 a causa dei lavori di rinnovo dell'impianto di riscaldamento".

Notes

1 **Carissimi saluti**, *Meilleures salutations* ; voici une formule passe-partout que vous aurez sans doute envie d'utiliser pour envoyer des cartes à vos amis italiens.

2 Observez cette utilisation un peu littéraire des participes passés absolus (**participi passati assoluti**) tels que **inondati** et **perduti**. Vous en retrouverez de nombreux exemples dans les romans que vous serez bientôt en mesure de lire, et dans la prose administrative.

Soixante-cinquième leçon

Voyons, voyons…

1 – Oh, enfin… voilà une carte d'Elena :
2 "Meilleures *(très chères)* salutations de Positano"
3 – et Aldo ajoute :
4 "Je vous embrasse *(une accolade affectueuse)* affectueusement."
5 – Celle-ci, en revanche, est une carte que nous avons reçue de Pietro :
6 "Inondés de soleil, perdus dans la beauté de la nature,
7 impatients de vous raconter. Bises et à très bientôt."
8 – Et ici, il y a un avis de la copropriété de notre immeuble :
9 "On informe [mesdames et] *(les)* messieurs [les] copropriétaires que du 10 au 30 août,
10 l'eau sera coupée *(l'eau manquera)* de huit heures à douze heures,
11 en raison des travaux de rénovation de l'installation du chauffage".

3 Le **palazzo**, qui peut être un *palais*, est également un *immeuble* !

4 Lorsqu'un verbe est à la forme impersonnelle, il faut l'accorder (au singulier ou au pluriel) avec son complément d'objet. Ce qui donne : **Si informa la gentile clientela…**, *Notre aimable clientèle est informée*, mais, **Si informano i signori passeggeri…**, *[Mesdames et] Messieurs [les] passagers sont informés…* Faites le bon choix !

12 – Ci mancava pure [5] questa! E per finire, una lettera di Gianna...
13 Chissà, forse finalmente un invito simpatico! □

Note

5 **Ci mancava pure questa**, *Il ne manquait plus que ça* ; attention, dans cette expression, le **ci** ne veut pas dire *nous*, mais *y*. **Pure** aurait pu être remplacé par **anche**, qui a strictement le même sens ici.

***

Esercizio 1 – Traducete

❶ Ecco la lettera di Carla. Dice che è impaziente di vederci. ❷ Hai visto l'avviso del condominio? Pare che domani mancherà l'acqua tutto il giorno. ❸ Tra una settimana cominciano i lavori per il riscaldamento. ❹ Luca, scrivi qualcosa sulla cartolina per il nonno! ❺ Ecco, mamma, ho scritto: "Un abbraccio affettuosissimo!".

***

Esercizio 2 – Completate

❶ Perdus dans la beauté de cette ville, nous pensons beaucoup à vous !
. . . . nella . . . . di . . . . . . città, ... molto a voi!

❷ Enfin une carte de Paola !
. . . . una . . . . di Paola!

❸ Moi, j'ai reçu seulement des factures !
. . . . solamente . . . . !

❹ Lis ça *(ici)* : "Nous informons *(On informe)* mesdames et messieurs les copropriétaires qu'une fête sera organisée *(qu'il y aura une fête)* dans *(de)* l'immeuble !"
. . . . . qui: " . . . . i signori . . . . che ci . . . . una festa del . . . . ! "

12 – **Il ne** *(y)* **manquait** *(aussi)* **[plus que] ça ! Et pour finir, une lettre de Gianna...**
13 **Qui sait, peut-être enfin une invitation sympathique !**

Corrigé de l'exercice 1

❶ Voici la lettre de Carla. Elle dit qu'elle est impatiente de nous voir. ❷ Tu as vu l'avis de la copropriété ? Il paraît que demain l'eau sera coupée toute la journée. ❸ Dans une semaine commencent les travaux pour le chauffage. ❹ Luca, écris quelque chose sur la carte pour grand-père ! ❺ Voilà, maman, j'ai écrit : "Un baiser ***(une accolade)*** très affectueux !".

***

❺ **Il ne manquait que** *(aussi)* **la fête de Gianna !**
. . . . **la festa di Gianna!**

Corrigé de l'exercice 2

❶ Perduti – bellezza – questa – pensiamo – ❷ Finalmente – cartolina – ❸ lo ho ricevuto – bollette ❹ Leggi – Si informano – condomini – sarà – palazzo ❺ Ci mancava pure –

Deuxième vague : 16e leçon

66

Sessantaseiesima lezione

Grazie di tutto

1 "Carissimi,
2 Siamo appena rientrati da un viaggio piacevolissimo,
3 cominciato nel migliore dei modi grazie alla vostra cortesia.
4 Come ci avevate consigliato [1], una volta partiti [2] da Venezia,
5 ci siamo diretti verso le ville palladiane, per poi raggiungere Verona.
6 È stato splendido, anche se abbiamo avuto un piccolo incidente.
7 Eravamo partiti da una mezz'ora,
8 quando improvvisamente l'auto si è fermata.
9 Siamo dovuti scendere [3] per cercare di capire cosa stava succedendo [4],
10 ma non c'è stato niente da fare, abbiamo dovuto chiamare il carro attrezzi.
11 Ancora mille grazie,

Notes

1 **avevate consigliato**, *vous l'aviez conseillé* : voilà un nouvel exemple de **trapassato prossimo**, *plus-que-parfait* (leçon 46). Rappelez-vous : sa formation et son emploi sont des plus simples, car tout se passe exactement comme en français.

2 **partiti**, *partis* ; vous retrouvez ici un participe passé absolu car ce petit mot de remerciement est rédigé dans un style un peu formel (leçon 65).

Soixante-sixième leçon

Merci pour *(de)* tout

1 "Chers amis *(Très chers)*,

2 Nous venons de rentrer d'un voyage très agréable,

3 [qui a très bien] commencé *(dans la meilleure des façons)* grâce à votre gentillesse *(courtoisie)*.

4 Comme vous nous [l']aviez conseillé, lorsque nous avons quitté *(une fois partis de)* Venise,

5 nous nous sommes dirigés vers les villas palladiennes, pour rejoindre ensuite Vérone.

6 Ça a été splendide, bien que nous ayons eu un petit accident.

7 Nous étions partis depuis une demi-heure,

8 quand tout à coup la voiture s'est arrêtée.

9 Nous avons dû descendre pour essayer de comprendre ce qui se passait *(était en train de se passer)*,

10 mais il n'y a rien eu à faire, nous avons dû appeler la dépanneuse *(le char à outils)*.

11 Encore mille fois merci,

3 Les verbes **dovere**, *devoir*, **potere**, *pouvoir* et **volere**, *vouloir*, prennent toujours l'auxiliaire du verbe qui les suit, contrairement à ce qui se passe en français. Cela nous oblige à dire, par exemple, **Sono dovuta andare**, *J'ai dû aller* (**essere** étant l'auxiliaire utilisé avec **andare**).

4 Nous sommes sûrs que vous vous souvenez parfaitement de cet emploi du verbe **stare** + gérondif, que l'on traduit ici par *être en train de*… Voyez la leçon 44 : rien ne vaut un petit rappel de temps en temps !

12 e, nella speranza di potere ricambiare appena possibile la vostra ospitalità,

13 un saluto affettuosissimo [5]. Enza e Ludovico" □

Note

5 Cette leçon et la précédente vous présentent des formules de politesse à glisser à la fin d'une correspondance. Elles sont extrêmement simples : **Affettuosi/Cari/Carissimi saluti**, *Affectueuses/Chaleureuses salutations*, et peuvent être utilisées pour vos relations amicales. **Distinti saluti**, *Salutations distinguées*, en revanche, est la formule à privilégier dans vos courriers professionnels.

***

Esercizio 1 – Traducete

❶ Arrivederci, carissimi, e grazie di tutto. ❷ Mille grazie per la vostra splendida ospitalità. ❸ Un saluto affettuosissimo per i miei zii preferiti. ❹ Speriamo di potervi incontrare appena possibile. ❺ Grazie alla vostra cortesia e alla vostra ospitalità il nostro viaggio è stato piacevolissimo.

***

Esercizio 2 – Completate

❶ Je viens de rentrer de Vérone.
. . . . da Verona.

❷ J'ai visité tout ce que tu m'avais conseillé.
Ho visitato tutto . . . . mi . . . . .
. . . .

❸ Mon frère a dû aller chez Carla.
Mio fratello . . . . da Carla.

12 **et, dans l'espoir de pouvoir vous rendre** *(rechanger)* **dès que possible votre hospitalité,**

13 **nous vous embrassons très affectueusement** *(un salut très affectueux)*. **Enza et Ludovico"**

Corrigé de l'exercice 1

❶ Au revoir, chers amis, et merci pour tout. ❷ Mille mercis pour votre merveilleuse hospitalité. ❸ Un salut très affectueux à mes oncles [et tantes] préférés. ❹ Nous espérons pouvoir vous rencontrer dès que possible. ❺ Grâce à votre gentillesse et à votre hospitalité, notre voyage a été très agréable.

***

❹ **Je voulais savoir ce qu'il était en train de regarder.**
. . . . . . **sapere che cosa** . . . .

❺ **Il n'y a rien à faire, il faut appeler la dépanneuse.**
Non c'è . . . . **chiamare il** . . . .

Corrigé de l'exercice 2

❶ Sono appena tornato – ❷ – quello che – avevi consigliato ❸ – è dovuto andare – ❹ Volevo – stava guardando ❺ – niente da fare bisogna – carro attrezzi

On peut dénombrer, le long des rivières de la Vénétie, plus de 2 000 villas ! Si elles n'étaient au Moyen Âge que de simples maisons au milieu d'exploitations agricoles, elles ont commencé, à partir de la Renaissance (découverte du raffinement des civilisations romaine et grecque), à se transformer en demeures de plus en plus luxueuses et raffinées. Ce n'est toutefois qu'au cours des XVIe et XVIIe siècles que les villas les plus somptueuses ont été construites, grâce à l'œuvre d'éminents architectes comme Sanmicheli et Scamozzi, mais surtout Andrea Palladio. Ce dernier a dessiné ses villas en tenant compte de plusieurs critères : permettre à leur propriétaire de surveiller leur

67

Sessantasettesima lezione

Passione: natura

1 – Sai, caro, ho sentito Pietro,
2 verrà [1] a cena da noi stasera,
3 e finalmente berremo il famoso Pinot di cui ci ha tanto parlato!
4 – Penso che vedremo anche le centinaia [2] di foto che fa di solito!
5 – A quanto pare ha visitato vari [3] parchi naturali;

Notes

1 **verrà** est le futur du verbe **venire**, *venir* ; **berremo** (phrase 3) vient de **bere**, *boire*, et **vedremo** (phrase 4), de **vedere**, *voir*. Comme vous le constatez, ces futurs sont irréguliers ; vous les assimilerez progressivement, grâce à la pratique. Les conjugaisons complètes de ces verbes se trouvent par ailleurs dans l'appendice grammatical.

2 **un centinaio**, *une centaine*, est masculin au singulier mais féminin (donc irrégulier) au pluriel : **delle centinaia**, *des centaines*.

3 Observez, ici et en phrase 6, les adjectifs indéfinis ; notez que **vari**, **parecchi**, et **un certo numero**, signifient *plusieurs* et sont toujours pluriels. **Ogni**, en revanche, signifie *chaque* et s'accorde au singulier.

domaine, de recevoir à la hauteur de leur rang, de se consacrer à l'étude et de se promener dans un cadre agréable. Ces demeures étaient presque toutes entourées de superbes jardins, parfois animés de jeux d'eau. La décoration intérieure était souvent confiée à des peintres de renom : Véronèse, Zelotti, Gualtiero… Lieux d'un luxe inouï, elles s'ouvraient périodiquement aux amis et aux visiteurs pour des fêtes, des bals et des spectacles.

Deuxième vague : 17e leçon

67

Soixante-septième leçon

Passion : nature

1 – Tu sais, chéri, j'ai eu *(j'ai entendu)* Pietro au téléphone,
2 il viendra dîner à la maison *(chez nous)* ce soir,
3 et nous boirons enfin le fameux Pinot dont il nous a tant parlé !
4 – Je pense que nous verrons aussi les centaines de photos qu'il fait d'habitude !
5 – Apparemment *(à ce-que paraît)*, il a visité plusieurs *(variés)* parcs naturels ;

6 sono sicura che ha fotografato ogni animale, ogni fiore e ogni albero che ha incontrato!
7 – Ma non mi avevi detto che era cambiato [4],
8 che aveva deciso di digitalizzare tutte le sue foto
9 e di buttar via [5] tutti gli ingombranti album che accumula da anni?
10 – Figurati [6]! Non ci riuscirà mai! È troppo attaccato agli oggetti!
11 Secondo lui hanno più consistenza, dice che gli fanno compagnia...
12 In ogni caso prepariamoci ad un'appassionata conferenza sulla natura
13 e ad interminabili discussioni!
14 – Meno male che porta anche il Pinot! □

Notes

4 **cambiare**, *changer*, prend l'auxiliaire **essere** lorsqu'il n'est pas suivi d'un complément d'objet : **Carla è molto cambiata**, *Carla a beaucoup changé*. Lorsqu'il est suivi d'un complément d'objet, il prend l'auxiliaire **avere** : **Ho cambiato il pantalone che avevo comprato**, *J'ai changé le pantalon que j'avais acheté*... Soyez bien attentif !

***

Esercizio 1 – Traducete

❶ Figurati! Non berrò mai quel vino! ❷ Meno male che ci sarà una conferenza e centinaia di foto da vedere! ❸ È un parco naturale molto conosciuto! ❹ Ti farò vedere tutti i miei album di foto. ❺ Mi aveva detto che Pietro era cambiato, ma non ci riuscirà mai!

6 je suis sûre qu'il a photographié chaque animal, chaque fleur et chaque arbre qu'il a rencontrés !

7 – Mais tu ne m'avais pas dit qu'il avait *(était)* changé,

8 qu'il avait décidé de numériser toutes ses photos

9 et de jeter *(loin)* tous les albums encombrants qu'il accumule depuis des années ?

10 – Penses-tu ! Il n'y arrivera jamais ! Il est trop attaché aux objets !

11 D'après lui, ils ont plus de consistance, il dit qu'ils lui tiennent *(font)* compagnie...

12 De toute manière, préparons-nous à une conférence sur la nature, longue et passionnée

13 et à d'interminables discussions !

14 – Heureusement qu'il apporte aussi le Pinot !

5 De nombreux verbes italiens peuvent être utilisés seuls ou être suivis d'un adverbe qui modifie, précise ou intensifie leur sens : c'est le cas ici de **buttar via**, *jeter* (*loin*). Nous y reviendrons.

6 **Figurati!**, *Penses-tu !* : vous souvenez-vous de cette expression ? Vous l'avez rencontrée en leçon 46 et vous risquez de la croiser encore bien des fois... Elle est en effet très utilisée en italien !

***

Corrigé de l'exercice 1

❶ Penses-tu ! Je ne boirai jamais ce vin ! ❷ Heureusement qu'il y aura une conférence et des centaines de photos à voir ! ❸ C'est un parc naturel très connu ! ❹ Je te montrerai tous mes albums de photos. ❺ Il m'avait dit que Pietro avait changé, mais il n'y arrivera jamais !

Esercizio 2 – Completate

❶ J'ai envie de jeter toutes ces vieilles photos !
Ho voglia di . . . . tutte . . . . . . vecchie . . . . !

❷ Il a fait des centaines de voyages et il en fera encore.
Ha fatto . . . . di viaggi e ne . . . .

❸ Heureusement il y aura du vin !
. . . . che ci . . . . del . . . . !

***

Saviez-vous que les Enotri, avant même les Romains, avaient découvert l'art de fabriquer et de conserver le vin ? Installés dans le sud de l'Italie, dans la région qui porte aujourd'hui le nom de Basilicata, les Enotri subirent, à partir du Ve siècle avant J.-C., l'occupation des Grecs, suivie de celle des Romains. Il leur fut impossible de résister face à la puissance de ces envahisseurs, mais ils léguèrent à leurs successeurs les secrets d'un art qui n'a cessé de se perfectionner depuis lors. Les Romains furent rapidement en mesure de produire plus de 200 types de vins différents et ils importèrent la culture des vignobles dans toutes les régions de l'Empire.
Aujourd'hui, l'Italie est un des plus grands exportateurs de vin au monde, avec plus de 3 000 vins aux caractères bien définis, provenant de toutes les régions du pays, et toujours en évolution. Pour

68

Sessantottesima lezione

Proteggete la natura!

1 – S**o**no indign**a**to! S**o**no fu**o**ri di me!
2 Ma com'**è** poss**i**bile [1] maltratt**a**re a tal p**u**nto la nat**u**ra...

Note

1 **è possibile**, *il est possible de* : toutes les expressions impersonnelles de ce genre (**è impossibile**, *il est impossible de* ; **è facile**, *il est facile de*, etc.)

❹ Elle n'a pas changé, elle ne changera jamais !
Non . . . . , non . . . . mai!

❺ Je viendrai chez toi demain, et je verrai enfin ton jardin !
. . . . . da te domani, e . . . . il tuo giardino!

Corrigé de l'exercice 2
❶ – buttar via – queste – foto ❷ – centinaia – farà ancora ❸ Meno male – sarà – vino ❹ – è cambiata – cambierà – ❺ Verrò – vedrò finalmente –

***

leurs appellations, on distingue les vins **DOCG** *(***Denominazione d'Origine Controllata e Garantita**, Appellation d'Origine Contrôlée et Garantie*), parmi lesquels on classe les crus les plus prestigieux, les vins* **DOC** *(***Denominazione d'Origine Controllata**, Appellation d'Origine Contrôlée*), qui désignent plutôt la région d'origine que les crus, et les* **IGT** *(***Indicazione Geografica Tipica**, Indication Géographique Garantie*), qui n'indiquent que le lieu de provenance, et correspondent aux vins de pays français. Nous avons, pour finir,* **i vini da tavola**, les vins de table*, qui ne répondent pas aux critères établis pour les autres catégories, mais parmi lesquels on peut avoir d'agréables surprises.*

Deuxième vague : 18e leçon

68

Soixante-huitième leçon

Protégez la nature !

1 – Je suis indigné ! Je suis hors de moi !
2 Mais comment est-il possible [de] maltraiter à ce *(tel)* point la nature…

ne sont jamais suivies d'une préposition en italien. Nous vous suggérons de bien mémoriser ces exemples pour pouvoir les réemployer facilement et à propos.

3 distruggere un patrimonio inestimabile?
4 Fiumi inquinati dagli [2] scarichi industriali,
5 spiagge sporche, piene di mozziconi di sigarette e di resti di picnic,
6 foreste bruciate per sventatezza,
7 specie di animali e di piante che spariscono per la stupidità della gente [3]!
8 – Dai, Pietro, non esagerare, non essere così pessimista!
9 La situazione non mi sembra così drammatica!
10 Ci sono un sacco di posti in cui la natura è rimasta intatta, addirittura vergine,
11 e mi pare [4] che l'interesse per i problemi dell'ambiente è sempre più diffuso!
12 Oramai molti gruppi, sia politici che spontanei,
13 militano per la salvaguardia del patrimonio naturale!
14 – Sarà [5]! A me sembra che il malcostume aumenta ogni giorno... e che si impone a tutti noi! □

Notes

2 Remarquez cet emploi de la préposition **da**, qui, dans ce type de contexte, introduit le complément d'agent et traduit la préposition *par*.

3 Petit rappel, le mot **gente**, *gens*, est toujours singulier en italien : **Ho conosciuto della gente simpatica**, *J'ai connu des gens sympathiques* (leçon 45).

4 **mi pare**, *il me semble* : observez encore une fois (ici et en phrase 12) l'utilisation des formes faibles et fortes des pronoms personnels. Si votre mémoire flanche un peu à ce sujet, reportez-vous aux leçons 34 et 41.

3 [de] détruire un patrimoine inestimable ?
4 [Des] fleuves pollués par les décharges industrielles,
5 [des] plages sales, pleines de mégots de cigarettes et de restes de pique-niques,
6 [des] forêts brûlées par étourderie,
7 [des] espèces d'animaux et de plantes qui disparaissent à cause de *(pour)* la stupidité des gens !
8 – Allez *(Donne)*, Pietro, n'exagère pas, ne sois pas si pessimiste !
9 La situation ne me semble pas si dramatique !
10 Il y a beaucoup *(un tas)* d'endroits où la nature est restée intacte, totalement vierge,
11 et il me semble que l'intérêt pour les problèmes de l'environnement est de plus en plus *(toujours plus)* répandu !
12 Désormais beaucoup de groupes, aussi bien politiques que spontanés,
13 militent pour la sauvegarde du patrimoine naturel !
14 – Peut-être bien *(sera)* ! [Mais] il me semble que les mauvaises manières gagnent du terrain *(augmentent)* chaque jour... et qu'elles s'imposent à nous tous !

5 Sarà!, *Peut-être bien !*, nous retrouvons ici un emploi du futur un peu particulier (découvert en leçon 62).

Esercizio 1 – Traducete

❶ Dai, non esagerare, la spiaggia non è così sporca! ❷ Sono fuori di me! Ho trovato la casa piena di mozziconi di sigarette! ❸ È un gruppo politico che ha un grande interesse per i problemi ambientali. ❹ Pietro ha sempre militato per la salvaguardia della natura. ❺ Sarà! Ma a noi sembra che i mari e i fiumi sono molto inquinati.

Esercizio 2 – Completate

❶ Les gens qui ne protègent pas la nature sont vraiment stupides !
. . . . che non . . . . la natura . veramente . . . . !

❷ Comment est-il possible d'oublier toujours ses rendez-vous ?
Com'è . . . . sempre i propri appuntamenti?

❸ Il est trop tard désormais !
È troppo . . . . . , ... !

69

Sessantanovesima lezione

Un itinerario di sogno!

1 – Insomma, Pietro, ti sei molto arrabbiato per la mancanza di rispetto verso la natura,
2 ma hai fatto qualcos'altro [1] durante il tuo viaggio?

Note

1 **qualcos'altro**, *autre chose*, s'écrit souvent à la place de **qualcosa altro** ; tout comme **nient'altro**, *rien d'autre*, s'écrit à la place de **niente altro**.

Corrigé de l'exercice 1

❶ Allez, n'exagère pas, la plage n'est pas si sale ! ❷ Je suis hors de moi ! J'ai trouvé la maison pleine de mégots de cigarettes ! ❸ C'est un groupe politique qui s'intéresse beaucoup aux problèmes d'environnement. ❹ Pietro a toujours milité pour la sauvegarde de la nature. ❺ Peut-être ! Mais il nous semble que les mers et les fleuves sont très pollués.

❹ N'exagère pas, Marco, ne mets pas tes jouets partout !
Non . . . . , Marco, non . . . . i tuoi giocattoli dappertutto!

❺ Il me semble qu'il maltraite sa voiture.
. . . . che . . . . la sua auto.

Corrigé de l'exercice 2

❶ La gente – protegge – è – stupida ❷ – possibile dimenticare – ❸ – tardi, oramai ❹ – esagerare – mettere – ❺ Mi sembra – maltratta –

Deuxième vague : 19e leçon

69

Soixante-neuvième leçon

Un itinéraire de rêve !

1 – En somme, Pietro, tu t'es beaucoup mis en colère à cause du *(pour le)* manque de respect envers la nature,
2 mais as-tu fait autre chose pendant ton voyage ?

Les quatre formes sont parfaitement correctes, mais on préfère utiliser la forme avec apostrophe afin de faciliter la prononciation de ces expressions.

3 – Carla ed **i**o volev**a**mo attravers**a**re t**u**tta l'It**a**lia in m**a**cchina,

4 qu**i**ndi si**a**mo and**a**ti in **a**ereo f**i**no a Mil**a**no

5 e lì abbi**a**mo noleggi**a**to [2] **u**na m**a**cchina.

6 Dur**a**nte il vi**a**ggio abbi**a**mo pot**u**to ved**e**re innumer**e**voli [3] paes**a**ggi sfil**a**re attrav**e**rso i finestr**i**ni [4]!

7 **E**rano t**u**tti divers**i**ssimi tra di l**o**ro, ma t**u**tti meravigli**o**si:

8 i l**a**ghi lomb**a**rdi, le spl**e**ndide citt**à** st**o**riche del nord, B**e**rgamo, M**a**ntova, P**a**dova...

9 P**o**i abbi**a**mo incontr**a**to l'indescriv**i**bile dolc**e**zza d**e**lla camp**a**gna tosc**a**na e **u**mbra,

10 le chi**e**se mediev**a**li di m**a**rmo [5] bi**a**nco e r**o**sa...

11 P**o**i si**a**mo sc**e**si pi**ù** gi**ù** [6], pi**ù** al sud, ed è st**a**ta la v**o**lta d**e**i mus**e**i etr**u**schi,

12 d**e**i s**i**ti archeol**o**gici rom**a**ni e gr**e**ci, di Pomp**e**i e di P**e**stum...

13 – Mio Dio, Pi**e**tro, sm**e**ttila, mi f**a**i gir**a**re la t**e**sta! □

Notes

2 Au verbe français *louer* correspondent deux verbes en italien : **noleggiare**, s'il s'agit d'une voiture, d'un vélo, etc., et **affittare**, s'il s'agit d'un appartement ou d'une villa. Toutefois la langue courante a tendance à utiliser presque toujours **affittare** au détriment de **noleggiare**, qui sert surtout dans la langue écrite ou admintrative.

3 **innumerevoli**, *innombrables*, est un mot assez formel. À sa place, nous pourrions utiliser **numerosi**, *nombreux*, un peu moins formel, ou **molti**, *beaucoup*, moins formel encore, ou **un sacco di**, *un tas de*, carrément familier.

4 Attention, dans ce contexte, **finestrino** ne désigne pas une petite fenêtre, mais bien une *vitre de voiture*. Notez que les faux diminutifs sont

3 – Carla et moi voulions traverser toute l'Italie en voiture,
4 nous sommes donc allés en avion jusqu'à Milano
5 et là nous avons loué une voiture.
6 Pendant le voyage, nous avons pu voir d'innombrables paysages défiler par les fenêtres !
7 Ils étaient tous très différents les uns des autres *(entre eux)*, mais tous merveilleux :
8 les lacs lombards, les splendides villes historiques du Nord, Bergame, Mantoue, Padoue…
9 Ensuite nous avons rencontré l'indescriptible douceur de la campagne toscane et ombrienne,
10 les églises médiévales en marbre blanc et rose…
11 Puis nous sommes descendus davantage *(plus en bas)*, plus au sud, et ça a été le tour *(la fois)* des musées étrusques,
12 des sites archéologiques romains et grecs, de Pompéi et de Paestum…
13 – Mon Dieu, Pietro, arrête*(-la)*, tu me fais tourner la tête !

nombreux ; ainsi, **un canino** n'est pas un petit chien, mais une dent (*une canine*), **un orecchino** n'est pas une petite oreille, mais *une boucle d'oreille*, etc.

5 **di marmo**, *en marbre* : vous souvenez-vous de cet emploi de **di**, préposition introduisant un complément de matière ? Nous l'avons vu au sujet des **sedili di pelle**, *des sièges en cuir*, en leçon 55 !

6 Observez ce **giù**, *en bas*, si fréquent dans les conversations italiennes. Ici, comme nous le disions en leçon 67 à propos de **via** (**buttar via**), il vient renforcer le sens de **scendere**, *descendre*.

Esercizio 1 – Traducete

❶ Mi sono arrabbiata con Pietro perché non mi ha mandato neppure una cartolina. ❷ Ho noleggiato una super macchina fino a domenica prossima. ❸ Ho visitato innumerevoli chiese e siti archeologici. ❹ Siamo scesi giù in macchina, fino al sud dell'Italia. ❺ Smettetela, ragazzi, mi fate girare la testa!

Esercizio 2 – Completate

❶ Quelles villes avez-vous visitées pendant votre voyage ?
. . . . avete visitato . . . . viaggio?

❷ Marco, peux-tu ouvrir la fenêtre s'il te plaît ?
Marco, ... aprire . . . . ?

❸ Luca est descendu *(en bas)* dans le jardin, il voulait jouer avec son *(le)* ballon.
Luca . . . . in giardino, ... giocare con il . . . .

❹ Tu sais que Ida a fait tourner la tête à Claudio !
. . . che Ida . . . . a Claudio!

❺ Les villes médiévales du nord me plaisent plus que les sites archéologiques du sud.
Le città . . . . del nord mi piacciono . . . .
siti . . . . del sud.

Corrigé de l'exercice 1

❶ Je me suis fâchée avec Pietro parce qu'il ne m'a même pas envoyé de carte. ❷ J'ai loué une super voiture jusqu'à dimanche prochain. ❸ J'ai visité d'innombrables églises et sites archéologiques. ❹ Nous sommes descendus en voiture, jusqu'au sud de l'Italie. ❺ Arrêtez, les enfants, vous me faites tourner la tête !

Corrigé de l'exercice 2

❶ Quali città – durante il vostro – ❷ – puoi – il finestrino per favore ❸ – è sceso giù – voleva – pallone ❹ Sai – ha fatto girare la testa – ❺ – medievali – più dei – archeologici –

Deuxième vague : 20e leçon

Settantesima lezione

Revisione – Révision

1 L'impératif de *fare, dire, dare, stare, andare* et les pronoms

Comme nous l'avons vu en leçon 64, lorsque, à la 2e personne du singulier, l'impératif des verbes **fare**, *faire* ; **dire**, *dire* ; **dare**, *donner* ; **stare**, *être, rester* ; **andare**, *aller*, est suivi de l'un de ces pronoms **mi**, *moi* ; **ti**, *toi* ; **lo**, *le* ; **la**, *la* ; **li**, *les* ; **le**, *le* ; **le**, *lui* ; **ci**, *nous* ; **ne**, *en*, ces derniers sont rattachés au verbe, et leur consonne est doublée :
– **Luca, danne un po' a Luisa**, *Luca, donnes-en un peu à Luisa.*
– **Dalle quel libro!**, *Donne-lui ce livre !*

2 Les formes impersonnelles

2.1 Accord des formes impersonnelles

Nous l'avons déjà évoqué, la forme impersonnelle implique un accord entre le verbe et son complément d'objet direct (COD) :
Si informa la gentile clientela, *Nous informons/On informe notre (l') aimable clientèle.*
→ L'italien accorde le verbe **informare** avec le COD **la gentile clientela** (sing.).
Mais :
Si informano i Signori condomini, *Nous informons/On informe Mesdames et Messieurs les copropriétaires.*
→ L'italien accorde le verbe **informare** avec le COD **i Signori condomini** (plur.).

2.2 Formes impersonnelles et prépositions

Les formes impersonnelles telles que **è possibile**, *il est possible de* ; **è impossibile**, *il est impossible de* ; **è facile**, *il est facile de*, etc., ne sont jamais suivies d'une préposition en italien.

Soixante-dixième leçon

Cette règle vous semble simple et vous la connaissez déjà depuis la leçon 68 ? Vous avez raison... mais nous insistons ! Il est important que vous reteniez ces expressions car elles sont beaucoup utilisées et que l'on a tendance à les calquer sur le français : **Attenzione! È possibile sbagliarsi!**

3 Choisir le bon auxiliaire aux temps composés

3.1 Les verbes *potere, dovere, volere*

Lorsqu'ils sont suivis d'un autre verbe à l'infinitif, les verbes **potere**, *pouvoir* ; **dovere**, *devoir* et **volere**, *vouloir*, prennent l'auxiliaire du verbe qui les suit :
Sono dovuta andare a Napoli, *J'ai dû aller à Naples.*
Mais :
Ho dovuto chiamare Luisa, *J'ai dû appeler Luisa.*

3.2 Le verbe *cambiare*

Aux temps composés, le verbe **cambiare**, *changer*, change d'auxiliaire selon qu'il est suivi ou non d'un complément d'objet direct :
– lorsqu'il n'est pas suivi d'un complément d'objet direct, il se conjugue avec l'auxiliaire **essere** : **Carla è molto cambiata**, *Carla a beaucoup changé.*
– lorsqu'il est suivi d'un complément d'objet direct, il se conjugue avec l'auxiliaire **avere** : **Ho cambiato il pantalone che avevo comprato**, *J'ai changé le pantalon que j'avais acheté.*

4 L'adverbe en renfort du verbe

L'italien a recours à une construction verbe + adverbe lorsqu'il souhaite renforcer la valeur d'un verbe ou en modifier le sens :
– **buttar via**, *jeter* (*dehors, loin*) ;
– **scendere giù**, *descendre* (litt. "descendre en bas").
Attention toutefois, cette construction n'est pas possible avec tous les verbes.

5 Le partitif

Le partitif existe en italien mais son usage est loin d'être systématique. Ainsi, vous avez vu en leçon 64 que l'on peut aussi bien dire **Mi piace ricevere lettere** que **Mi piace ricevere delle lettere**, pour traduire *J'aime recevoir des lettres*.

Dialogo di revisione

1 – Sai che Francesco mi ha mandato una cartolina da Venezia?
2 Però diceva solamente "Carissimi saluti"!
3 – Beata te! Io invece ho ricevuto solo bollette: banca, condominio, telefono!
4 – Figurati che ieri sera ho visto Pietro a cena dai Rossi,
5 era indignato perché dice che non c'è più rispetto per la natura,
6 che la gente distrugge il patrimonio naturale…
7 Ci ha fatto vedere centinaia e centinaia di foto: piante, fiori, animali di ogni specie.
8 Poi ci ha parlato di tutte le chiese e i musei che ha visitato,
9 e di un incidente che ha avuto sull'autostrada vicino alle ville palladiane…
10 Per fortuna aveva portato anche un meraviglioso Pinot!

6 Expressions à retenir

De nouveau, nous vous proposons une série d'expressions utiles qui jalonnent les six leçons précédentes... Vous souvenez-vous de leur signification ?

Carissimi saluti!
Ci mancava pure questa!
Mille grazie!
Mi piace da pazzi...!
Piano!
Sono fuori di me!
Un abbraccio affettuoso!

Traduction

1 Tu sais que Francesco m'a envoyé une carte de Venise ? **2** Mais il disait seulement "Cordiales *(très chères)* salutations" ! **3** Tu as de la chance ! Moi, en revanche, j'ai reçu seulement des factures : la banque, la copropriété, le téléphone ! **4** Figure-toi qu'hier soir, j'ai vu Pietro à [un] dîner chez les Rossi, **5** il était indigné parce qu'il dit qu'il n'y a plus [de] respect pour la nature, **6** que les gens détruisent le patrimoine naturel... **7** Il nous a montré [des] centaines et [des] centaines de photos : [des] plantes, [des] fleurs, [des] animaux de toute sorte. **8** Ensuite il nous a parlé de toutes les églises et des musées qu'il a visités, **9** et d'un accident qu'il a eu sur l'autoroute près des villas palladiennes... **10** Heureusement, il avait aussi apporté un merveilleux Pinot !

Deuxième vague : 21e leçon

Settantunesima lezione

À partir de cette leçon, nous abordons le conditionnel des verbes, dont nous vous donnerons de nombreux exemples.

Quale facoltà scegliere?

1 – Allora, Alessandra, hai deciso a quale facoltà ti iscrivi?
2 – Che disastro, non riesco a decidere, e questo mi deprime!
3 È un mese che ho la maturità e cambio idea ogni giorno!
4 Un giorno penso che mi piacerebbe [1] scegliere una disciplina artistica: storia dell'arte, architettura...
5 Un altro giorno penso che sarebbe [2] più utile lavorare come medico o farmacista...
6 In effetti adorerei anche fare degli studi in psicologia e... perché no in legge...
7 Insomma mi piacerebbe tutto, tranne essere disoccupata!
8 – Giusto! E hai pensato anche alle possibilità di lavoro che avresti?
9 Alle remunerazioni delle diverse professioni?
10 – Certo, ma questo complica ancora di più le cose!
11 Non è facile prevedere l'evoluzione del mercato del lavoro.

Notes

1 **mi piacerebbe**, *j'aimerais* ; voici votre première rencontre avec un conditionnel. Rendez-vous en leçon de révision pour en savoir plus.

Soixante et onzième leçon

Comme d'habitude, essayez de bien mémoriser chaque nouvelle forme que vous rencontrez.

Quelle faculté choisir ?

1 – Alors, Alessandra, tu as décidé à quelle faculté tu t'inscris ?
2 – C'est catastrophique *(Quel désastre)*, je n'arrive pas à me décider et cela me déprime !
3 Cela fait un mois que j'ai le baccalauréat *(la maturité)* et je change d'avis *(d'idée)* tous les jours !
4 Un jour, je me dis *(je pense)* que j'aimerais choisir une discipline artistique : histoire de l'art, architecture...
5 Un autre jour, je me dis *(je pense)* qu'il serait plus utile de travailler comme médecin ou comme pharmacienne...
6 En fait, j'adorerais aussi faire des études de *(en)* psychologie... et pourquoi pas de *(en)* droit...
7 Bref, j'aimerais tout *(me plairait)*, sauf être au chômage !
8 – [Très] juste ! Et as-tu pensé aussi aux possibilités de travail que tu aurais ?
9 Aux rémunérations des différentes professions ?
10 – Bien sûr, mais cela complique encore *(de)* plus les choses !
11 Il n'est pas facile de prévoir l'évolution du marché du travail.

2 **sarebbe**, *il serait* ; les verbes **essere**, *être* et **avere**, *avoir*, ont un conditionnel irrégulier dont vous découvrirez tous les secrets en leçon de révision.

12 Vorrei [3] arrivare almeno fino al Master,
13 ma preferirei veramente fare anche un Dottorato
14 per garantirmi un buon inserimento lavorativo!
15 Nel frattempo il tempo passa, e io devo iscrivermi entro [4] un mese! □

Notes

3 **vorrei**, *je voudrais* ; les verbes irréguliers au présent de l'indicatif le sont souvent également au présent du conditionnel. C'est le cas de **volere**, *vouloir* (voir l'appendice grammatical). Attention, toutefois, car il existe un **vol-erei**, mais il s'agit du conditionnel – régulier – du verbe **volare**, *voler* (tel un oiseau).

***

Esercizio 1 – Traducete

❶ Alessandra vorrebbe fare un Master, ma cambia idea ogni giorno. ❷ Adorerebbe essere medico o farmacista, ma non ha ancora la maturità. ❸ Luca si iscriverebbe volentieri in architettura o in storia dell'arte. ❹ Non riesco a prevedere l'evoluzione del mio lavoro. ❺ Non vorrei complicare le cose ancora di più.

***

Esercizio 2 – Completate

❶ Aurais-tu un peu de temps pour venir au cinéma avec moi ?
. . . . un . . . . per venire al cinema . . . . . ?

❷ Je serais très heureuse de vous avoir à dîner chez moi samedi prochain.
. . . . . molto . . . . . . di . . . . . . a cena da me sabato . . . .

❸ Quel désastre, je n'arrive pas à choisir entre ces deux paires de chaussures !
. . . . , non riesco a . . . . tra queste due paia di . . . . . . !

12 Je voudrais arriver au moins jusqu'au Master,
13 mais je préférerais vraiment faire aussi un Doctorat
14 pour me garantir une bonne insertion professionnelle !
15 Pendant ce temps le temps passe, et moi, je dois m'inscrire dans un mois au plus tard !

4 Lorsqu'il se trouve dans un contexte temporel, le mot **entro** signifie *dans* ou *pour*. Toutefois, comme la traduction l'indique, il veut dire également *au plus tard, dernier délai* : **Devo decidere entro il 31 luglio**, *Je dois décider pour le 31 juillet [dernier délai]*.

***

Corrigé de l'exercice 1

❶ Alessandra voudrait faire un Master, mais elle change d'avis tous les jours. ❷ Elle adorerait être médecin ou pharmacienne, mais elle n'a pas encore son bac. ❸ Luca s'inscrirait volontiers en architecture ou en histoire de l'art. ❹ Je n'arrive pas à prévoir l'évolution de mon travail. ❺ Je ne voudrais pas compliquer les choses davantage.

***

❹ Quelles possibilités de travail aurait-il en tant que médecin ?
Che possibilità di lavoro . . . . ?

❺ Je dois décider au plus tard dans trois jours.
. . . . decidere . . . . . tre giorni.

Corrigé de l'exercice 2

❶ Avresti – po' di tempo – con me ❷ Sarei – felice – avervi – prossimo ❸ Che disastro – scegliere – scarpe ❹ – avrebbe come medico ❺ Devo – entro –

Deuxième vague : 22e leçon

72

Settantaduesima lezione

Ancora un concorso!

1 – Per cortes**i**a, potr**e**bbe [1] d**i**rmi qu**a**li docum**e**nti si d**e**vono [2] present**a**re,
2 per **u**n'iscrizi**o**ne in medic**i**na?
3 – C**e**rto! Ci vu**o**le un **a**tto di n**a**scita, un certific**a**to di resid**e**nza e uno stato di famiglia
4 pi**ù**, evidentem**e**nte, il dipl**o**ma di maturit**à**.
5 Per t**u**tti i dipl**o**mi occ**o**rrono gli origin**a**li, le fotoc**o**pie non s**o**no v**a**lide.
6 Com**u**nque L**e**i sa che n**e**lla n**o**stra Universit**à** c'è il n**u**mero chi**u**so,
7 ed è [3] qu**i**ndi necess**a**ria **u**na idoneit**à**.
8 – E Le dispiacer**e**bbe d**i**rmi che c**o**sa si d**e**ve f**a**re per otten**e**rla?
9 – Per il mom**e**nto d**e**ve f**a**re **u**na s**e**mplice dom**a**nda sul formul**a**rio v**e**rde che pu**ò** pr**e**ndere **a**llo sport**e**llo nº 6.
10 o che pu**ò** scaric**a**re direttam**e**nte dal n**o**stro s**i**to inform**a**tico.

Notes

1 **potrebbe**, *vous pourriez* ; si vous souhaitez découvrir la conjugaison complète du présent du conditionnel du verbe **potere**, *pouvoir*, nous vous renvoyons à l'appendice grammatical.

2 **devono presentare**, *il faut présenter*… Aucun doute, vous commencez à bien maîtriser les expressions italiennes signifiant *il faut*. Vous le verrez, elles sont nombreuses dans ce dialogue ! Amusez-vous à les retrouver… et s'il vous en manque quelques-unes, reportez-vous aux leçons 56 et 63.

Soixante-douzième leçon

Encore un concours !

1 – S'il vous plaît *(par courtoisie)*, pourriez-vous *(pourrait-Elle)* me dire quels documents il faut présenter,
2 pour une inscription en médecine ?
3 – Certainement ! Il faut un [extrait d']acte de naissance, un justificatif *(certificat)* de domicile *(résidence)* et une fiche d'état civil *(un état de famille)*
4 plus, évidemment, le diplôme du baccalauréat.
5 Pour tous les diplômes, il faut les originaux, les photocopies ne sont pas valables.
6 De toute façon, vous savez *(sait)* que dans notre Université, il y a le "numerus clausus",
7 et il vous faut donc [un certificat d']aptitude *(une admissibilité est donc nécessaire)*.
8 – Et cela vous ennuierait de me dire ce qu'il faut faire pour l'obtenir ?
9 – Pour l'instant, vous devez *(doit)* faire une simple demande, sur l'imprimé vert que vous pouvez *(peut)* prendre au guichet nº 6.
10 ou que vous pouvez *(peut)* télécharger directement sur *(de)* notre site Internet *(site informatique)*.

3 Vous souvenez-vous de la règle abordée en leçons 5 et 58 ? Eh oui, lorsque le **a** ou le **e** précèdent un mot commençant par une voyelle, on leur ajoute généralement un petit **d**, que l'on appelle **d** euphonique, afin de faciliter la prononciation.

11 Peraltro una visita virtuale del nostro ateneo [4] e in particolare una sosta al portale dello studente
12 le permetterà di conoscere e di utilizzare tutte le procedure di iscrizione senza lunghe file di attesa!
13 Ma evidentemente non le basterà navigare su internet,
14 bisognerà poi superare il concorso di ammissione! □

Note

4 **ateneo**, *université* ; l'italien a gardé dans son lexique de nombreux mots très proches du latin. Ils sont souvent employés dans les registres les plus formels. C'est le cas de **ateneo**, venant du latin

***

Esercizio 1 – Traducete

❶ Potresti dirmi quali documenti ci vogliono per avere il passaporto? ❷ Per iscriversi in medicina bisogna superare un concorso di ammissione. ❸ Potrei avere uno stato di famiglia e un certificato di residenza? ❹ Ci dispiacerebbe molto perdere questa occasione di conoscere i tuoi amici. ❺ Non occorre nessun concorso.

***

Esercizio 2 – Completate

❶ Il me plairait beaucoup d'avoir tous ces documents au plus tard demain.
. . . . molto avere tutti questi . . . . domani.

❷ Tu peux prendre cet imprimé au guichet nº 3.
. . . . prendere questo . . . . allo . . . . nº 3.

❸ Je suis désolé, j'ai oublié la fiche d'état civil, mais j'ai l'extrait d'acte de naissance.
. . . . , ho dimenticato lo . . . . , ma ho l' . . . .

11 Par ailleurs, une visite virtuelle de notre Université et tout particulièrement un arrêt au portail de l'étudiant
12 vous permettra de prendre connaissance de toutes les modalités d'inscription et de les utiliser sans [passer par] de longues files d'attente !
13 Mais, bien évidemment, il ne vous *(lui)* suffira pas de naviguer sur Internet,
14 il faudra ensuite réussir *(surmonter)* le concours d'admission !

athenaeum – transposition du mot grec *athénaion, le temple d'Athéna* – vous le verrez notamment dans des brochures, des écrits ou des discours officiels.

***

Corrigé de l'exercice 1

❶ Pourrais-tu me dire quels documents il faut pour avoir le passeport ? ❷ Pour s'inscrire en médecine, il faut passer un concours d'admission. ❸ Pourrais-je avoir une fiche d'état civil et un justificatif de domicile ? ❹ Nous serions vraiment désolés de rater cette occasion de connaître tes amis. ❺ Il ne faut aucun concours.

***

❹ Pour l'instant je n'ai aucune information sur les admissions.
. . . . non ho . . . . informazione sulle . . . .

❺ Il ne faut jamais perdre *(la)* patience.
. . . . mai perdere la . . . .

Corrigé de l'exercice 2

❶ Mi piacerebbe – documenti entro – ❷ Puoi – formulario – sportello – ❸ Mi dispiace – stato di famiglia – atto di nascita ❹ Per il momento – nessuna – ammissioni ❺ Non bisogna – pazienza

Deuxième vague : 23e leçon

73

Settantatreesima lezione

Roma, 9 ottobre 2004 [1]

1 Spettabile [2] Olietti,
2 Gradiremmo [3] ricevere una confezione della vostra "offerta promozionale",
3 contenente [4] sei bottiglie di olio di oliva,
4 e un assortimento dei vostri prodotti sott'olio: pomodori, carciofini, funghi.
5 Desidereremmo ugualmente ricevere il vostro nuovo catalogo,
6 e delle informazioni più precise sulle modalità di pagamento.
7 Potremo pagare con carta di credito,
8 o, preferibilmente, con un assegno o in contanti alla consegna.

Notes

1 2004, **duemilaquattro**... Retenez bien la manière dont on forme les dates en italien, cela pourrait vous être utile !

2 **Spettabile** (litt. "respectable"), peut être suivi aussi bien par le nom d'une entreprise que par celui d'un particulier : **Spettabile Ingegner Reddi**, *Monsieur Reddi*. Pour les noms propres, il est possible d'utiliser également l'adjectif **gentile** (litt. "gentil"), un peu plus chaleureux : **Gentile Professore**, *Monsieur le Professeur* (litt. "Gentil Professeur").

3 **gradiremmo**, *nous aimerions* : vous avez sans doute remarqué que la 1re personne du pluriel du futur et celle du présent du conditionnel ne diffèrent que par la présence d'une simple consonne : **gradiremo** ≠ **gradiremmo**. Voilà un bon exemple de l'importance d'une bonne prononciation des doubles consonnes italiennes : entraînez-vous en répétant plusieurs fois des groupes de mots tels que **saremo** /

Soixante-treizième leçon

Roma, [le] 9 octobre 2004

1 Messieurs *(respectable Olietti)*,
2 Nous aimerions recevoir un conditionnement de votre "offre promotionnelle",
3 contenant six bouteilles d'huile d'olive,
4 et un assortiment de vos produits à *(sous)* l'huile : tomates, [cœurs d']artichauts, champignons.
5 Nous souhaiterions également recevoir votre nouveau catalogue,
6 et des renseignements plus précis sur les modalités de paiement.
7 Nous pourrons payer par *(avec)* carte *(de crédit)*,
8 ou, de préférence *(préférablement)*, par *(un)* chèque ou en espèces à la livraison.

saremmo, **potremo** / **potremmo**, etc. Cela vous évitera tout malentendu lié à une prononciation bancale.

4 **contenente**, *contenant* : le participe présent se forme, comme tous les autres temps, à partir de l'infinitif (ici **contenere**). À sa racine, on ajoute **-ante**, pour les verbes du 1er groupe, et **-ente**, pour ceux des 2e et 3e groupes : **cant-are**, *chanter* A **cant-ante**, *chantant* ; **offr-ire**, *offrir* A **offr-ente**, *offrant*. Son utilisation, assez rare en italien, est surtout limitée à des contextes formels ou au langage administratif.

9 In caso di nostra assenza, vi preghiamo di lasciare la merce al portiere del palazzo.

10 Il nostro recapito [5] completo è: Via Paisiello, 5; scala C, terzo piano, interno C 25.

11 Il codice del citofono è 4579 (quattro cinque sette nove).

12 Ringraziandovi della vostra attenzione, e nella speranza di una consegna rapida,

13 Distinti saluti [6]. □

Notes

5 **recapito** est un synonyme de **indirizzo**, *adresse*, mais il n'est utilisé que dans le langage administratif.

***

Esercizio 1 – Traducete

❶ Alla Olietti c'è una interessante offerta promozionale di prodotti sott'olio. ❷ Potrei pagare con la carta di credito, ma l'ho dimenticata. ❸ Non ho preso il codice del citofono di Carla! – Eccolo, l'ho preso io! ❹ Spettabile Rossi, gradirei ricevere delle informazioni sui vostri nuovi prodotti. ❺ RingraziandoLa della Sua attenzione e delle Sue informazioni, Distinti saluti.

***

Esercizio 2 – Completate

❶ Mon adresse est : 9, rue Angelo Emo, escalier G, porte 39.
Il mio . . . . è . . . Angelo Emo, 9, ... G, ... 39.

❷ Tu pourrais laisser mon guide de Rome au gardien de mon immeuble.
. . . . lasciare . . . . di Roma al . . . . del mio . . . .

❸ Nous pourrons payer la marchandise à la livraison seulement.
. . . . pagare la . . . . . solamente . . . .

9 En cas d'absence *(de notre absence)*, nous vous prions de laisser la marchandise au gardien de l'immeuble.
10 Notre adresse exacte *(complète)* est : Via Paisiello, 5 ; escalier C, troisième étage, porte *(intérieur)* C 25.
11 Le code de l'interphone est 4579.
12 En vous remerciant de votre attention, et dans l'espoir d'une livraison rapide,
13 Cordiales *(distinguées)* salutations.

6 **Distinti saluti** est la formule finale adaptée à tout courrier professionnel ou personnel où le vouvoiement a été employé.

***

Corrigé de l'exercice 1

❶ Chez Olietti, il y a une offre promotionnelle intéressante de produits à l'huile. ❷ Je pourrais payer par carte, mais je l'ai oubliée. ❸ Je n'ai pas pris le code de l'interphone de Carla ! – Le voici, moi, je l'ai pris ! ❹ Messieurs, je souhaiterais recevoir des informations sur vos nouveaux produits. ❺ En vous remerciant de votre attention et de vos informations, [je vous prie d'agréer mes] salutations distinguées.

***

❹ Monsieur et Madame Verdi souhaiteraient avoir plus d'informations.
I . . . . Verdi . . . . avere più
. . . .

❺ En espérant vous revoir très prochainement, [recevez mes plus] cordiales salutations.
. . . . di . . . . molto rapidamente,
. . . .

Corrigé de l'exercice 2

❶ – recapito – via – scala – interno – ❷ Potresti – la mia guida – portiere – palazzo ❸ Potremo – merce – alla consegna ❹ – Signori – desidererebbero – informazioni ❺ Sperando – rivedervi – cordiali saluti

Deuxième vague : 24e leçon

74

Settantaquattresima lezione

Faccio un salto in farmacia

1 – Per cortesia, potrebbe darmi qualcosa contro il raffreddore? Ho mal [1] di testa e
2 ho dei brividi di freddo... forse ho anche un po' di febbre.
3 – Non è certo il solo! Con questo tempo così variabile è facile prender freddo!
4 Potrei darLe delle compresse effervescenti, se vuole.
5 – Sì, va benissimo, grazie. Quante ne devo prendere?
6 – Ne prenda tre al giorno, non di più, mi raccomando [2]!
7 E si ricordi che le medicine vanno prese [3] sempre a stomaco pieno.
8 – A proposito, mi darebbe anche un dentifricio e una scatola di cerotti?

Notes

1 Le mot *mal* est traduit en italien par **male**. Toutefois, lorsqu'il est utilisé dans des expressions très courantes, telles que **mal di testa**, *mal de tête, migraine* ; **mal di stomaco**, *mal à l'estomac*, etc., le **e** final tombe, pour en faciliter la prononciation.

2 **mi raccomando**, *je t'en prie, je vous en prie*... une expression très employée dans la langue courante, à retenir absolument !

Soixante-quatorzième leçon

Je fais un saut à la *(en)* pharmacie

1 – S'il vous plaît, pourriez-vous *(pourrait)* me donner quelque chose contre le rhume ? J'ai mal à la *(de)* tête et

2 je frissonne *(j'ai des frissons de froid)*... j'ai peut-être un peu de fièvre aussi.

3 – Vous n'êtes assurément pas le seul ! Avec ce temps si variable, il est facile de prendre froid !

4 Je pourrais vous *(Lui)* donner des comprimés effervescents, si vous voulez *(si veut)*.

5 – Oui, ça va très bien, merci. Combien dois-je en prendre ?

6 – Prenez-en *(en prenne)* trois par jour, [mais] pas plus, je vous en prie *(je me recommande)* !

7 Et rappelez-vous *(que se rappelle)* que les médicaments doivent toujours être pris après les repas *(à estomac plein)*.

8 – À propos, pourriez-vous me donner *(me donnerait)* aussi un [tube de] dentifrice et une boîte de sparadraps ?

3 **vanno prese**, *ils doivent être pris* (observez au passage que *comprimé* est féminin en italien : **una compressa**), remplace la forme **devono essere prese**, donnant à la phrase une formulation plus rapide, plus légère. Nous pouvons dire également : **È così che va fatto il caffè**, *C'est comme cela que le café doit être fait*, etc. Il suffit donc de conjuguer le verbe **andare** et de le faire suivre du participe passé du verbe voulu.

9 – **E**cco a L**e**i. Le occ**o**rre **a**ltro?
10 – No, gr**a**zie. Ah sì, mi sc**u**si, ho pr**o**prio la t**e**sta nelle n**u**vole,
11 ho bis**o**gno **a**nche di un disinfett**a**nte e di **u**na cr**e**ma c**o**ntro le zanz**a**re.
12 Mi s**e**mbra che per il mom**e**nto non dim**e**ntico ni**e**nte [4]... c**e**rto avr**e**i f**a**tto m**e**glio a f**a**rmi **u**na l**i**sta!
13 – Non si pre**o**ccupi, f**a**ccia con c**o**modo [5], non c'è fr**e**tta! □

Notes

4 Vous souvenez-vous de la règle concernant l'emploi de **niente**, *rien*, et de **nessuno**, *personne*, dans des phrases négatives ? Si vous souhaitez la revoir, rendez-vous en leçon 56.

5 **fare con comodo** est une expression idiomatique très courante dans le registre soutenu. N'hésitez pas à l'utiliser si vous souhaitez mettre quelqu'un à l'aise, en l'invitant à prendre son temps.

***

Esercizio 1 – Traducete

❶ Luca è raffreddato! Che cosa potrei dargli? ❷ Devi prendere queste compresse due volte al giorno, sempre a stomaco pieno. ❸ Per cortesia, mi occorrerebbe una scatola di cerotti e una crema contro le zanzare. ❹ Lo sapevo, nessuno ha comprato il dentifricio! ❺ Perfetto! Non abbiamo dimenticato niente: il passaporto, il biglietto dell'aereo, i numeri di telefono degli amici...

9 – **Voilà** *(à Elle)* **! Vous avez** *(a)* **besoin d'autre chose ?**
10 – **Non, merci ! Ah si, excusez-moi** *(que m'excuse)*, **j'ai vraiment la tête dans les nuages,**
11 **j'ai besoin aussi d'un désinfectant et d'une crème contre les moustiques.**
12 **Il me semble que pour l'instant je n'oublie rien... évidemment, j'aurais mieux fait de me faire une liste !**
13 – **Ne vous inquiétez** *(ne s'inquiète)* **pas, prenez votre temps** *(fasse avec aise)*, **rien ne presse** *(il n'y a pas hâte)* **!**

***

Corrigé de l'exercice 1

❶ Luca est enrhumé ! Que pourrais-je lui donner ? ❷ Tu dois prendre ces comprimés deux fois par jour, toujours après le repas. ❸ S'il vous plaît, il me faudrait une boîte de sparadraps et une crème contre les moustiques. ❹ Je le savais, personne n'a acheté le dentifrice ! ❺ Parfait ! Nous n'avons rien oublié : le passeport, le billet d'avion, les numéros de téléphone des amis...

Esercizio 2 – Completate

❶ Au fait, saurais-tu me conseiller un bon spectacle de théâtre ?
. . . . , ... consigliarmi un . . . . .
. . . . di teatro?

❷ Nous avons le temps *(Il n'y a pas de hâte)* Francesco, finis tranquillement ton cappuccino.
. . . . , Francesco, ... tranquillamente il tuo cappuccino.

❸ Voici vos fraises, Mademoiselle. Avez-vous besoin d'autre chose ?
. . . . fragole, Signorina. . . . . di . . . . . ?

75

Settantacinquesima lezione

Vorremmo trasferirci

1 – Vorrei proprio sapere quando si decideranno a rispondermi!
2 – Di che cosa stai parlando, Paola?
3 – Oggi è già venerdì [1],
4 e non ho ancora ricevuto le informazioni che avevo chiesto [2]!
5 E pensare che ho telefonato alla banca lunedì scorso!

Notes

1 **oggi è già venerdì** renvoie aux expressions françaises *aujourd'hui c'est vendredi, on est vendredi, nous sommes vendredi*. Ces deux dernières ne peuvent en aucun cas être traduites littéralement en italien.

2 Souvenez-vous qu'il ne faut pas accorder le participe passé qui suit le pronom **che**, *qui* (leçon 47).

❹ J'ai eu de la fièvre et mal à la tête tout le week-end. Je n'en pouvais plus !
Ho avuto la . . . . . . e . . . . tutto il week-end.
. . . . più!

❺ Vous n'avez rien oublié, Madame ? Prenez vos aises *(Fasse avec aise)* !
Non . . dimenticato . . . . . . Signora? . . . . !

Corrigé de l'exercice 2

❶ A proposito, sapresti – buono spettacolo – ❷ Non c'è fretta – finisci – ❸ Ecco le sue – Ha bisogno – altro ❹ – febbre – mal di testa – Non ne potevo – ❺ – ha – niente – Faccia con comodo

Deuxième vague : 25e leçon

75

Soixante-quinzième leçon

Nous voudrions déménager

1 – Je voudrais vraiment savoir quand ils se décideront à me répondre !
2 – De quoi es-tu en train de parler, Paola ?
3 – Aujourd'hui nous sommes *(est)* déjà vendredi,
4 et je n'ai pas encore reçu les informations que j'avais demandées !
5 Quand je pense *(Et penser)* que j'ai téléphoné à la banque lundi dernier !

6 Li avevo pregati di mandarmi delle informazioni sui prestiti immobiliari e sui loro tassi di interesse…
7 Sai che a Filippo piacerebbe [3] vivere vicino al mare,
8 e quindi vorrebbe vendere questa casa e comprarne un'altra.
9 – Secondo me ti converrebbe [4] servirti della banca in linea.
10 Ti basta cliccare su due o tre icone e hai tutte le informazioni che vuoi su servizi, prezzi…
11 Ma, banca a parte, non credi che vi annoiereste, tutto l'anno lontani dalla città?
12 – Secondo me saremmo molto più riposati e di migliore umore.
13 – E pensi che i ragazzi vi seguirebbero?
14 – Penso di no [5], ma sono grandi oramai, hanno già venti anni!

Notes

3 **gli piacerebbe**, *il aimerait* : dans ce type de contexte, mieux vaut éviter d'utiliser le verbe **amare**, *aimer*, généralement réservé aux messages d'amour.

4 **ti converrebbe**, *tu aurais intérêt* ; **mi conviene**, *j'ai intérêt, il vaut mieux*… encore une expression très courante, à retenir !

***

Esercizio 1 – Traducete

❶ Vorremmo comprare una casa vicino al mare. ❷ Le piacerebbe vendere la sua auto e vorrebbe comprarne una molto più potente. ❸ Marco oggi mi sembra di migliore umore. ❹ Non mi piacerebbe per niente vivere in montagna. ❺ Lunedì ho chiesto alla banca delle informazioni sui prestiti.

6 Je les avais priés de m'envoyer des informations sur les prêts immobiliers et sur leurs taux d'intérêt...
7 Tu sais que Filippo aimerait *(à Filippo plairait)* vivre au bord *(près)* de la mer,
8 *(et)* donc il voudrait vendre cet appartement et en acheter un autre.
9 – Selon moi, tu aurais tout intérêt à *(il te conviendrait)* utiliser *(te servir de)* la banque en ligne.
10 Il te suffit de cliquer sur deux ou trois icônes et tu as toutes les informations que tu veux sur les services, les prix...
11 Mais, banque à part, tu ne crois pas que vous vous ennuieriez, toute l'année loin de la ville ?
12 – D'après moi, nous serions beaucoup plus reposés et de meilleure humeur.
13 – Et penses-tu que les enfants vous suivraient ?
14 – Je pense que non, mais ils sont grands désormais, ils ont déjà vingt ans !

5 **Penso di no**, *Je pense que non* ; **Credo di sì**, *Je crois que si*, etc. Répétez plusieurs fois ces phrases, jusqu'à les connaître parfaitement. La présence de la préposition **di** est indispensable aussi lorsque des verbes comme **pensare**, *penser* ; **sperare**, *espérer* ; **temere**, *craindre*, etc., sont suivis d'un verbe à l'infinitif (voir aussi leçon 60).

***

Corrigé de l'exercice 1

❶ Nous voudrions acheter une maison près de la mer. ❷ Elle aimerait vendre sa voiture et voudrait s'en acheter une beaucoup plus puissante. ❸ Marco, aujourd'hui, me semble de meilleure humeur. ❹ Je n'aimerais pas du tout vivre à la montagne. ❺ Lundi, j'ai demandé à la banque des informations sur les prêts.

Esercizio 2 – Completate

❶ Quel jour sommes-nous ? – Aujourd'hui nous sommes samedi.
. . . giorno è? – . . . . è sabato.

❷ Qu'est-ce que tu es en train de regarder, Luca ?
Che . . . . , Luca?

❸ Ce sont les informations que j'avais demandées mercredi à la banque.
. . . . le informazioni che . . . . mercoledì . . . . banca.

❹ Crois-tu que nous nous ennuierons dans cette ville ? – Non, je crois que non !
Credi che . . . . in questa città? – . . , credo . . . . !

76

Settantaseiesima lezione

Animali domestici

1 – Mamma, se quest'anno ho la media dell'otto, me lo faresti un regalo un po' particolare...?
2 – Sentiamo... [1]
3 – Me lo compreresti un leoncino? [2]
4 – Questa poi [3]! Ma sarai impazzito?
5 – Così potrei provare a tutti i miei compagni che sono più forte di un leone!

Notes

1 **sentiamo**, *dis toujours* ; observez cet emploi idiomatique et assez répandu du verbe **sentire**, *entendre*. Il est adapté à des conversations familières uniquement et ne se conjugue jamais !

2 Voici un diminutif irrégulier car **leoncino**, *lionceau*, vient de **leone**, *lion*. Voyez aussi phrase 10 **cagnolino**, *chiot*, de **cane**, *chien*.

❺ Je viens de rencontrer Ida, et elle m'a dit que la semaine dernière elle est allée en Turquie.
. . . . Ida, e mi . . . . che la settimana . . . . in Turchia.

Corrigé de l'exercice 2
❶ Che – Oggi – ❷ – cosa stai guardando – ❸ Sono – avevo chiesto – alla – ❹ – ci annoieremo – No – di no ❺ Ho appena incontrato – ha detto – scorsa è andata –

Deuxième vague : 26e leçon

76

Soixante-seizième leçon

Animaux domestiques

1 – Maman, si cette année j'ai seize de moyenne *(la moyenne du huit)* me *(le)* ferais-tu un cadeau un peu particulier... ?
2 – Dis toujours...
3 – Tu m'achèterais *(me le)* un petit lion ?
4 – Ça, alors ! Mais tu es *(seras-tu)* devenu fou ?
5 – Comme ça, je pourrais prouver à tous mes camarades que je suis plus fort qu'un lion !

3 **Questa poi!**, *Ça alors !* ; retenez bien cette deuxième expression idiomatique, en faisant particulièrement attention au féminin **questa**... Vous impressionnerez vos amis italiens avec ces tournures "à l'italienne" !

6 – Ma va là [4]!
7 – E per un cane, un bel bull-dog, saresti d'accordo?
8 – Così giocheresti a chi abbaia meglio?
9 – Non mi prendere in giro [5], mamma! Io un animale lo vorrei davvero!
10 – Lo so, hai ragione. Ma l'abbiamo già detto molte volte:
11 gli animali soffrono nelle case [6].
12 E poi sporcano, lasciano odori, bisogna nutrirli, portarli dal veterinario...
13 – Ma Luigi ha due gatti e un cagnolino,
14 Lucia ha tre uccelli. Solo io non ho niente!
15 – Basta, Riccardo, per favore! È inutile insistere con queste storie di animali! □

Notes

4 **Ma va là!**, *Allons donc !* : il s'agit là d'une autre expression idiomatique très utilisée, mais adaptée à la langue parlée seulement !

5 **prendere in giro** est la traduction la plus juste et la plus répandue pour *se moquer de*. Il existe aussi le verbe **burlarsi**, mais il est un peu désuet et peu utilisé.

***

Esercizio 1 – Traducete

❶ Figurati che Riccardo vorrebbe avere un leoncino! – Questa poi! ❷ Sono più forte di mio fratello perché ho avuto la media dell'otto. ❸ Mamma dice che non vuole, ma io vorrei un cagnolino! ❹ Basta Luca! Hai chiamato a casa di Marco già cinque volte. ❺ Ma va là! Non ci credo affatto alle tue storie!

6 – Allons donc *(Mais va là)* !
7 – Et pour un chien, un beau bull-dog, tu serais d'accord ?
8 – Comme ça, tu jouerais à [celui] qui aboie [le] mieux ?
9 – Ne te moque pas de moi, maman ! Moi, je *(le)* voudrais vraiment un animal !
10 – Je *(le)* sais, tu as raison. Mais nous l'avons déjà souvent dit :
11 les animaux souffrent dans les appartements.
12 *(Et puis)* ils salissent, ils laissent des odeurs, il faut les nourrir, les emmener chez le vétérinaire...
13 – Mais Luigi a [bien] deux chats et un petit chien,
14 Lucia a trois oiseaux. Il n'y a que moi *(Moi seulement)* qui n'ai rien !
15 – Ça suffit, Riccardo, s'il te plaît ! Il est inutile d'insister avec ces histoires d'animaux !

6 Qu'il s'agisse d'un *appartement* ou d'une *maison*, les Italiens diront toujours **casa**, comme nous vous le signalions en leçon 40.

***

Corrigé de l'exercice 1

❶ Figure-toi que Riccardo voudrait avoir un lionceau ! – Ça alors ! ❷ Je suis plus fort que mon frère, car j'ai seize de moyenne. ❸ Maman dit qu'elle ne veut pas, mais [moi] je voudrais un chiot ! ❹ Ça suffit, Luca ! Tu as appelé chez Marco déjà cinq fois. ❺ Mais enfin ! Je ne crois pas du tout à tes histoires !

Esercizio 2 – Completate

❶ Luca disait à tous ses camarades qu'il était plus fort qu'un lion.
Luca . . . . . . a tutti i . . . . compagni che . . . più forte . . . .

❷ Les enfants, ça suffit ! Il est inutile de crier !
Bambini, ... ! È . . . . !

❸ Ça alors ! Ils se sont moqués de lui toute la journée !
. . . . ! Lo hanno . . . . tutto il . . . . . . !

❹ Luisa, serais-tu d'accord pour acheter un chien ? – Je préfèrerais un chat.
Luisa, ... per comprare un . . . . ?
– . . . . un . . . . . .

***

Tout enfant de nationalité italienne se doit de fréquenter l'école de six à seize ans. Il débute sa scolarité à la **Scuola Elementare**, École élémentaire, *et il y reste cinq années. À la fin de ce premier cycle d'études, il intègre la* **Scuola Media**, l'École moyenne, *qui a une durée de trois ans. Avec son diplôme de* **Scuola Media**, *il pourra s'inscrire au lycée, le* **Liceo Classico**, Lycée classique, *ou le* **Liceo Scientifico**, Lycée scientifique, *dont l'issue classique est depuis toujours l'Université. Il peut également intégrer des filières offrant une insertion plus rapide sur le marché du travail, tels que les* **Istituti**

❺ Marco quitte son travail et part en Inde avec un sac à dos ! – Il est devenu fou ?
Marco lascia il . . . . e . . . . . per l'India con . . . . ! – . . . . impazzito?

Corrigé de l'exercice 2
❶ – diceva – suoi – era – di un leone ❷ – basta – inutile gridare ❸ Questa poi – preso in giro – giorno ❹ – saresti d'accordo – cane – Preferirei – gatto ❺ – suo lavoro – parte – uno zaino – Sarà –

***

Tecnici, Instituts techniques. *Le cycle universitaire propose, quant à lui, trois degrés : la* **Laurea breve**, Licence, *qui nécessite trois ans d'études, le* **Master**, Master, *qui nécessite deux ans d'études, et le* **Dottorato**, Doctorat, *qui se fait sur trois ans. La notation est sur trente à l'Université, et sur dix dans tous les autres cycles.*

Deuxième vague : 27e leçon

Settantasettesima lezione

Revisione – Révision

1 Le conditionnel présent

1.1 Emploi

L'utilisation du conditionnel italien ne présente pas de difficulté particulière pour un apprenant francophone. On y recourt pour exprimer un souhait, un doute, une hypothèse, pour formuler une demande polie, etc.

1.2 Les conjugaisons régulières

Le conditionnel présent des verbes réguliers s'obtient en ajoutant au radical de l'infinitif les terminaisons **-erei**, **-eresti**, **-erebbe**, **-eremmo**, **-ereste**, **-erebbero**, pour les verbes des 1er et 2e groupes, et **-irei**, **-iresti**, **-irebbe**, **-iremmo**, **-ireste**, **-irebbero**, pour les verbes du 3e groupe.

Remarquez que le conditionnel présent italien, contrairement à son homologue français, n'est jamais utilisé pour exprimer un "futur dans le passé" dans des phrases du type *J'imaginais déjà où nous irions déjeuner*. Nous y reviendrons.

– 1er groupe, **desiderare**, *désirer*

io desider-erei	*je désirerais*
tu desider-eresti	*tu désirerais*
lui/lei desider-erebbe	*il/elle désirerait*
noi desider-eremmo	*nous désirerions*
voi desider-ereste	*vous désireriez*
loro desider-erebbero	*ils/elles désireraient*

– 2e groupe, **decidere**, *décider*

io decid-erei	*je déciderais*
tu decid-eresti	*tu déciderais*
lui/lei decid-erebbe	*il/elle déciderait*
noi decid-eremmo	*nous déciderions*

Soixante-dix-septième leçon

voi decid-ereste	*vous décideriez*
loro decid-erebbero	*ils/elles décideraient*

– 3e groupe, **partire**, *partir*

io part-irei	*je partirais*
tu part-iresti	*tu partirais*
lui/lei part-irebbe	*il/elle partirait*
noi part-iremmo	*nous partirions*
voi part-ireste	*vous partiriez*
loro part-irebbero	*ils/elles partiraient*

1.3 Les verbes *avere* et *essere*

– **avere**

io avrei	*j'aurais*
tu avresti	*tu aurais*
lui/lei avrebbe	*il/elle aurait*
noi avremmo	*nous aurions*
voi avreste	*vous auriez*
loro avrebbero	*ils/elles auraient*

– **essere**

io sarei	*je serais*
tu saresti	*tu serais*
lui/lei sarebbe	*il/elle serait*
noi saremmo	*nous serions*
voi sareste	*vous seriez*
loro sarebbero	*ils/elles seraient*

1.4 Les conjugaisons irrégulières

Les conjugaisons irrégulières sont relativement nombreuses au présent du conditionnel. De manière générale les verbes qui sont irréguliers au présent de l'indicatif le sont aussi au présent du conditionnel. Consultez-les dans l'appendice grammatical, apprenez à les reconnaître mais ne vous inquiétez pas : à force de les entendre, vous les retiendrez sans même vous en rendre compte !

2 Le participe présent

2.1 Emploi

L'emploi du participe présent est plutôt rare dans la langue contemporaine : il est limité à des contextes très formels ou littéraires. Les participes présents utilisés comme substantifs ou adjectifs sont en revanche assez fréquents (**studente**, *étudiant* ; **insegnante**, *enseignant* ; **cantante**, *chanteur, chantant* ; **languente**, *languissant*, etc.).

2.2 Formation

Le participe présent des verbes réguliers se forme à partir de la racine de l'infinitif, à laquelle on ajoute **-ante**, pour le 1er groupe et **-ente** pour les 2e et 3e groupes :
– **parl-are**, *parler* → **parl-ante**, *parlant*
– **scriv-ere**, *écrire* → **scriv-ente**, *écrivant*
– **fin-ire**, *finir* → **fin-ente**, *finissant*

3 La forme passive

Vous l'avez vu en leçon 74, dans l'italien contemporain, à la forme passive classique, obtenue avec l'auxiliaire **essere** (leçon 49), s'est ajoutée une forme passive formée à l'aide du verbe **andare**, *aller*, où le verbe **andare** a le sens de *devoir être* : **Le compresse vanno prese due volte al giorno.**, *Les comprimés doivent être pris deux fois par jour.*

4 Expressions à retenir

Vous en avez désormais l'habitude, quelques expressions-clés de vocabulaire vous sont proposées ici. À vous d'en retrouver le sens dans les six leçons précédentes et de vous amuser à les utiliser en contexte !
Spettabile Olietti
Ma va là!
Distinti saluti
Faccia con comodo!
Questa poi!
Non c'è fretta!
Oggi è sabato, non domenica!
Mi raccomando!
Ti converrebbe!
Sentiamo...

Dialogo di revisione

1 – Alessandra vorrebbe iscriversi in psicologia, ma non sa che possibilità di lavoro avrebbe.
2 – Potrebbe iscriversi anche in medicina, ma dovrebbe fare un concorso.
3 – Si è già informata per i documenti che deve presentare: ci vuole un atto di nascita e un certificato di residenza.
4 – Ah, sai che ho ordinato un sacco di prodotti sott'olio,
5 – e che potremo pagare alla consegna con un assegno?
6 – Io invece ho dimenticato di comprare il dentifricio e le compresse per il mal di testa!
7 – Non c'è fretta, ne abbiamo ancora!
8 – A proposito, ho sentito Paola, dice che a Filippo piacerebbe vivere al mare.
9 Vorrebbero vendere la loro casa e comprarne una vicino al mare!
10 – Tutto l'anno lontano dalla città? Ma saranno impazziti!

Traduction

1 Alessandra voudrait s'inscrire en psychologie, mais elle ne sait pas quelles possibilités de travail elle aurait. **2** Elle pourrait s'inscrire en médecine aussi, mais elle devrait passer *(faire)* un concours. **3** Elle s'est déjà renseignée sur les documents qu'elle doit présenter : il [lui] faut un [extrait d']acte de naissance et un justificatif de domicile. **4** Ah, sais-tu que j'ai commandé plein de produits à l'huile, **5** et que nous pourrons payer à la livraison par *(avec un)* chèque ? **6** Moi, en revanche, j'ai oublié d'acheter le dentifrice et les comprimés pour le mal de tête ! **7** Nous avons le temps, nous en avons encore ! **8** Au fait, j'ai eu Paola au téléphone ; elle dit que Filippo aimerait vivre à la mer. **9** Ils voudraient vendre leur appartement et voudraient en acheter un au bord de la mer ! **10** Toute l'année loin de la ville ? Mais ils doivent être devenus fous !

Deuxième vague : 28e leçon

Settantottesima lezione

Après 77 leçons, vous connaissez tous les modes des verbes italiens, à l'exception du subjonctif. Ce mode vous inquiète car vous vous imaginez des formes compliquées et difficiles à retenir ? Rassurez-vous ! C'est loin d'être le cas : vous retiendrez toutes les formes du subjonctif sans le moindre effort. Et, bien que ce mode ait tendance à disparaître

Un progetto interessante

1 – Che cosa ne pensi, Giulio, del progetto della nostra nuova sede?
2 – Mi pare che sia [1] abbastanza buono,
3 anche se ho potuto guardarlo [2] solo molto rapidamente.
4 Ieri sera non avevo molto tempo, ma oggi dovrei averne di più.
5 – A me sembra che questo locale abbia [3] parecchi aspetti interessanti.
6 Prima di tutto la superficie: quattrocento metri quadrati molto funzionali,
7 grazie ad una ripartizione degli spazi fatta in modo intelligente.
8 Visitandolo ho avuto l'impressione che tutti i colleghi ci si sentiranno a loro agio.

Notes

1 Comme la traduction l'indique, **sia**, *[qu'il] soit*, est la 3e personne du singulier du présent du subjonctif du verbe **essere**, *être*. Son utilisation est nécessaire ici parce que tous les verbes qui expriment une opinion – tels **mi pare che**, *il me semble que* ; **credo che**, *je crois que* ; **temo che**, *je crains que*, etc. – sont suivis du subjonctif. Sachez toutefois que la langue parlée ignore souvent cette règle et que vous risquez d'y entendre plus souvent l'indicatif que le subjonctif.

Soixante-dix-huitième leçon

de la langue parlée, cela vous sera utile voire indispensable dans des conversations un peu formelles, en milieu professionnel par exemple, ou à l'écrit. Courage, donc, c'est le dernier effort de mémoire que vous avez à fournir, et, comme toujours, nous serons à vos côtés pour vous accompagner pas à pas.

Un projet intéressant

1 – Qu'en penses-tu, Giulio, du projet de notre nouveau siège ?
2 – Il me semble qu'il est *(soit)* assez bon,
3 même si je n'ai pu le regarder que très rapidement.
4 Hier soir je n'avais pas beaucoup de temps, mais aujourd'hui je devrais en avoir davantage.
5 – Il me semble que ces locaux ont *(ce local ait)* plusieurs aspects intéressants.
6 Tout d'abord *(avant de tout)* la superficie : quatre cents mètres carrés très fonctionnels
7 grâce à une répartition des espaces faite de manière intelligente.
8 En les visitant, j'ai eu l'impression que tous les collègues s'y sentiraient à leur aise.

2 Lorsqu'un des verbes **potere**, *pouvoir* ; **volere**, *vouloir* ; **dovere**, *devoir*, précède un verbe à l'infinitif (ex. : **ho potuto guardare**), lui-même accompagné d'un pronom personnel complément direct ou indirect (**mi**, *moi, me* ; **ti**, *toi, te* ; **lo**, *le* ; **la**, *la* ; **gli**, lui ; **ci**, *nous* ; **vi**, *vous* ; **li**, *les* ; **le**, *les*), ce dernier peut être placé soit après l'infinitif : **ho potuto guardarlo**, soit avant le premier verbe : **l'ho potuto guardare**, *j'ai pu le regarder*. À vous de choisir !

3 **abbia**, *[qu'il] ait*, est la 3e personne du singulier au présent du subjonctif du verbe **avere**, *avoir*, dont voici la conjugaison complète : **abbia**, **abbia**, **abbia**, **abbiamo**, **abbiate**, **abbiano**.

9 In secondo luogo il quartiere: molto centrale, una zona vivace e gradevole.
10 C'è una fermata della metropolitana e un posteggio di taxi a pochi metri.
11 Vi arrivano anche parecchie linee di autobus,
12 e c'è un grande parcheggio sotterraneo a cento metri.
13 In terzo luogo sembra incredibilmente poco caro!
14 – Aprezzo molto la tua analisi, ma credo che quest'ultimo punto debba [4] essere esaminato molto attentamente!
15 Un affare così allettante suscita i miei dubbi! □

Note

4 **debba**, *[qu'il] doive* ; la conjugaison complète du présent du subjonctif du verbe **dovere**, *devoir*, vous est proposée en fin d'ouvrage, au sein de l'appendice grammatical.

***

Esercizio 1 – Traducete

❶ Credo che il progetto della nuova sede debba essere studiato molto attentamente. ❷ Mi sembra che ci siano molti aspetti positivi. ❸ È molto centrale, è molto funzionale, e c'è una fermata della metropolitana a qualche metro. ❹ Pare che ci sia anche un grande parcheggio sotterraneo. ❺ Perché è così poco caro?

9 Deuxièmement *(en deuxième lieu)* **le quartier : très central, un endroit vivant et agréable.**

10 **Il y a une station** *(un arrêt)* **de métro et une station de taxi à quelques mètres.**

11 **Il est desservi** *(y arrivent)* **également par plusieurs lignes d'autobus**

12 **et il y a un grand parking souterrain à cent mètres.**

13 **Troisièmement** *(en troisième lieu)*, **ces locaux semblent** *(il semble)* **incroyablement peu chers !**

14 – **J'apprécie beaucoup ton analyse, mais je crois que ce dernier point doit** *(doive)* **être examiné très attentivement !**

15 **Une affaire si alléchante a de quoi me faire douter** *(suscite mes doutes)* **!**

***

Corrigé de l'exercice 1

❶ Je crois que le projet du nouveau siège doit être étudié très attentivement. ❷ Il me semble qu'il y a de nombreux aspects positifs. ❸ Il est très central, il est très fonctionnel et il y a une station de métro à quelques mètres. ❹ Il paraît qu'il y a aussi un grand parking souterrain. ❺ Pourquoi est-il si peu cher ?

Esercizio 2 – Completate

❶ As-tu présenté ton nouveau projet à ton chef ?
Hai presentato . . . . progetto . . . . ?

❷ Oui, mais il n'a pas pu le regarder, il n'a pas eu le temps.
Sì, ma . . . . , non . . . . il tempo.

❸ Il paraît qu'on doit déménager dans six mois.
Pare che . . . . traslocare . . . .

❹ Je crois qu'ils ont *(aient)* acheté un appartement dans un quartier très central.
Credo che . . . . comprato . . . . in un quartiere . . . .

79

Settantanovesima lezione

Bisogna che riflettiamo ancora

1 – Sai, Antonio, ho riflettuto parecchio sul progetto di cui abbiamo parlato ieri.
2 Mi chiedo se [1] presenti [2] davvero tanti lati positivi,
3 e se non richieda [3] invece una riflessione più accurata.

Notes

1 Après des questions au style indirect telles que **Mi domando se**, **Mi chiedo se**, *Je me demande si*, etc., le bon usage exige le subjonctif. Mais dans les conversations informelles, comme nous l'avons vu également après des verbes exprimant une opinion, l'indicatif prend souvent la place du subjonctif.

❺ Que *(Qu'en)* penses-tu des prix qu'ils m'ont donnés ? Ils me semblent très peu chers.
. . . . dei prezzi che mi . . . . ? Mi sembrano . . . .

Corrigé de l'exercice 2

❶ – il tuo nuovo – al tuo capo ❷ – non ha potuto guardarlo – ha avuto – ❸ – si debba – tra sei mesi ❹ – abbiano – una casa – molto centrale ❺ Che ne pensi – hanno dato – molto poco cari

Deuxième vague : 29e leçon

79

Soixante-dix-neuvième leçon

Il faut que nous réfléchissions davantage *(encore)*

1 – Tu sais, Antonio, j'ai beaucoup réfléchi au projet dont nous avons parlé hier.
2 Je me demande s'il présente réellement tant d'aspects *(côtés)* positifs,
3 et s'il ne requiert *(requière)* pas, contrairement [à ce que je pensais], une réflexion plus approfondie *(soignée)*.

2 **presenti** (litt. "qu'il présente"), est le subjonctif présent du verbe **presentare**, *présenter*, du 1er groupe. Les terminaisons des verbes du 1er groupe au présent du subjonctif sont **-i**, **-i**, **-i**, **-iamo**, **-iate**, **-ino**.

3 **richieda**, *qu'il requière* est le subjonctif présent du verbe du 2e groupe, **richiedere**, *requérir*. Les terminaisons des verbes du 2e groupe au présent du subjonctif sont **-a**, **-a**, **-a**, **-iamo**, **-iate**, **-ano**.

4 Insomma mi domando se questo contratto non sia una trappola per sprovveduti!
5 La mia diffidenza è stata risvegliata innanzitutto dal costo, eccessivamente basso per il quartiere:
6 non mi sembra molto rassicurante, anzi, mi sembra piuttosto preoccupante!
7 Bisogna [4] veramente che si chiarisca [5] al più presto questo punto.
8 Mi ripeto: sarò eccessivamente prudente,
9 ma temo che ci siano brutte sorprese in vista.
10 Sono un po' perplesso anche rispetto alla posizione:
11 sai, non sono convinto che gli uffici e gli edifici pubblici debbano sempre essere in centro,
12 oltre al fatto che l'accesso in macchina è estremamente complesso e che i mezzi pubblici spesso scarseggiano,
13 trovo che un così grande afflusso di impiegati stravolge la vita di quartiere.
14 Sono invece totalmente d'accordo con te: questo edificio è veramente molto funzionale! □

Notes

4 Nous avons déjà rencontré **bisogna**, *il faut*, suivi d'un verbe à l'infinitif (leçon 72, note 2). Le voici dans un autre contexte, accompagné d'un verbe au subjonctif. Retenez bien cette règle : **bisogna** peut être suivi d'un verbe à l'infinitif ou au subjonctif, jamais d'un verbe à l'indicatif.

5 **chiarisca**, *qu'on éclaircisse*, est le subjonctif présent du verbe du 3e groupe **chiarire**, *éclaircir*. Les terminaisons des verbes du 3e groupe au présent du subjonctif sont **-a**, **-a**, **-a**, **-iamo**, **-iate**, **-ano**.

4 Bref, je me demande si ce contrat n'est *(soit)* pas un miroir aux alouettes *(un piège pour des naïfs)* !

5 C'est le prix excessivement bas pour le quartier qui a tout d'abord éveillé ma méfiance *(Ma méfiance a été éveillée tout d'abord par le prix excessivement bas)* :

6 cela ne me semble pas très rassurant, au contraire, cela me semble plutôt inquiétant !

7 il faut vraiment qu'on éclaircisse ce point au plus vite.

8 Je me répète : je suis peut-être *(Serai)* excessivement prudent,

9 mais je crains que de mauvaises surprises nous attendent *(qu'il y ait de mauvaises surprises en vue)*.

10 Je suis un peu perplexe aussi quant à sa *(la)* situation *(position)* [géographique] :

11 tu sais, je ne suis pas persuadé que les bureaux et les bâtiments publics doivent toujours se trouver *(être)* au centre[-ville],

12 outre le fait que l'accès [y] est extrêmement difficile en voiture et que, souvent, les transports en commun ne sont pas suffisants,

13 je trouve qu'une si grande concentration *(afflux)* d'employés dénature la vie du quartier.

14 Je suis, en revanche, totalement d'accord avec toi : cet immeuble est vraiment d'une grande fonctionnalité !

Esercizio 1 – Traducete

❶ Mi chiedo se non ci siano brutte sorprese in vista. ❷ Non sono d'accordo con Lei, questo edificio non mi pare così funzionale. ❸ Bisogna che tu chiarisca questi punti. ❹ Mi pare che Giulio sia eccessivamente prudente. ❺ Mi chiedo quali siano gli aspetti del progetto che risvegliano la sua diffidenza.

***

Esercizio 2 – Completate

❶ C'est la dame dont je t'ai parlé hier. Il me semble qu'elle est *(soit)* très sympathique.
. la signora . . . . . ti . . . . ieri. Mi sembra che . . . .

❷ Il faut que tu finisses ce travail d'ici demain matin.
. . . . che tu . . . . questo lavoro . . . . . domani mattina.

❸ Il semblerait que l'accès au centre[-ville] soit très difficile en voiture.
. . . . che l'accesso . . . . molto difficile in macchina.

80 Ottantesima lezione

È ora di discutere

1 – Giulio è convinto che io sia la persona più sbadata dell'universo,
2 che non pensi mai a quello che può succedere…
3 Lui è sempre preoccupato di tutto, sempre ansioso!
4 Non ho ancora firmato per l'acquisto della mia nuova macchina,

Corrigé de l'exercice 1

❶ Je me demande s'il n'y a pas de mauvaises surprises en vue. ❷ Je ne suis pas d'accord avec vous, ce bâtiment ne me semble pas si fonctionnel. ❸ Il faut que tu éclaircisses ces points. ❹ Il me semble que Giulio est excessivement prudent. ❺ Je me demande quels sont les aspects du projet qui éveillent sa méfiance.

***

❹ **Il me semble qu'ils n'ont** *(n'aient)* **pas envie de venir au cinéma avec nous.**
Mi sembra che . . . . di venire al cinema . . . .

❺ **Je ne sais pas pourquoi ils n'ont pas encore signé le contrat. Il paraît qu'ils réfléchissent encore.**
. . . . . perché non . . . . il contratto. Pare che . . . . ancora.

Corrigé de l'exercice 2

❶ È – di cui – ho parlato – sia molto simpatica ❷ Bisogna – finisca – entro – ❸ Sembrerebbe – in centro sia – ❹ – non abbiano voglia – con noi ❺ Non so – hanno ancora firmato – riflettano –

Deuxième vague : 30e leçon

80

Quatre-vingtième leçon

Il est temps *(c'est l'heure)* de discuter

1 – Giulio est convaincu que je suis *(je sois)* **la personne la plus étourdie de l'univers,**
2 que je ne pense jamais à ce qui peut arriver…
3 Il est toujours inquiet pour *(de)* **tout, toujours anxieux !**
4 Je n'ai pas encore signé pour l'achat de ma nouvelle voiture,

5 e già mi ha detto che avrei dovuto [1] riflettere di più, scegliere meglio...
6 Dice che avrei dovuto preoccuparmi del consumo della benzina,
7 della robustezza della carrozzeria, del costo dei pezzi di ricambio...
8 Mi fa veramente innervosire! Mi considera incapace e pasticciona!
9 – Forse pensava che tu avessi [2] troppa fretta e che ti impelagassi in un acquisto avventato !
10 – Dovrei dirgli che ho avuto troppa fretta quando ho accettato di sposarlo!
11 – Mi sembri proprio di cattivo umore!
12 – Le sue critiche sono così ingiuste! Non sopporto che sia così diffidente!
13 Potrei criticarlo anch'io a lungo, se volessi [3]...
14 Se non gli volessi bene, potrei fornire un lunghissimo elenco dei suoi difetti!
15 – Forse è ora che [4] discutiate un po' tutti e due... □

Notes

1 **avrei dovuto**, *j'aurais dû* : tout comme en français, le conditionnel a deux temps en italien, le présent et le passé, que vous découvrez ici. Il se forme avec le présent du conditionnel de l'auxiliaire, que l'on fait suivre du participe passé du verbe en question : **sarei venuto**, *je serais venu*.

2 **che tu avessi**, *que tu eusses*, est l'imparfait du subjonctif du verbe **avere**, *avoir* (voyez la leçon de révision pour en savoir plus sur la transformation de ce temps). Il est indispensable ici car la phrase principale comporte un verbe exprimant une opinion, conjugué au passé (imparfait). Toutefois, comme nous le soulignions plus tôt, dans le langage familier, vous entendrez assez couramment **avevi** (imparfait de l'indicatif).

5 et déjà il m'a dit que j'aurais dû réfléchir davantage, choisir mieux...
6 Il dit que j'aurais dû m'inquiéter de la consommation d'essence,
7 de la solidité de la carrosserie, du prix des pièces détachées...
8 Il m'énerve *(il me fait énerver)* vraiment ! Il me considère incapable et brouillonne !
9 – Il pensait peut-être que tu étais *(que tu eusses trop de hâte)* trop pressée et que tu t'engages dans un achat irréfléchi !
10 – Je devrais lui dire que j'ai été trop pressée *(que j'ai eu trop de hâte)* quand j'ai accepté de l'épouser !
11 – Tu m'as l'air *(me sembles)* vraiment de mauvaise humeur !
12 – Ses critiques sont tellement injustes ! Je ne supporte pas qu'il soit si méfiant !
13 Je pourrais le critiquer moi aussi longuement, si je voulais *(si je voulusse)*...
14 Si je ne l'aimais pas *(je ne lui voulais pas bien)*, je pourrais fournir une très longue liste de ses défauts !
15 – Il est peut-être temps *(c'est l'heure)* que vous discutiez un peu, tous les deux...

3 Voici un autre cas de figure où la grammaire italienne impose l'emploi de l'imparfait du subjonctif : dans les phrases hypothétiques (c'est-à-dire commençant par **se**, *si*) dépendant d'une phrase dont le verbe principal est au conditionnel : **Partirei subito, se potessi**, *Je partirais tout de suite, si je pouvais* (litt. "je pusse").

4 L'emploi du subjonctif est nécessaire également après un certain nombre d'expressions, comme **è ora che**, *il est temps que*. Nous en verrons d'autres au cours des prochaines leçons.

Esercizio 1 – Traducete

❶ Riccardo mi ha detto che avrebbe voluto un cane, ma sua madre gli ha detto di no. ❷ Se tu riflettessi di più, Riccardo, prima di fare delle sciocchezze! ❸ È ora che parliamo un po', non credi, Giulio? ❹ Oggi i bambini sono stati terribili, mi hanno fatto proprio innervosire. ❺ Carlo crede che io sia sbadatissima. Ma non è vero!

Esercizio 2 – Completate

❶ Je viens d'acheter une nouvelle voiture et je me demande si je n'aurais pas dû attendre davantage.
. . . . una nuova macchina e mi chiedo se . . . . di più.

❷ Tu devrais lui *(à Maria)* dire que nous ne sommes pas pressés *(nous n'avons pas de hâte)*.
. . . . che non . . . .

❸ Giulio est très prudent. Il dit qu'on ne sait jamais ce qui peut arriver.
Giulio è molto . . . . Dice che . . . . mai . . . .

❹ Si tu voulais, Riccardo, tu pourrais faire bien davantage.
. . . . , Riccardo, ... molto di più.

❺ Aujourd'hui Paolo me semble vraiment de mauvaise humeur. Ne le critique pas !
. . . . Paolo mi sembra . . . . di . . . .
Non . . . . !

Corrigé de l'exercice 1

❶ Riccardo m'a dit qu'il aurait voulu un chien, mais sa mère lui a dit non. ❷ Si tu réfléchissais davantage, Riccardo, avant de faire des bêtises ! ❸ Il est temps de parler un peu, tu ne crois pas, Giulio ? ❹ Aujourd'hui les enfants ont été terribles, ils m'ont bien énervé(e). ❺ Carlo croit que je suis très étourdie. Mais ce n'est pas vrai !

Corrigé de l'exercice 2

❶ Ho appena comprato – non avrei dovuto aspettare – ❷ Dovresti dirle – abbiamo fretta ❸ – prudente – non si sa – quello che può succedere ❹ Se tu volessi – potresti fare – ❺ Oggi – proprio – cattivo umore – lo criticare

Deuxième vague : 31e leçon

Ottantunesima lezione

Resti in linea!

1 – Pronto!
2 – Buongiorno, sono il Dottor Balbi,
3 vorrei parlare con la Dottoressa [1] D'Amico, per favore.
4 – Mi dispiace, la Dottoressa è appena andata via [2].
5 – Peccato! Dovrei parlarLe con una certa urgenza!
6 Saprebbe [3] dirmi quando posso trovarla?
7 – Provi a richiamare tra un'ora,
8 mi ha detto che sarebbe tornata [4] per le due.
9 – Va bene [5], riproverò. La ringrazio, a più tardi! (...)

Notes

1 Le féminin de certains titres se forme en ajoutant le suffixe **-essa** au mot masculin. Les plus répandus sont assurément **Dottoressa**, *Madame (le Docteur)*, et **Professoressa**, *Madame (le Professeur)*. En français, les deux termes se traduiraient par *Madame*. Cependant, n'oubliez pas qu'en Italie, toute personne ayant un titre universitaire a le droit d'être appelée Docteur. Si vous deviez vous adresser à une femme possédant un titre d'architecte, d'ingénieur, d'avocat ou autre, **Dottoressa** serait donc de mise.

2 **andar via** traduit le verbe français *partir*, mais uniquement dans le sens de *s'éloigner*, *sortir*. Le verbe **partire** ne peut être utilisé que lorsqu'il s'agit d'un départ en voyage : **Paolo è partito per l'Inghilterra**, *Paolo est parti pour l'Angleterre*. Dans tous les autres cas, il faudra utiliser **uscire**, **andar via**, **andare** ; *Elle est partie faire des achats* : **È andata a fare delle spese**, ou **È uscita per fare delle spese**.

Quatre-vingt-unième leçon

Ne quittez pas *(Qu'elle reste en ligne)* **!**

1 – Allô !
2 – Bonjour, Monsieur *(je suis le docteur)* Balbi [au téléphone].
3 Je voudrais parler avec Madame *(la doctoresse)* D'Amico, s'il vous plaît.
4 – Je suis désolée, Madame *(la doctoresse)* [d'Amico] vient de partir.
5 – Dommage ! Je dois lui parler assez rapidement *(avec une certaine urgence)* !
6 Pourriez-vous *(saurait-elle)* me dire quand je peux la joindre *(trouver)* ?
7 – Essayez *(Essaye)* de rappeler dans une heure,
8 elle m'a dit qu'elle rentrerait *(qu'elle serait rentrée)* pour *(les)* deux heures.
9 – D'accord, je vais réessayer. Je vous remercie, à plus tard ! (...)

3 **saprebbe**, *elle saurait* : le présent du conditionnel du verbe **sapere**, *savoir*, présente l'irrégularité de perdre le **e** du suffixe (**saprebbe** au lieu de ***saperebbe**, voir l'appendice grammatical).

4 Voici une des rarissimes discordances entre la concordance des temps en italien et en français. Lorsqu'on parle au passé, et que l'on mentionne un événement qui ne s'est pas encore produit, on recourt obligatoirement au passé du conditionnel, et non au présent comme en français : **Ieri Carlo mi diceva che sarebbero partiti tra una settimana**, *Hier Carlo me disait qu'ils partiraient* (litt. "seraient partis") *dans une semaine*.

5 **va bene**, *d'accord* ; nous aurions pu dire également **d'accordo** ; ces deux expressions sont parfaitement équivalentes dans ce type de contexte.

10 – Buongiorno, sono di nuovo il Dottor Balbi.
11 – Ah, sì, mi dispiace molto, ma la Dottoressa non è ancora rientrata dal pranzo.
12 – Purtroppo sono costretto ad assentarmi anche io,
13 non credo che potrò richiamarla nel pomeriggio. Posso lasciarle un messaggio?
14 – Certo, dica pure [6]...
15 – Dovrei parlarLe al più presto del miglioramento delle polizze delle assicurazioni abitazione
16 e in particolare dei danni provocati dagli incendi.
17 – Benissimo, ho preso nota di tutto... Ah, eccola di ritorno, resti in linea, Glielo passo! □

Note

6 **dica pure**, *dites-moi* ; **pure**, qui a habituellement le sens de **aussi** donne ici à la phrase une intonation courtoise. Cet emploi particulier de **pure** se rencontre dans beaucoup d'autres expressions, telles que **entri pure**, *entrez (donc)* ; **vada pure**, *allez, (je vous en prie)* ; **si accomodi pure**, *installez-vous, (je vous en prie)*, etc.

***

Esercizio 1 – Traducete

❶ Pronto, buongiorno, vorrei parlare col Dottor Balbi, per favore. ❷ Glielo passo subito, resti in linea. ❸ Saprebbe dirmi quando posso trovare Suo marito? ❹ La Dottoressa Balbi non è in ufficio in questo momento. ❺ Le dica, per favore, che proverò a richiamarla domani mattina.

10 – Bonjour, c'est à nouveau Monsieur Balbi.
11 – Ah, oui, je suis vraiment désolée, mais Madame *(la doctoresse)* [d'Amico] n'est pas encore rentrée de *(du)* déjeuner.
12 – Malheureusement je suis obligé de m'absenter moi aussi,
13 je ne crois pas que je pourrai la rappeler dans l'après-midi. Puis-je lui laisser un message ?
14 – Certainement, dites-moi *(qu'elle dise aussi)*...
15 – Je dois lui parler au plus vite de l'amélioration des contrats d'assurance logement
16 et en particulier des dommages causés par les incendies.
17 – Très bien, j'ai pris note de tout... Ah, la voilà *(de retour)*, ne quittez pas, je vous la passe !

***

Corrigé de l'exercice 1

❶ Allô, bonjour, je voudrais parler à Monsieur Balbi, s'il vous plaît. ❷ Je vous le passe tout de suite, ne quittez pas. ❸ Pourriez-vous me dire quand je peux joindre votre mari ? ❹ Madame Balbi n'est pas dans son bureau en ce moment. ❺ Dites-lui, s'il vous plaît, que j'essaierai de la rappeler demain matin.

Esercizio 2 – Completate

❶ Madame *(la doctoresse)* D'Amico vient de partir, mais elle sera dans son bureau cet après-midi.
. . . . D'Amico è . . . . , ma
. . . . in ufficio questo . . . .

❷ Pouvez-vous dire à Monsieur *(le docteur)* Balbi que je suis obligé de m'absenter toute la matinée ?
. . . . al . . . . . . Balbi che . . . . ad
. . . . tutta la mattinata?

❸ Paolo m'a dit qu'ils rentreraient ce soir seulement.
Paolo . . . . che . . . .
solamente stasera.

82

Ottantaduesima lezione

Mi faresti un favore [1]?

1 – Amore [2] mi faresti una grandissima cortesia?
2 – Ma certo, tesoro, se me lo domandi così non posso resistere!
3 Cosa posso fare per te?
4 – Non ho più niente da leggere, mi compreresti "La Repubblica" tornando [3] dall'ufficio?

Notes

1 **favore**, *faveur*, et **cortesia**, *courtoisie*, sont parfaitement interchangeables dans ce type d'expression. Ils n'impliquent aucune différence de sens ou de style.

2 Observez l'absence de l'adjectif possessif dans les expressions de tendresse : **amore**, *[mon] amour* ; **cara**, *[ma] chérie*, etc.

❹ Ils auraient pu nous le dire avant.
. . . . potuto . . . . prima.

❺ J'étais sûre que tu lui raconterais tout !
. . . sicura che le . . . . tutto!

Corrigé de l'exercice 2
❶ La Dottoressa – appena andata via – sarà – pomeriggio ❷ Può dire – Dottor – sono costretto – assentarmi – ❸ – mi ha detto – sarebbero tornati – ❹ Avrebbero – dircelo – ❺ Ero – avresti raccontato –

Deuxième vague : 32e leçon

82

Quatre-vingt-deuxième leçon

Tu pourrais me rendre un service *(Me ferais-tu une faveur)* ?

1 – Mon amour, me rendrais-tu un très grand service *(ferais-tu une très grande courtoisie)* ?
2 – Mais bien sûr, mon trésor, si tu me le demandes comme ça, je ne peux pas résister !
3 Que puis-je faire pour toi ?
4 – Je n'ai plus rien à lire, m'achèterais-tu "La Repubblica" en rentrant du bureau ?

3 À la place de **tornando**, *en rentrant*, nous aurions pu dire **quando torni dall'ufficio**, *quand tu rentres du bureau*. Comme en français, le gérondif peut être utilisé dans des phrases temporelles. Attention, toutefois, aucune préposition ne précède le gérondif en italien.

5 – Come no! Solo questo? E un libro, un romanzo, non ti farebbe piacere?
6 – No grazie, se non ti secca, potresti comprare anche un giornalino [4] per i bambini?
7 E magari [5] anche l'ultima puntata dei loro fumetti, sai per la loro preziosa collezione...
8 – Ma senz'altro!
9 – E se, per caso, ti trovassi [6] in un momento di gentilezza estrema,
10 potresti comprare anche una rivista per tua suocera?
11 – Ma certo, mia diletta [7], non c'è nessun problema!
12 E potrei anche aggiungere un fascio di fiori per il mio angelo adorato!
13 – Dai, Carlo, è inutile portarla per le lunghe [8]!
14 Hai ancora qualcosa da farti perdonare?
15 Che cosa vuoi chiedermi in cambio? □

Notes

4 **un giornalino** n'est pas un "petit journal", mais *une publication pour enfants !* vous voilà donc face à un nouveau diminutif très particulier !

5 **magari**, *peut-être* ; vous rappelez-vous de ce mot un peu particulier que nous avons rencontré en leçon 45 ? Voici encore un exemple de son utilisation, à bien retenir !

6 **trovassi** (litt. "que trouvasses") ; voici encore un imparfait du subjonctif, issu du verbe **trovare**, *trouver*, verbe du 1er groupe (sa conjugaison complète se trouve en leçon de révision).

7 **mia diletta**, *ma bien-aimée* ; vous avez parfaitement saisi le ton un peu moqueur de cet échange ! Voilà ce qui explique l'emploi de cet adjectif, **diletto(a)**, *bien-aimé(e)* que vous retrouverez dans les airs d'opéra uniquement !

5 – Mais certainement *(comment non)* ! C'est tout *(Seulement ceci)* ? Et un livre, un roman, [cela] ne te ferait pas plaisir ?

6 – Non, merci ! Si cela ne t'ennuie pas, pourrais-tu acheter aussi un journal pour les enfants ?

7 Et peut-être aussi le dernier numéro de leur bande dessinée, tu sais pour leur précieuse collection…

8 – Mais bien évidemment !

9 – Et si, par hasard, tu te trouvais *(que te trouvasses)* dans un moment de gentillesse extrême,

10 pourrais-tu acheter aussi une revue pour ta belle-mère ?

11 – Mais certainement, ma bien-aimée, il n'y a aucun problème !

12 Et je pourrais même ajouter un bouquet de fleurs pour mon ange adoré !

13 – Allez, Carlo, il est inutile de tourner autour du pot *(l'amener pour les longues)* !

14 As-tu encore quelque chose à te faire pardonner ?

15 Que veux-tu me demander en échange ?

8 **portarla per le lunghe** est une expression idiomatique qui traduit parfaitement *tourner autour du pot*. Attention, n'essayez pas de traduire mot à mot "tourner autour du pot" en italien… on ne vous comprendrait pas !

Esercizio 1 – Traducete

❶ Prego, Signora, dica pure, che cosa posso fare per Lei? ❷ Tornando dall'ufficio potresti comprare il pane, per favore? ❸ Se non vi secca, potreste lasciare la finestra aperta per cortesia? ❹ Papà, non mi hai ancora comprato i miei giornalini di questa settimana! ❺ Dimmi, amore, cosa posso fare per far piacere a mia suocera?

***

Esercizio 2 – Completate

❶ Ils ont eu un petit accident sur l'autoroute, en rentrant de Milan.
. . . . un piccolo incidente
. . . . , ... da Milano.

❷ Ma chérie, pourrais-tu me montrer le dernier numéro de la revue de psychologie ?
. . . . , potresti . . . . l'ultimo numero . . . . .
. . . . di psicologia?

❸ Allez, Luca, inutile de tourner autour du pot ! Qu'as-tu fait encore ?
. . . Luca, è inutile . . . . ! Che
. . . . ancora?

La Repubblica *est un des quotidiens les plus vendus en Italie. Parmi les plus anciens,* **Il Messaggero** *de Rome, était déjà très populaire en 1880, et vendait le chiffre extraordinaire de 20 000 exemplaires par jour. Cet exploit n'était possible qu'au prix d'un langage et d'un contenu très simple, quasi enfantins. Les autres journaux de l'époque étaient, en effet, des publications concernant des domaines très particuliers de la vie culturelle, notamment la politique et la littérature ; ils étaient très spécialisés et, de ce fait, étaient destinés à un public très averti et très restreint. Dès les premières années du XX*e *siècle, toutefois, la situation économique et sociale de l'Italie commence à*

Corrigé de l'exercice 1

❶ Je vous en prie, Madame, dites-moi, que puis-je faire pour vous ? ❷ En rentrant du bureau, pourrais-tu acheter le pain, s'il te plaît ? ❸ Si cela ne vous ennuie pas, pourriez-vous laisser la fenêtre ouverte, s'il vous plaît ? ❹ Papa, tu ne m'as pas encore acheté mes journaux de cette semaine ! ❺ Dis-moi, mon amour, que puis-je faire pour faire plaisir à ma belle-mère ?

***

❹ **Il n'y a aucun problème, Madame ! Nous pourrons faire tout ce que vous demandez !**
. . . . . , Signora! . . . . fare tutto quello che Lei . . . . !

❺ **Luca m'a donné son ballon et il m'a demandé en échange mon maillot de la Roma.**
Luca . . . . suo pallone, e . . . . la maglietta . . . . . Roma.

Corrigé de l'exercice 2

❶ Hanno avuto – sull'autostrada, tornando –❷ Cara – mostrarmi – della rivista – ❸ Dai – portarla per le lunghe – hai fatto – ❹ Non c'è nessun problema – Potremo – domanda ❺ – mi ha dato il – mi ha chiesto in cambio – della –

s'améliorer, le niveau de vie s'élève considérablement, et permet à un nombre grandissant d'Italiens, un accès à l'école et à la culture. Au cours de cette même période, naissent les grands journaux d'aujourd'hui, parmi lesquels ***La Stampa*** *(litt. "la Presse"), de Turin, et* ***Il Corriere della Sera*** *de Milan. Signalons également* ***Il Sole 24 Ore****, journal de référence en matière d'économie. Parmi les hebdomadaires les plus diffusés,* ***L'Espresso*** *et* ***Panorama****.*

Deuxième vague : 33e leçon

Ottantatreesima lezione

I capricci del tempo

1 – Se sabato ci fosse [1] un po' di sole, potremmo andare al mare,
2 che ne dici, Giorgio?
3 – Volentieri, ma non ci conterei molto, sono tre giorni che non smette di piovere!
4 – Proprio per questo! Sarebbe ora che la finisse [2]!
5 – Non vorrei smorzare le tue aspettative e farti dire che sono il solito pessimista,
6 ma ho guardato il meteo [3], le previsioni non sono promettenti!
7 Prevedono molte nuvole, qualche sporadica schiarita e forti rischi di temporali!
8 E addirittura possibilità di grandine!
9 – Ma potrebbero sbagliarsi! La meteorologia non è una scienza esatta!
10 – Comunque a me basta che non faccia freddo e che non ci sia troppo vento,
11 anche se il cielo è un po' grigio, non importa.

Notes

1 **se sabato ci fosse un po' di sole**, *si samedi il y avait un peu de soleil* ; dans toute phrase hypothétique commençant par **se**, *si*, là où le français emploie un imparfait de l'indicatif, l'italien exige un imparfait du subjonctif. S'il est vrai que le présent du subjonctif peut être remplacé dans la langue parlée par le présent de l'indicatif, il n'en est pas de même pour l'imparfait : celui-ci tient bon. Courage donc, et rendez-vous en leçon de révision pour explorer davantage la conjugaison de l'imparfait du subjonctif de **essere**, *être*.

Quatre-vingt-troisième leçon

Les caprices du temps

1 – Si samedi il y avait *(y fût)* un peu de soleil, nous pourrions aller à la mer,
2 qu'en dis-tu Giorgio ?
3 – Volontiers, mais je n'y compterais pas trop *(beaucoup)*, cela fait *(sont)* trois jours qu'il ne cesse de pleuvoir !
4 – C'est bien *(Exactement)* pour cela ! Il serait temps *(heure)* que ça s'arrête *(l'arrêtât)* !
5 – Je ne voudrais pas refroidir *(éteindre)* tes attentes et te faire dire que je suis toujours pessimiste *(le pessimiste habituel)*,
6 mais j'ai regardé la météo, les prévisions ne promettent rien de bon *(ne sont pas prometteuses)* !
7 Ils prévoient beaucoup de nuages, quelques rares éclaircies et de forts risques d'orage !
8 Et même [une] possible *(possibilité de)* grêle !
9 – Mais ils pourraient se tromper ! La météorologie n'est pas une science exacte !
10 – De toute façon, [moi], il me suffit qu'il ne fasse pas froid et qu'il n'y ait pas trop de vent,
11 même si le ciel est un peu gris, ça n'a pas d'importance *(n'importe)* !

2 che **finisse**, *qu'il s'arrête* ; dans ce type de contexte, nous pouvons employer indifféremment **finire**, ou **smettere** avec le sens de *arrêter*. Retrouvez la conjugaison de l'imparfait du subjonctif des verbes du 3e groupe en leçon de révision.

3 **il meteo**, *la météo* ; attention, la météo devient en italien **il meteo** ! En effet il s'agit de la contraction de l'expression : **il bollettino meteorologico**, *le bulletin météorologique* !

12 – Sono d'accordo. Ti ricordi la crociera nel mediterraneo di tre anni fa?
13 Eravamo sicuri che avremmo avuto [4] un caldo terribile,
14 che avremmo dovuto utilizzare chili di creme solari,
15 e invece abbiamo avuto freddo tutta la settimana.
16 – E ci siamo anche bagnati tutta la settimana!
17 – E invece l'anno successivo, in montagna, c'era un sole che spaccava le pietre [5]! □

Notes

4 **eravamo sicuri che avremmo avuto**, *nous étions sûrs d'avoir* (litt. "que nous aurions eu") : nous avons vu en leçon 81 que dans ce type de phrases, impliquant l'idée d'un futur dans le passé, l'utilisation du conditionnel passé est impérative.

5 **un sole che spaccava le pietre** (litt. "un soleil qui fendait les pierres"), *un soleil de plomb*, est une expression idiomatique fréquemment utilisée en Italie.

***

Esercizio 1 – Traducete

❶ Se mamma fosse d'accordo, prenderei un enorme gelato al cioccolato con la panna. ❷ Pensavamo che sarebbero restati al mare fino alla sera. ❸ L'anno scorso c'era un sole che spaccava le pietre. ❹ Ha fatto freddo e ha piovuto tutto il giorno. ❺ Se avessi tempo, farei una crociera di sei mesi.

12 – Je suis d'accord avec toi. Tu te souviens de la croisière en Méditerranée d'il y a trois ans ?
13 Nous étions sûrs d'avoir *(que nous aurions eu)* une chaleur terrible,
14 de devoir utiliser *(que nous aurions dû utiliser)* des kilos de crème solaire,
15 *(et)* pourtant, nous avons eu froid toute la semaine.
16 – et nous nous sommes aussi [fait] mouiller *(mouillés)* toute la semaine !
17 – Et en revanche, l'année suivante, à la *(en)* montagne, il y avait un soleil de plomb *(qui fendait les pierres)* !

***

Corrigé de l'exercice 1

❶ Si maman était d'accord, je prendrais une énorme glace au chocolat avec de la crème. ❷ Nous pensions qu'ils resteraient à la mer jusqu'au soir. ❸ L'année dernière, il y avait un soleil de plomb. ❹ Il a fait froid et il a plu toute la journée. ❺ Si j'avais le temps, je ferais une croisière de six mois.

Esercizio 2 – Completate

❶ Je n'en peux plus ! Il pleut depuis une semaine !
Non . . . . più! . . . . una settimana!

❷ J'aime le ciel gris, je ne supporte pas la chaleur !
. . . . il cielo . . . . . . , non sopporto . . . . !

❸ Je ne suis pas d'accord avec toi, ce projet pourrait être très intéressant !
Non . . . . con . . , questo progetto
. . . . molto . . . . !

❹ Si j'avais su que Carla était à la fête, je serais certainement venu !
Se . . . . che Carla . . . alla festa, ...
. . . . . . certamente!

84

Ottantaquattresima lezione

Revisione – Révision

1 Le subjonctif

1.1 Emploi

• Le subjonctif est le mode de l'irréel et de la subjectivité. On l'utilise :
– après les verbes qui expriment une opinion, tels que **credo che**, *je crois que* ; **penso che**, *je pense que*, etc.
– après une question au style indirect, telle que **mi chiedo se**, *je me demande si*.
– après **bisogna che**, *il faut que, j'ai besoin que*.
– après des expressions telles que **è ora che**, *il est temps que* ; **è possibile che**, *il est possible que* ; **è probabile que**, *il est probable que* ; **è inutile che**, *il est inutile que* ; **è utile che**, *il est utile que*, etc.

• Le subjonctif se conjugue au présent, à l'imparfait, au parfait et au plus-que-parfait. Le choix d'un temps plutôt que d'un autre dépend, évidemment, de la phrase dans laquelle les verbes

❺ Si je n'avais pas peur de grossir, je mangerais des gâteaux tous les jours.
Se non . . . . . . paura di ingrassare, ... dei . . . . i giorni.

Corrigé de l'exercice 2
❶ – ne posso – piove da – ❷ mi piace – grigio – il caldo ❸ – sono d'accordo – te – potrebbe essere – interessante ❹ – avessi saputo – era – sarei venuto – ❺ – avessi – mangerei – dolci tutti –

Deuxième vague : 34e leçon

84

Quatre-vingt-quatrième leçon

apparaissent et de la concordance des temps que l'on doit y appliquer. Nous y reviendrons très prochainement, et vous aurez l'occasion d'appronfondir les usages des temps du subjonctif lorsque vous étudierez le *Perfectionnement Italien*.

1.2 Le subjonctif présent

• Les conjugaisons régulières

Le radical des conjugaisons régulières est le radical de l'infinitif. Quant aux terminaisons, elles sont différentes selon le groupe auquel le verbe appartient, comme vous pouvez le constater :

– 1er groupe, **arrivare**, *arriver*

(che) io arriv-i	*que j'arrive*
(che) tu arriv-i	*que tu arrives*
(che) lui/lei arriv-i	*qu'il/elle arrive*
(che) noi arriv-iamo	*que nous arrivions*
(che) voi arriv-iate	*que vous arriviez*
(che) loro arriv-ino	*qu'ils arrivent*

– 2e groupe, **chiedere**, *demander*

(che) io chied-a	*que je demande*
(che) tu chied-a	*que tu demandes*
(che) lui/ lei chied-a	*qu'il/elle demande*
(che) noi chied-iamo	*que nous demandions*
(che) voi chied-iate	*que vous demandiez*
(che) loro chied-ano	*qu'ils/elles demandent*

– 3e groupe, **partire**, *partir*

(che) io part-a	*que je parte*
(che) tu part-a	*que tu partes*
(che) lui/lei part-a	*qu'il/elle parte*
(che) noi part-iamo	*que nous partions*
(che) voi part-iate	*que vous partiez*
(che) loro part-ano	*qu'ils/elles partent*

• **Les auxiliaires**

– **avere**, *avoir*

(che) io abbia	*que j'aie*
(che) tu abbia	*que tu aies*
(che) lui/lei abbia	*qu'il/elle ait*
(che) noi abbiamo	*que nous ayons*
(che) voi abbiate	*que vous ayez*
(che) loro abbiano	*qu'ils/elles aient*

– **essere**, *être*

(che) io sia	*que je sois*
(che) tu sia	*que tu sois*
(che) lui/lei sia	*qu'il/elle soit*
(che) noi siamo	*que nous soyons*
(che) voi siate	*que vous soyez*
(che) loro siano	*qu'ils/elles soient*

1.3 Le subjonctif imparfait

• **Les conjugaisons régulières**

Le radical des verbes réguliers au subjonctif imparfait est le même que celui du subjonctif présent (radical de l'infinitif) ; on y ajoute les terminaisons suivantes :

– 1er groupe, **arrivare**, *arriver*

(che) io arriv-assi	*que j'arrivasse*
(che) tu arriv-assi	*que tu arrivasses*
(che) lui/lei arriv-asse	*qu'il/elle arrivât*
(che) noi arriv-assimo	*que nous arrivassions*
(che) voi arriv-aste	*que vous arrivassiez*
(che) loro arriv-assero	*qu'ils/elles arrivassent*

– 2e groupe : **chiedere**, *demander*

(che) io chied-essi	*que je demandasse*
(che) tu chied-essi	*que tu demandasses*
(che) lui/lei chied-esse	*qu'il/elle demandât*
(che) noi chied-essimo	*que nous demandassions*
(che) voi chied-este	*que vous demandassiez*
(che) loro chied-essero	*qu'ils/elles demandassent*

– 3e groupe : **partire**, *partir*

(che) io part-issi	*que je partisse*
(che) tu part-issi	*que tu partisses*
(che) lui/lei part-isse	*qu'il/elle partît*
(che) noi part-issimo	*que nous partissions*
(che) voi part-iste	*que vous partissiez*
(che) loro part-issero	*qu'ils/elles partissent*

• **Les auxiliaires**

– **avere**, *avoir*

(che) io avessi	*que j'eusse*
(che) tu avessi	*que tu eusses*
(che) lui/lei avesse	*qu'il/elle eût*
(che) noi avessimo	*que nous eussions*
(che) voi aveste	*que vous eussiez*
(che) loro avessero	*qu'ils/elles eussent*

– **essere**, *être*

(che) io fossi	*que je fusse*
(che) tu fossi	*que tu fusses*
(che) lui/lei fosse	*qu'il/elle fût*
(che) noi fossimo	*que nous fussions*
(che) voi foste	*que vous fussiez*
(che) loro fossero	*qu'ils/elles fussent*

2 Le conditionnel passé

2.1 Emploi

Nous l'avons vu en leçon 77, à la différence de son équivalent français, le conditionnel présent italien n'est jamais utilisé pour exprimer un "futur dans le passé". La langue de Dante réserve en effet cet emploi au conditionnel passé : **Pensavo che sarebbe venuto**, *Je pensais qu'il viendrait* (litt. "serait venu").

2.2 Formation

Le conditionnel passé se forme donc ainsi :
Auxiliaire **avere** ou **essere** + le participe passé du verbe au conditionnel.
Ex. : **sarebbe venuto**, *il serait venu*.

3 La place des pronoms personnels avec *potere, dovere, volere* et *sapere*

Lorsqu'un des pronoms personnels **mi**, *me* ; **ti**, *te* ; **lo**, *le* ; **la**, *la* ; **gli**, *lui* ; **ci**, *nous* ; **vi**, *vous* ; **li**, *les* ; **le**, *les* ; **ne**, *en*, accompagne les verbes **potere**, *pouvoir* ; **dovere**, *devoir* ; **volere**, *vouloir* ; **sapere**, *savoir*, suivis d'un autre verbe à l'infinitif :
– soit il précède le groupe verbal,
– soit il suit le groupe verbal.

Observez :
Il giornale? Mi dispiace, ma non posso comprarlo/non lo posso comprare, *Le journal ? Je suis désolé, mais je ne peux pas l'acheter.*
Souvenez-vous bien qu'il ne peut <u>en aucun cas</u> se situer entre les deux verbes.

4 Expressions à retenir

Et vous voilà de nouveau face aux expressions-clés des six leçons précédentes... Retenez-les bien, elles vous aideront à vous sentir à l'aise dans vos conversations en italien !
Vorrei parlare col Dottor Balbi!
La Dottoressa è appena andata via!
Dica pure!
Non lo sopporto!
Mi fa veramente innervosire!

Dialogo di revisione

1 – Dottor Balbi, a me pare che questo progetto sia molto buono,
2 avremmo una sede vicina ad un parcheggio, ci sono degli autobus e la metropolitana.
3 – Sì, certo, ma mi chiedo se sia veramente così interessante;
4 penso che si debba riflettere molto e bisogna che si chiarisca il problema del costo.
5 – Dottor Balbi, c'è Sua moglie in linea.
6 – Me la passi pure, grazie.
7 – Giulio, ho appena firmato per la mia nuova macchina...
8 – Ma Ida, ti avevo detto che avresti dovuto riflettere ancora e scegliere con più calma.
9 – Non ti sopporto, Giulio, trovi sempre che io abbia troppa fretta.
10 – Ma no, amore, non volevo criticarti...
11 A proposito, ti volevo dire che se sabato ci fosse un po' di sole,
12 potremmo fare un salto al mare!

Traduction
1 Monsieur Balbi, il me semble que ce projet est *(soit)* très bon, **2** nous aurions un siège près d'un parking, il y a des autobus et le métro. **3** Oui, bien sûr, mais je me demande si c'est *(soit)* vraiment si intéressant ; **4** je pense qu'on doit beaucoup réfléchir, et il faut qu'on éclaircisse le problème du coût. **5** Monsieur Balbi, il y a votre *(sa)* femme en ligne. **6** Passez-la moi, je vous prie, merci ! **7** Giulio, je viens de signer pour ma nouvelle voiture… **8** Mais Ida, je t'avais

85

Ottantacinquesima lezione

Vieni alla nostra festa?

1 – Ah, la cug**i**na **A**da! Che piac**e**re sent**i**rti d**o**po t**a**nto t**e**mpo!
2 … mi tel**e**foni perch**é** st**a**i prepar**a**ndo **u**na sorpr**e**sa per i tu**o**i genit**o**ri…
3 … st**a**i organizz**a**ndo un gr**a**nde pr**a**nzo di fam**i**glia
4 per il l**o**ro cinquant**e**simo anniversa**r**io di matrim**o**nio, le l**o**ro n**o**zze d'**o**ro,
5 e qu**i**ndi inv**i**ti t**u**tti: le sor**e**lle, i frat**e**lli, gli z**i**i, i cug**i**ni…
6 e per l'occasi**o**ne h**a**i affitt**a**to addiritt**u**ra **u**na s**a**la in un cast**e**llo in r**i**va al l**a**go!
7 Ma è un'id**e**a spl**e**ndida!
8 Certam**e**nte…! Sar**ò** felic**i**ssima di **e**ssere con v**o**i!
9 Sar**e**bbe d**u**nque per dom**e**nica 27 (ventis**e**tte)! Ben**i**ssimo!

dit de *(que tu aurais dû)* réfléchir encore, et de choisir avec plus de calme. **9** Je ne te supporte pas, Giulio, tu trouves toujours que je suis trop pressée *(j'aie trop de hâte)*. **10** Mais non, mon amour, je ne voulais pas te critiquer... **11** À propos, je voulais te dire que si samedi il y avait *(fût)* un peu de soleil, **12** nous pourrions faire un saut à la mer !

Deuxième vague : 35e leçon

85

Quatre-vingt-cinquième leçon

Tu viens à notre fête ?

1 – Ah, *(la)* cousine Ada ! Quel plaisir de t'entendre après tant de temps !
2 ... Tu m'appelles parce que tu es en train de préparer une surprise pour tes parents...
3 ... Tu es en train d'organiser un grand repas de famille
4 pour fêter leur cinquantième anniversaire de mariage, leurs noces d'or,
5 et donc tu invites tout le monde : les sœurs, les frères, les oncles [et tantes], les cousins...
6 et pour l'occasion tu as carrément loué une salle dans un château au bord du lac !
7 Mais c'est une idée splendide !
8 Certainement... ! Je serai très heureuse d'être avec vous !
9 Ce serait donc pour dimanche 27 ! Très bien !

10 Aspe**tt**a, per**ò** [1], mi sa [2] che c**a**pita in un br**u**tto mom**e**nto!
11 S**a**i che il t**e**rmine **u**ltimo per la dichiarazi**o**ne d**e**lle t**a**sse è il 30 (tr**e**nta) di qu**e**sto m**e**se,
12 e mi r**e**stano [3] da verific**a**re i c**o**nti di alm**e**no qu**i**ndici cli**e**nti... un lav**o**ro en**o**rme!
13 E c**o**me se non bast**a**sse, v**i**sto che s**o**no t**u**tti stressat**i**ssimi,
14 mi somm**e**rgono di telefon**a**te, mail, SMS (essemm**e**sse)...
15 Ma ti assic**u**ro che far**ò** del m**i**o m**e**glio per liber**a**rmi,
16 e se ri**e**sco [4] a fin**i**re **e**ntro [5] s**a**bato, ti prom**e**tto che dom**e**nica sar**ò** **a**lla v**o**stra f**e**sta! □

Notes

1 **però**, *mais* : comme nous en parlions déjà en leçon 15, nous pourrions employer ici **ma** à la place de **però**, à condition de le mettre en début de phrase : **ma, aspetta...**, *mais, attends*... **Però**, en revanche, accepte d'être placé n'importe où dans la phrase, même en dernière position : **Mi sa che capita in un brutto momento però...**, *Mais j'ai l'impression que ça arrive à un mauvais moment...*

2 **mi sa** (litt. "il me sait"), *j'ai l'impression, il me semble*, etc. Cette expression est très courante dans la langue parlée.

3 **mi restano**, *il me reste* (+ pluriel) : vous vous souvenez sans doute que l'expression impersonnelle a deux formes en italien, une pour le singulier,

***

Esercizio 1 – Traducete

❶ Mi sa che ho dimenticato la dichiarazione delle tasse. ❷ Sai quando era il termine ultimo? ❸ Bisogna presentare tutto entro il 15. ❹ Se riesco a non avere una multa, ti offro lo champagne! ❺ Ada sta preparando un grande pranzo di famiglia. Ci andrò certamente.

10 **Mais attends, j'ai l'impression** *(il me sait)* **que ça tombe à un mauvais moment !**
11 **Tu sais que le dernier délai pour la déclaration d'impôts** *(des impôts)* **est le 30 de ce mois,**
12 **et il me reste à vérifier les comptes d'au moins quinze clients... [c'est] un travail énorme !**
13 **Et comme si cela ne suffisait pas, puisqu'ils sont tous hyper stressés,**
14 **ils me submergent de coups de fil, mails, SMS...**
15 **Mais je t'assure que je ferai de mon mieux pour me libérer,**
16 **et si j'arrive à finir avant samedi, je te promets que dimanche je serai à votre fête !**

et une pour le pluriel, à choisir en fonction du complément d'objet (leçon 70).

4 La concordance des temps pour deux phrases exprimant un futur est très souple : nous pouvons aussi bien dire **se riesco** (présent) **a finire..., vengo** (présent) **alla festa**, que **se riesco** (présent) **a finire..., verrò** (futur) **alla festa**, et même que **se riuscirò** (futur) **a finire..., verrò** (futur) **alla festa**. Ces formes sont parfaitement équivalentes *si je réussis à finir..., je viendrai à la fête* ; utilisez celle qui vous semble la plus facile.

5 **entro**, *avant*, *au plus tard*, voici un nouvel exemple de l'utilisation de **entro**, dont vous avez fait connaissance en leçons 47 et 71.

***

Corrigé de l'exercice 1

❶ J'ai l'impression que j'ai oublié la déclaration d'impôts. ❷ Sais-tu quand était le dernier délai ? ❸ Il faut tout présenter avant le 15. ❹ Si j'arrive à ne pas avoir d'amende, je t'offre le champagne ! ❺ Ada est en train de préparer un grand repas de famille. J'irai certainement.

Esercizio 2 – Completate

❶ Elle m'a assuré qu'elle fera de son mieux pour nous rembourser notre chèque avant la fin du mois.
Mi ha assicurato che . . . . per rimborsarci . . nostro . . . . la fine del mese.

❷ Son anniversaire serait donc dimanche prochain.
Il suo . . . . dunque . . . .

❸ S'il me téléphone avant cinq heures je t'appellerai immédiatement.
. . . . telefona entro . . . . ti . . . . immediatamente.

86

Ottantaseiesima lezione

Andiamo a ballare?

1 – Carla, ti iscriveresti con me ad un corso di danza?
2 Guarda questa pubblicità: tango, valzer, rock'n'roll, danza africana, danza del ventre…
3 Ma potremmo anche optare per lo joga, se preferisci… o per le arti marziali, ci sono corsi di karatè, judo, aikidò…
4 Ogni giovedì sera, dalle venti alle ventidue; ci divertiremmo da pazzi!
5 – Ah, se potessi, lo farei [1] molto volentieri!

Note

1 **se potessi, lo farei**, *si je pouvais, je le ferais* ; comme nous vous l'expliquions en leçon 84, en italien, dans toute phrase du type "si je pouvais,

❹ C'est un mauvais moment, je suis en train de faire ma déclaration d'impôts.
È un . . . . , sto . . . . la
. . . . delle . . . . . .

❺ Tu aurais pu m'en parler hier ! Je ferai ce que je peux !
. . . . parlarmene ieri! . . . . quello che . . . . . !

Corrigé de l'exercice 2
❶ – farà del suo meglio – il – assegno entro – ❷ – compleanno sarebbe – domenica prossima ❸ Se mi – le cinque – chiamerò – ❹ – brutto momento – facendo – dichiarazione – tasse ❺ Avresti potuto – Farò – posso

Deuxième vague : 36e leçon

86

Quatre-vingt-sixième leçon

Allons-nous danser ?

1 – Carla, tu ne t'inscrirais pas à un cours de danse avec moi ?
2 Regarde cette publicité : tango, valse, rock'n'roll, danse africaine, danse du ventre…
3 Mais nous pourrions aussi opter pour le yoga, si tu préfères… ou pour les arts martiaux, il y a des cours de karaté, de judo, d'aïkido…
4 Tous les jeudis soirs, de vingt heures à vingt-deux heures ; nous nous amuserions comme des fous !
5 – Ah, si je pouvais, je le ferais très volontiers !

je ferais", il faut impérativement utiliser l'imparfait du subjonctif et non l'imparfait de l'indicatif, comme nous en avons l'habitude en français : **se lo sapesse, non sarebbe contenta**, *si elle le savait, elle ne serait pas contente*, etc.

6 – E perché non potresti? Cosa hai da fare?
7 – Lo sai che mi sono iscritta ad un corso di perfezionamento per il mio lavoro.
8 È molto pesante, mi prende tre sere a settimana, più tutto quello che c'è da leggere!
9 Se lo aggiungi al lavoro, non è poco!
10 – A maggior ragione! Ti farebbe benissimo distrarti, muoverti un pochino!
11 Stai seduta [2] tutto il giorno!
12 – Sì, ma la sera sono esausta. Ho voglia solo di andare a letto!
13 – Allora ti faccio una proposta alternativa:
14 un abbonamento per quattro spettacoli al teatro dell'Opera, due balletti e due opere liriche…
15 un programma meno impegnativo e più rilassante!
16 – Mi dispiace, Aldo, non insistere! Veramente non me la sento [3].
17 – Mi deludi, Carla! □

Notes

2 Vous savez déjà qu'on emploie le verbe **stare** dans des expressions telles que **Come stai?**, *Comment vas-tu ?* ; **Sto bene grazie!**, *Je vais bien, merci !* (leçon 37), mais aussi **Questa giacca ti sta benissimo**, *Cette veste te va très bien* (leçon 51). Vous savez aussi que le verbe **stare** est indispensable pour traduire la tournure *être en train de* : **sto leggendo**,

6 – Et pourquoi ne pourrais-tu pas ? Qu'est-ce que tu as à faire ?

7 – Tu *(le)* sais que je me suis inscrite à un stage *(cours)* de perfectionnement pour mon travail.

8 Il est très lourd, il me prend trois soirs par semaine, plus tout ce qu'il y a à lire !

9 Si tu l'ajoutes au travail, ce n'est pas rien !

10 – Raison de plus *(À majeure raison)* ! Cela te ferait le plus grand *(très)* bien de te distraire, de bouger un peu !

11 Tu restes assise toute la journée !

12 – Oui, mais le soir je suis épuisée. Je n'ai qu'une envie : aller me coucher *(Ai envie seulement d'aller à lit)* !

13 – Alors je te fais une proposition alternative :

14 un abonnement pour quatre spectacles au théâtre de l'opéra, deux ballets et deux opéras lyriques...

15 un programme moins prenant et plus reposant !

16 – Je suis désolée *(Cela me désole)*, Aldo, n'insiste pas ! Je n'ai vraiment pas le courage *(ne me la sens pas)*.

17 – Tu me déçois, Carla !

je suis en train de lire (leçon 66). Voici un 3e emploi où **stare** désigne simplement un état : **stai seduta**, *tu restes* ("tu es") *assise* ; **sto in piedi**, *je suis debout*, etc.

3 **Non me la sento**, *Je n'ai pas le courage*, *Je n'ai pas envie*, est une expression très courante dans la langue parlée. Retenez-la bien, et surtout n'oubliez pas de glisser **la** devant le verbe.

Esercizio 1 – Traducete

❶ Mi deludi, Ida, avrei proprio voluto vederti! ❷ Sono sicuro che se potesse ti aiuterebbe molto volentieri. ❸ Sono stanchissima, da tre mesi finisco di lavorare ogni giorno alle nove. ❹ Vorrei muovermi di più, sto seduto tutto il giorno. ❺ Balleresti un tango con me? – Con piacere!

Esercizio 2 – Completate

❶ S'il faisait moins chaud, je sortirais volontiers.
Se . . . . meno . . . . volentieri.

❷ Si je savais danser la valse, je ne m'inscrirais pas à un cours de danse !
Se . . . . ballare il . . . . . . non . . . . a un corso di danza!

❸ Pourquoi ne viendriez-vous pas avec nous ? Qu'avez-vous à faire ?
Perché non . . . . con noi? Cosa . . . . ?

❹ Regarde tout ce que j'ai à lire ! – Sors avec moi, tu as besoin de te distraire !
. . . . . . tutto quello che ho . . . . ! Esci con me, ... di distrarti!

❺ J'ai envie de *(me)* bouger un peu, je suis assise depuis ce matin.
Ho voglia di . . . . un pochino, ... stamattina.

Corrigé de l'exercice 1

❶ Tu me déçois, Ida, j'aurais vraiment voulu te voir ! ❷ Je suis sûr que s'il [le] pouvait, il t'aiderait très volontiers. ❸ Je suis très fatiguée, depuis trois mois je finis de travailler tous les jours à neuf heures. ❹ Je voudrais bouger davantage, je reste assis toute la journée. ❺ Tu danserais un tango avec moi ? – Avec plaisir !

Corrigé de l'exercice 2

❶ – facesse – caldo uscirei – ❷ – sapessi – valzer – mi iscriverei – ❸ – verreste – avete da fare ❹ Guarda – da leggere – hai bisogno – ❺ – muovermi – sto seduta da –

Deuxième vague : 37e leçon

Ottantasettesima lezione

Fidèles à notre principe pédagogique selon lequel il faut rencontrer plusieurs fois une expression pour bien l'assimiler, nous vous proposons des

Se potessi essere con voi...

1 Carissimi zii,
2 sono veramente dispiaciutissima di non poter essere con voi il 27 (ventisette).
3 Come dicevo ad Ada, ho degli impegni di lavoro molto urgenti,
4 che occupano, oramai da un mese, tutte le mie serate.
5 Ho cercato di trovare un po' di tempo per voi,
6 ma tra le altre faccende, ho dovuto risolvere anche un seccante contrattempo
7 e purtroppo non ce l'ho fatta [1]. Mi dispiace moltissimo.
8 Vi prego di credere che, se potessi [2], passerei questa giornata con voi con infinito piacere.
9 Vi auguro di tutto cuore che la festa sia riuscitissima,

Notes

1 Voici une première forme qui vous est familière : **Ce la faccio**, *J'y arrive* ; **Non ce la faccio**, *Je n'y arrive pas* (leçon 54).

2 **se potessi**, *que je pusse*, est l'imparfait du subjonctif du verbe **potere**, *pouvoir*. Vous le savez, il faut que vous fassiez l'effort de mémoriser les formes de l'imparfait du subjonctif afin de les utiliser correctement. Rappelez-vous que si vous rencontrez un imparfait de l'indicatif dans ce genre de structures, c'est que l'on s'adresse à vous dans une langue tout à fait informelle.

Quatre-vingt-septième leçon

tournures que vous connaissez déjà, en les changeant de contexte : cela devrait vous permettre de bien les mémoriser.

Si je pouvais être avec vous…

1 Très chers oncle*(s)* [et tante],
2 Je regrette vraiment beaucoup *(suis vraiment très désolée)* de ne pas pouvoir être avec vous le 27.
3 Comme je le disais à Ada, j'ai des engagements professionnels *(de travail)* très urgents,
4 qui occupent, depuis un mois maintenant, toutes mes soirées.
5 J'ai essayé de trouver un peu de temps pour vous,
6 mais parmi mes autres occupations, j'ai dû régler aussi un contretemps [très] ennuyeux
7 et malheureusement je n'y suis pas arrivée *(je ne l'y ai pas faite)*. J'[en] suis vraiment désolée.
8 Je vous prie de croire que si je [le] pouvais, je passerais cette journée avec vous avec un immense *(infini)* plaisir.
9 Je vous souhaite de tout cœur que la fête soit très réussie,

10 e che approfittiate pienamente della vicinanza di tutti i vostri cari [3].
11 Vi auguro soprattutto moltissimi anni di luminosa felicità.
12 Non me ne vogliate di rimandare di qualche giorno il piacere di riabbracciarvi.
13 Vi prometto che appena [4] avrò un po' di tempo verrò [5] a trovarvi.
14 Spero che mi racconterete le meravigliose storie di famiglia,
15 che non mi stanco di ascoltare e altre ancora.
16 A prestissimo. La vostra affezionata nipote. □

Notes

3 Observez cet emploi du mot **cari**. Normalement **caro**, *cher*, est un adjectif, avec ses quatre formes : **caro**, **cara**, **cari**, **care**. Toutefois le masculin pluriel, **cari**, peut être aussi un substantif. Dans ce cas, il est toujours accompagné d'un adjectif possessif : **i miei/i tuoi cari**, *les êtres qui me sont chers/les êtres qui te sont chers*, etc., et désigne les personnes de la proche famille.

4 **appena avrò un po' di tempo**, *dès que j'aurai un peu de temps* : nous avons rencontré le mot **appena**, *à peine*, dans des contextes d'utilisation

***

Esercizio 1 – Traducete

❶ Carla pensava che avrebbe potuto finire ieri sera. ❷ Sabato prossimo i miei zii festeggiano il loro anniversario di matrimonio. ❸ Mi dispiace, ma non ce la faccio proprio a venire con voi al ristorante. ❹ Se fossero sicuri di vendere la loro casa in città, ne comprerebbero subito una al mare. ❺ Se questo fine settimana ci sarà il sole e un bel cielo blu, partirò sicuramente.

10 **et que vous profitiez pleinement de la présence** *(proximité)* **de tous ceux qui vous sont chers** *(de tous vos chers)*.
11 **Je vous souhaite surtout de longues années** *(beaucoup d'années)* **de bonheur** *(lumineux bonheur)*.
12 **Ne m'en veuillez pas de remettre de quelques jours le plaisir de vous embrasser** *(à nouveau)*.
13 **Je vous promets que dès que j'aurai un peu de temps, je viendrai vous voir.**
14 **J'espère que vous me raconterez les merveilleuses histoires de famille,**
15 **que je ne me lasse pas d'entendre, et d'autres encore.**
16 **À très bientôt. Votre nièce affectionnée.**

et des sens très différents les uns des autres. En voici un résumé : **Lo conosco appena**, *Je le connais à peine* ; **Carla è appena andata via**, *Carla vient de partir* ; **Gliene parlo appena ritorna**, *Je lui en parle dès qu'il rentre*.

5 Vous le constatez de nouveau, il est parfaitement correct d'utiliser les deux futurs (**avrò**, *j'aurai* et **verrò**, *je verrai*) dans la concordance des temps.

***

Corrigé de l'exercice 1

❶ Carla pensait qu'elle pourrait finir hier soir. ❷ Samedi prochain, mon oncle et ma tante fêtent leur anniversaire de mariage. ❸ Je regrette, mais je n'arriverai vraiment pas à venir avec vous au restaurant. ❹ S'ils étaient sûrs de vendre leur maison en ville, ils en achèteraient tout de suite une à la mer. ❺ Si ce week-end il y a du soleil et un beau ciel bleu, je partirai certainement.

Esercizio 2 – Completate

❶ Nous vous souhaitons de tout cœur de longues années de bonheur.
. . . . di tutto . . . . . lunghi anni . .
. . . .

❷ Jusqu'à dimanche, je suis occupée tous les soirs.
. . . . sono occupata . . . .

❸ Mon oncle nous raconte des histoires que je ne me lasse jamais d'écouter.
. . . . racconta delle storie che . . . .
. . . di ascoltare.

88

Ottantottesima lezione

Cette leçon vous présente le passé simple. Précisons qu'il s'utilise de moins en moins dans les conversations courantes. Vous le rencontrerez souvent, en revanche, en littérature et dans des écrits formels et administratifs. Nous vous avons toujours conseillé de bien retenir les phrases que nous vous présentions, il en va un peu différemment pour

Mio nonno nacque...

1 – Zio Andrea, se non ti dispiace, raccontami ancora di tuo padre e di tuo nonno!
2 – Erano altri tempi!
3 Figurati che mio nonno nacque [1] a Napoli, nel 1910 (millenovecentodieci), più di un secolo fa!
4 Piccolissimo [2], a sei anni, fu [3] mandato a studiare in collegio, dai gesuiti.

Notes

1 nacque, *il naquit*, est le passé simple irrégulier du verbe du 2e groupe, nascere, *naître*.

❹ J'espère que j'aurai bientôt le plaisir de venir vous voir.
..... che .... presto il piacere di ....

❺ S'ils savaient que tu viens chez nous, ils seraient très heureux.
. . .. che vieni .. .. felicissimi.

Corrigé de l'exercice 2
❶ Vi auguriamo – cuore – di felicità ❷ Fino a domenica – tutte le sere ❸ Mio zio ci – non mi stanco mai – ❹ Spero – avrò – venire a trovarvi ❺ Se sapessero – da noi sarebbero –

Deuxième vague : 38ᵉ leçon

88

Quatre-vingt-huitième leçon

le passé simple. En effet, si vous ne parvenez pas à vous souvenir de toutes les formes, ce n'est pas très grave. Pour une initiation à l'italien, la possibilité de reconnaître les formes du passé simple est largement suffisante ; il est tout à fait raisonnable de renvoyer leur maîtrise au niveau "perfectionnement".

Mon grand-père est né *(naquit)*...

1 – Oncle Andrea, si cela ne t'ennuie pas, parle-moi *(raconte-moi)* encore de ton père et de ton grand-père !
2 – C'était une autre époque *(Étaient autres temps)* !
3 Figure-toi que mon grand-père est né à Naples en 1910, il y a plus d'un siècle !
4 Très jeune, à six ans, il fut envoyé *(à)* étudier dans un pensionnat, chez les jésuites.

2 Encore de faux amis : **piccolo**, *petit*, ne s'utilise jamais pour désigner la taille, mais l'âge. Pour la taille, on dira **basso**, littéralement "bas".

3 **fu**, *il fut* : les autres formes du passé simple de **essere**, *être*, se trouvent en leçon de révision.

5 Sai, a quell'epoca, l'istruzione non era nè obbligatoria, nè garantita dallo Stato.
6 Le buone scuole, soprattutto nel sud, erano rare,
7 e chi poteva, mandava i figli in collegio.
8 Ricevevano un'eccellente formazione, ma la disciplina era severissima:
9 studio, preghiera, pochissimi svaghi.
10 Si considerava che la disciplina formasse [4] il carattere..., non come oggi!
11 Ma lasciamo perdere! Finì i suoi studi a ventiquattro anni,
12 e immediatamente il padre lo chiamò presso di sé,
13 perché lo aiutasse [5] a dirigere la loro fabbrica.
14 Due anni più tardi gli fu proposta in moglie la nonna Luisa,
15 Nonno Vittorio non si azzardò a disobbedire,
16 e a ventisette anni ebbe [6] il primo attesissimo figlio maschio, mio padre! □

Notes

4 **formasse** (litt. "qu'elle formât") : pourquoi un subjonctif ici ? Tout simplement parce que dans la phrase principale, il y a un verbe d'opinion (leçon 84). Ce dernier est à l'imparfait, et rend donc nécessaire l'emploi de l'imparfait du subjonctif.

5 **perché**, dans le sens de *pour que*, *afin que*, est une conjonction qui exige le subjonctif. Vous souvenez-vous de **è ora che**, *il est temps que*, que nous avons rencontré en leçon 80 ?

5 Tu sais, à cette époque-là, l'instruction n'était ni obligatoire, ni garantie par l'État.
6 Les bonnes écoles, surtout dans le sud, étaient rares,
7 et, ceux qui [le] pouvaient *(qui pouvait)*, envoyaient leurs *(les)* enfants en pension.
8 Ils recevaient une excellente formation, mais la discipline était très sévère :
9 étude, prière, très peu de loisirs.
10 On estimait que la discipline formait le caractère... pas comme aujourd'hui !
11 Mais laissons tomber *(perdre)* ! Il finit ses études à vingt-quatre ans,
12 et immédiatement son père l'appela auprès de lui *(soi)*,
13 pour qu'il l'aide *(aidât)* à diriger leur usine.
14 Deux ans plus tard lui fut proposée en mariage *(épouse)* grand-mère Luisa,
15 Grand-père Victor ne se risqua pas à désobéir,
16 et à vingt-sept ans il eut son *(le)* très attendu premier garçon *(enfant mâle)*, mon père !

6 **ebbe**, *il eut* : la conjugaison complète du passé simple du verbe **avere**, *avoir*, vous est présentée en leçon de révision.

Esercizio 1 – Traducete

❶ Mia nonna nacque a Roma, il 9 luglio 1930. ❷ Mia madre ebbe il primo figlio a 35 anni, e mio padre a 40. ❸ Aveva telefonato al suo avvocato perché la aiutasse a risolvere quel difficile problema. ❹ Mio nonno pensava che la disciplina aiutasse a formare il carattere. ❺ In quei tempi non c'erano buone scuole nel sud.

***

Esercizio 2 – Completate

❶ Mon oncle était très jeune quand il fut envoyé en pension.
Mio . . . era . . . . quando . . mandato . . . .

❷ Grand-mère Luisa se maria à 27 ans, et un an plus tard, elle eut son premier enfant.
. . . . . Luisa si sposò . . . . , e un anno . . . . il primo figlio.

❸ Qui pouvait penser que son voyage serait aussi bref ?
. . . . pensare che il suo viaggio . . . . così breve?

*Affirmer que les bonnes écoles étaient rares en Italie peut sembler étrange. Mais cela a une explication tout à fait cohérente. En effet, au début du XX*e *siècle, l'Italie était encore un très jeune État. Morcelée en plusieurs petits États pendant des siècles, et victime de dominations étrangères, elle n'atteignit son unité politique qu'en 1870, suite aux guerres du* **Risorgimento***. Ce fut une immense conquête. Toutefois, sur le plan social, tout restait à faire : magistrature, hôpitaux, écoles, mais également sentiment d'unité nationale et, non des*

Corrigé de l'exercice 1

❶ Ma grand-mère est née *(naquit)* à Rome le 9 juillet 1930. ❷ Ma mère eut son premier enfant à 35 ans, et mon père, à 40. ❸ Elle avait téléphoné à son avocat, pour qu'il l'aide à résoudre ce problème difficile. ❹ Mon grand-père pensait que la discipline aidait à former le caractère. ❺ À cette époque, il n'y avait pas de bonnes écoles dans le sud.

***

❹ **Laissons tomber ! Il est inutile de parler de ce que nous aurions pu faire !**

. . . . ! È . . . . di quello che . . . . fare!

❺ **J'espérais que la connaissance de la langue russe m'aiderait** *(m'aidât)* **à trouver un meilleur emploi.**

. . . . che la conoscenza della lingua . . . . . mi . . . . a trovare un . . . . lavoro.

Corrigé de l'exercice 2

❶ – zio – piccolissimo – fu – in collegio ❷ Nonna – a ventisette anni – più tardi ebbe – ❸ Chi poteva – sarebbe stato – ❹ Lasciamo perdere – inutile parlare – avremmo potuto – ❺ Speravo – russa – aiutasse – migliore –

moindres, unification de la langue italienne. Toutes ces structures collectives ont vu le jour au cours du siècle dernier ; il n'est donc pas totalement insolite de constater que les bonnes écoles n'ont émergé qu'assez récemment.

Deuxième vague : 39e leçon

Ottantanovesima lezione

Che cosa farò?

1 – Se sapessi [1] già tutto quello che succederà nella mia vita!
2 Se fossi capace di fare le scelte giuste!
3 Sai, nonno, ho due grandi aspirazioni: viaggiare, e riuscire nel cinema.
4 Se, per esempio, partissi l'anno prossimo per un giro d'Europa in bicicletta?
5 E se facessi un provino e cominciassi una scuola di recitazione in autunno? Pensi che ce la farei?
6 – Penso che se questi sono i tuoi veri desideri, Alessandra,
7 se ti impegni a fondo, se riesci ad essere paziente e costante negli sforzi, ci riuscirai sicuramente.
8 Devi essere consapevole delle tue qualità e dei tuoi limiti.
9 Non devi mai preoccuparti troppo di quello che dicono gli altri,
10 ma devi riflettere molto, moltissimo, su di te!
11 Questo ti eviterà di essere scontenta e amareggiata
12 e di dover dire, un giorno:

Note

1 Pour maîtriser la concordance des temps dans les phrases hypothétiques, il faut bien distinguer les phrases où l'on exprime des certitudes, des enchaînements de faits inévitables, de celles où plane un doute, une supposition ou un espoir. Dans le premier cas, l'indicatif s'impose : **Se riesco a finire entro sabato, verrò certamente alla festa,** *Si je réussis à finir d'ici samedi, je viendrai certainement à la fête* (leçon

Quatre-vingt-neuvième leçon

Que vais-je faire *(ferai-je)* ?

1 – Si je savais déjà tout ce qui arrivera dans ma vie !
2 Si j'étais capable de faire les bons choix *(justes)* !
3 Tu sais, grand-père, j'ai deux grandes aspirations : voyager et réussir dans le cinéma.
4 Si, par exemple, je partais l'année prochaine pour un tour d'Europe à bicyclette ?
5 Et si je faisais un bout d'essai et je [que je] commençais une école d'art dramatique en automne ? Tu crois que j'y arriverais ?
6 – Je pense que si ce *(ceux-ci)* sont tes vrais désirs, Alessandra,
7 si tu t'engages à fond, si tu arrives à être patiente et régulière dans [tes] efforts, tu y arriveras certainement.
8 Tu dois être consciente de tes qualités et de tes limites.
9 Tu ne dois jamais trop te soucier de ce que disent les autres,
10 mais tu dois réfléchir beaucoup, énormément, sur toi !
11 Cela t'évitera d'être mécontente et amère
12 et de devoir dire, un jour :

85). Ici, en revanche, on utilise le subjonctif car Alessandra ne sait pas ce qui arrivera ni quelles seront ses envies.

13 "Ah, se avessi avuto [2] prima questa idea!
14 Ah, se fossi stata più attenta..."
15 – Ma già da adesso posso dire: se non avessi avuto te, nonnino, come avrei fatto [3]! □

Notes

2 **avessi avuto** (litt. "que j'eusse eu") : nous voici devant un plus-que-parfait du subjonctif. Courage, c'est le dernier temps que nous étudions ensemble ! En outre, il se forme exactement comme en français : en faisant suivre l'auxiliaire – conjugué à l'imparfait du subjonctif – du participe passé du verbe.

***

Esercizio 1 – Traducete

❶ Se Ida sapesse cosa vuole fare nella vita sarebbe meraviglioso! ❷ Giulio, se andassimo in montagna per il fine settimana, cosa ne diresti? ❸ Carlo si preoccupa sempre molto di quello che dicono gli altri. ❹ E se mi iscrivessi ad un corso di danza africana? ❺ Se fossi stato più attento, Marco, non avresti perduto il tuo portafogli.

***

Esercizio 2 – Completate

❶ S'il avait eu la possibilité d'apprendre l'allemand, il l'aurait certainement fait.
. . . . la possibilità di . . . . il tedesco, ... certamente.

❷ Si nous avions été à l'heure, nous aurions vu un spectacle magnifique !
. . . . in orario, ... uno spettacolo magnifico!

❸ Tu dois t'engager complètement si tu veux réussir dans la vie.
Devi . . . . , se . . . . nella vita.

13 **"Ah, si j'avais eu cette idée plus tôt !**
14 **Ah, si j'avais été plus attentive..."**
15 – **Mais dès maintenant je peux dire : si je ne t'avais** *(n'avais)* **pas eu, toi,** *(petit)* **grand-père, comment aurais-je fait !**

3 **Se non avessi avuto te, come avrei fatto**, *Si je ne t'avais pas eu, comment aurais-je fait ?* : ici, l'on se tourne vers le passé, le plus-que-parfait du subjonctif et le conditionnel passé s'imposent donc. Cela est différent lorsque la possibilité s'applique au présent ou au futur : **Se potessi, uscirei volentieri**, *Si je pouvais, je sortirais volontiers* (leçon 86).

***

Corrigé de l'exercice 1

❶ Si Ida savait ce qu'elle voulait faire dans la vie, ce serait merveilleux ! ❷ Giulio, si nous allions à la montagne pour le week-end, qu'en dirais-tu ? ❸ Carlo s'inquiète toujours beaucoup de ce que disent les autres. ❹ Et si je m'inscrivais à un cours de danse africaine ? ❺ Si tu avais été plus attentif, Marco, tu n'aurais pas perdu ton portefeuille.

***

❹ **Je préfèrerais éviter de trop voyager, si c'était possible.**
. . . . evitare di viaggiare . . . . . . , se . . . . . possibile.

❺ **Si tu n'étais pas là, mon amour, comment ferais-je ?**
Se . . . . qui, ... , come . . . . . ?

Corrigé de l'exercice 2

❶ Se avesse avuto – imparare – lo avrebbe fatto – ❷ Se fossimo stati – avremmo visto – ❸ – impegnarti a fondo – vuoi riuscire – ❹ Preferirei – troppo – fosse – ❺ – non fossi – amore – farei

Deuxième vague : 40e leçon

Novantesima lezione

Capita a tutti!

1 – Che cosa succede [1], Anna, sei pallidissima!
2 – Sono sconvolta! Non trovo più il mio bracciale d'argento con le perline!
3 Ci tengo moltissimo, è quello che mi aveva regalato la nonna Anna per la prima comunione,
4 insieme alla collana con lo stesso motivo!
5 Dove può essere? Che sbadata che sono! Devo assolutamente ritrovarlo!
6 – Secondo me l'hai dimenticato da qualche parte,
7 ti è successo già tante volte!
8 – Oh, non ti ci mettere anche tu, non mi esasperare, sono già abbastanza nervosa!
9 Ma forse hai ragione, forse l'ho lasciato ieri sera da Rita!
10 L'avevo tolto per aiutarla a sbucciare la frutta [2] per la macedonia [3].
11 Forse l'ho appoggiato sullo scaffale nell'ingresso...!
12 Ma no, se Rita lo avesse trovato, mi avrebbe telefonato subito!

Notes

1 Les verbes **succedere** (phrase 1) et **capitare** (phrase 14) sont synonymes. Ils renvoient aussi bien à l'expression *quelque chose se passe* qu'à l'expression *quelque chose arrive*. Attention, toutefois, les verbes **arrivare** et **passare** n'ont pas du tout le même sens : **Sono arrivato ieri da Roma**, *Je suis arrivé hier de Rome* ; **Sono passato da via Verdi**, *Je suis passé par la rue Verdi*.

Quatre-vingt-dixième leçon

Cela arrive à tout le monde !

1 – Qu'est-ce qu'il t'arrive *(que se passe-t-il)*, Anna, tu es toute pâle !
2 – Je suis bouleversée ! Je ne trouve plus mon bracelet en argent avec les petites perles !
3 J'y tiens énormément, c'est celui que m'avait offert grand-mère Anna pour ma première communion,
4 avec le collier portant *(avec)* le même motif !
5 Où peut-il être ? Que suis-je étourdie ! Je dois absolument le retrouver !
6 – Je pense que *(d'après moi)* tu l'as oublié quelque part,
7 cela t'est déjà arrivé tellement souvent *(tant de fois)* !
8 – Oh, ne t'y mets pas, toi aussi, ne m'exaspère pas, je suis déjà assez irritable *(nerveuse)* [comme ça] !
9 Mais peut-être que tu as raison, peut-être que je l'ai laissé hier soir chez Rita !
10 Je l'avais enlevé pour l'aider à peler les fruits pour la salade de fruits.
11 Peut-être que je l'ai posé sur l'étagère de l'entrée... !
12 Mais non, si Rita l'avait trouvé, elle m'aurait téléphoné tout de suite !

2 **la frutta**, *les fruits*, est toujours singulier. Son pluriel, irrégulier car masculin (**i frutti**), ne peut être utilisé que dans un sens figuré : **Ecco i frutti del mio lavoro**, *Voilà les fruits de mon travail*.

3 Encore un faux ami : le mot **macedonia**, *macédoine de fruits, salade de fruits*, ne peut jamais être utilisé pour des légumes. Pour les légumes, il faut employer le mot **insalata**, *salade*.

13 – E se ti dicessi che nella tasca di un cappotto ho trovato uno strano oggettino?
14 – Direi che capita a tutti di essere distratti!
15 ... e direi che ho proprio un marito d'oro! □

***

Esercizio 1 – Traducete

❶ Sai che cosa mi è successo? Figurati che in metropolitana ho trovato un bracciale di perle! ❷ Ragazzi, non vi ci mettete anche voi, per favore, oggi sono nervosissima! ❸ Marco mangia la frutta solo se gliela sbuccia la sua mamma. ❹ Faceva così caldo che appena sono arrivati, hanno tolto la giacca. ❺ Se avessero avuto sue notizie, mi avrebbero chiamato immediatamente.

Esercizio 2 – Completate

❶ Je suis bouleversée parce que j'ai perdu mon sac et tous mes papiers d'identité !
. . . . perché ho . . . . la mia borsa e tutti i miei . . . . !

❷ Je tiens énormément à ce livre. Mon grand-père me l'avait offert pour mon dix-huitième anniversaire.
. . . . a questo libro. Mio nonno . . . . per il mio diciottesimo . . . .

❸ Comme dessert, j'ai pris une magnifique salade de fruits.
Come dolce . . . . una magnifica . . . .

❹ Il m'arrive très souvent de rencontrer des amis dans la rue.
. . . . di incontrare degli amici per strada.

13 – Et si je te disais que dans la poche d'un manteau, j'ai trouvé un curieux petit objet ?
14 – Je dirais que ça arrive à tout le monde d'être distrait !
15 ... et je dirais que j'ai vraiment un mari en or !

***

Corrigé de l'exercice 1

❶ Sais-tu ce qui m'est arrivé ? Figure-toi que dans le métro, j'ai trouvé un bracelet de perles ! ❷ Les enfants, ne vous y mettez pas vous aussi, s'il vous plaît, aujourd'hui je suis très irritable ! ❸ Marco ne mange des fruits que si sa maman les lui épluche. ❹ Il faisait si chaud qu'à peine arrivés, ils ont ôté leur veste. ❺ S'ils avaient eu de ses nouvelles, ils m'auraient appelé immédiatement.

❺ Giorgio est tellement distrait qu'il a encore oublié sa déclaration d'impôts ! C'est la troisième fois que cela lui arrive !
Giorgio è . . . . che ha ancora dimenticato la . . . . ! È la . . . . che gli . . . . !

Corrigé de l'exercice 2

❶ Sono sconvolta – perduto – documenti ❷ Tengo moltissimo – me lo aveva regalato – compleanno ❸ – ho preso – macedonia ❹ Mi capita molto spesso – ❺ – così distratto – dichiarazione delle tasse – terza volta – succede

Deuxième vague : 91e leçon

Novantunesima lezione

Revisione – Révision

1 Le passé simple

Le passé simple ne se rencontre plus guère dans la langue parlée ; comme en français, on lui préfère le passé composé. Seule exception, le sud de l'Italie, où l'on a tendance à l'utiliser davantage car il est très employé dans les dialectes du sud, encore assez vivants. En revanche, il est assez fréquemment utilisé en littérature.

1.1 Les conjugaisons régulières

– 1er groupe : **cominciare**, *commencer*

io cominci-ai	*je commençai*
tu cominci-asti	*tu commenças*
lui/lei cominci-ò	*il/elle commença*
noi cominci-ammo	*nous commençâmes*
voi cominci-aste	*vous commençâtes*
loro cominci-arono	*ils/elles commencèrent*

– 2e groupe : **credere**, *croire*

io cred-ei(etti)	*je crus*
tu cred-esti	*tu crus*
lui/lei cred-è(ette)	*il/elle crut*
noi cred-emmo	*nous crûmes*
voi cred-este	*vous crûtes*
loro cred-erono(ettero)	*ils/elles crurent*

Observez que les formes **credetti**, **credette**, **credettero**, sont parfaitement équivalentes aux trois autres, et tout aussi employées.

– 3e groupe : **sentire**, *sentir*

io sent-ii	*je sentis*
tu sent-isti	*tu sentis*
lui/lei sent-ì	*il/elle sentit*

Quatre-vingt-onzième leçon

noi sent-immo	*nous sentîmes*
voi sent-iste	*vous sentîtes*
loro sent-irono	*ils/elles sentirent*

1.2 Les auxiliaires *avere* et *essere*

– **avere**, *avoir*

io ebbi	*j'eus*
tu avesti	*tu eus*
lui/lei ebbe	*il/elle eut*
noi avemmo	*nous eûmes*
voi aveste	*vous eûtes*
loro ebbero	*ils/elles eurent*

– **essere**, *être*

io fui	*je fus*
tu fosti	*tu fus*
lui/lei fu	*il/elle fut*
noi fummo	*nous fûmes*
voi foste	*vous fûtes*
loro furono	*ils/elles furent*

2 Les temps du passé du subjonctif

En italien, les temps du passé du subjonctif sont utilisés couramment dans des phrases comme : **Credo che sia partito**, *Je crois qu'il est* (litt. "qu'il soit") *parti* ; **Ho creduto che fosse partito** ; *J'ai cru qu'il était* (litt. "qu'il fusse") *parti*. Cela vous semble difficile ? En réalité il n'y a que les formes des auxiliaires à mémoriser... et vous aurez tout le loisir de vous familiariser davantage avec ces constructions lorsque vous approfondirez vos connaissances de l'italien, par le biais du *Perfectionnement Italien* par exemple !

2.1 Le parfait du subjonctif

Il se forme en utilisant le parfait du subjonctif de l'auxiliaire suivi du participe passé du verbe :

che io abbia parlato	*que j'aie parlé*
che io abbia creduto	*que j'aie cru*
che io sia partito	*que je sois parti*

2.2 Le plus-que-parfait du subjonctif

Il se forme tout simplement en utilisant l'imparfait du subjonctif de l'auxiliaire suivi du participe passé du verbe :

che io avessi parlato	*que j'eusse parlé*
che io avessi creduto	*que j'eusse cru*
che io fossi partito	*que je fusse parti*

3 La concordance des temps dans les phrases hypothétiques

La concordance des temps dans les phrases hypothétiques doit être observée de manière stricte en italien, mais les règles ont le mérite d'être claires et, pour une fois, ne comptent aucune exception. Nous pouvons rencontrer trois cas de figure :

3.1 La réalisation de l'hypothèse est perçue comme possible

Dans la proposition principale tout comme dans la subordonnée, nous pouvons utiliser un présent ou un futur de l'indicatif : **Se posso, vengo**, *Si je peux, je viens* ; **Se potrò, verrò**, *Si je peux* (litt. "pourrai"), *je viendrai* ; **Se posso, verrò**, *Si je peux, je viendrai.*

3.2 La réalisation de l'hypothèse est perçue comme incertaine (contexte présent)

Dans la proposition subordonnée, il faut obligatoirement employer l'imparfait du subjonctif, et dans la principale, le conditionnel présent : **Se potessi, verrei**, *Si je pouvais, je viendrais.*

3.3 La réalisation de l'hypothèse est impossible (contexte passé)

Dans la proposition subordonnée, il faudra utiliser, sans exception, le plus-que-parfait du subjonctif, et le conditionnel passé dans la principale : **Se avessi potuto, sarei venuto**, *Si j'avais pu, je serais venu.*

4 Expressions à retenir

Vous souvenez-vous des quatre phrases suivantes ? Elles apparaissent quelque part au sein des six leçons précédentes. Saurez-vous les retrouver et les utiliser en contexte ?
Che ti succede?
Se sapessi che cosa mi è capitato!
Devo finire tutto entro sabato!
Se potessi, verrei molto volentieri!

Dialogo di revisione

1 – Luigi, sai che Ada sta preparando una festa per l'anniversario di matrimonio dei suoi genitori e ci invita?
2 – Benissimo, ci andiamo!
3 – Sarei felicissima di andarci, ma ho un sacco di lavoro da finire entro sabato,
4 e figurati che Carla mi propone di iscrivermi ad un corso di danza con lei!
5 Guarda, ho scritto un bigliettino a zio Carlo per scusarmi: "Sono veramente dispiaciutissima di non poter essere con voi sabato,
6 ma verrò a trovarvi non appena avrò un po' di tempo. La vostra affezionata nipote".
7 – I tuoi zii sono simpaticissimi, anche se sembrano un po' di altri tempi.
8 – Ma, sai che non trovo più la mia guida dell'Italia del sud!

9 – Forse l'hai dimenticata da Giorgio! Ti capita spesso di dimenticare le cose!
10 – No, se l'avesse trovata, mi avrebbe telefonato!

Traduction
1 Luigi, sais-tu qu'Ada est en train de préparer une fête pour l'anniversaire de mariage de ses parents et qu'elle nous invite ? **2** Très bien, nous y allons ! **3** Je serais très heureuse d'y aller, mais j'ai beaucoup de travail à finir avant samedi, **4** et figure-

92

Novantaduesima lezione

Partì [1] in giugno

1 La **po**rta si richi**u**se [2] pesanteme**n**te di**e**tro di l**u**i.
2 Cred**e**tte di **e**ssere l**i**bero, finalm**e**nte l**i**bero da **o**gni f**o**rma di oppressi**o**ne!
3 Ma aveva **o**ra **u**na l**u**nga st**o**ria da port**a**re con sé, la storia di **u**na v**i**ta sconsider**a**ta, agit**a**ta.
4 **U**na oscu**r**a mescol**a**nza di emozi**o**ni dispar**a**te si impossess**ò** di l**u**i.
5 Imm**a**gini disordin**a**te, a v**o**lte fl**u**ide e sfoc**a**te, a v**o**lte n**i**tide,
6 cominci**a**rono a sfil**a**re din**a**nzi ai su**o**i **o**cchi.
7 Inc**o**ntri, sper**a**nze, delusi**o**ni, c**o**lpi d**u**ri, desid**e**ri, pa**u**re...

Notes

1 Pour qu'elles vous deviennent familières, nous vous proposons d'autres formes de passés simples réguliers : **partì**, *il partit*, vient de **partir**, *partir* ; **credette**, *il crut* (phrase 2), vient de **credere**, *croire*, et **sentì**, *il sentit* (phrase 14), de **sentire**, *sentir*.

toi que Carla me propose de m'inscrire à un cours de danse avec elle ! **5** Regarde, j'ai écrit un petit mot à l'oncle Carlo pour m'excuser : "Je suis vraiment *(très)* désolée de ne pas pouvoir être avec vous samedi, **6** mais je viendrai vous voir dès que j'aurai un peu de temps. Votre nièce affectionnée". **7** Tes oncles sont très sympathiques, même s'ils semblent un peu d'une autre époque. **8** Mais, tu sais que je ne trouve plus mon guide de l'Italie du Sud ! **9** Tu l'as peut-être oublié chez Giorgio ! Cela t'arrive souvent d'oublier tes affaires *(les choses)* ! **10** Non, s'il l'avait trouvé, il m'aurait téléphoné !

Deuxième vague : 42e leçon

92

Quatre-vingt-douzième leçon

Il partit en juin

1 La porte se referma lourdement derrière lui.
2 Il crut qu'il était libre, enfin libre de toute forme d'oppression !
3 mais maintenant il avait une longue histoire à porter *(avec soi)*, l'histoire d'une vie insouciante, mouvementée.
4 Un mélange obscur d'émotions disparates s'empara de lui.
5 Des images désordonnées, parfois fluides et voilées, parfois limpides,
6 commencèrent à défiler devant ses yeux.
7 Rencontres, espoirs, déceptions, coups durs, désirs, peurs...

2 si **richiuse**, *elle se referma*, vient de **richiudersi**, *se refermer*, qui a un passé simple irrégulier. Vous trouverez sa conjugaison au sein de l'appendice grammatical.

8 Una vita che voleva dimenticare? Una vita che stava buttando via?
9 O una nuova esistenza che stava cercando di far nascere?
10 Una morsa allo stomaco, una sensazione di nausea,
11 la paura del vuoto, dell'ignoto, si impossessarono di lui…
12 Eppure, simultaneamente, un'incredibile leggerezza, una gioia profonda,
13 un'irrefrenabile voglia di cantare e di saltellare [3] come un bambino.
14 Sentì i suoi occhi riempirsi di lacrime, chissà se dolci o tristi.
15 Le asciugò con determinazione.
Era partito. Fu nel giugno del 1975 (millenovecentosettantacinque) [4]. □

Notes

3 **saltellare**, *sautiller*, vient du verbe **saltare**, *sauter*. Nous retrouvons ce même suffixe utilisé avec des verbes comme **cantarellare**, *chantonner*, qui vient de **cantare**, *chanter*.

4 Observez ces deux expressions : **in giugno**, *en juin* ; **nel giugno del 1975**, *en juin 1975*. Lorsque le nom d'un mois est suivi de l'année, la préposition et l'article (**di** + **il** contractés en **del**) sont indispensables avant l'année.

***

Esercizio 1 – Traducete

❶ Viaggiarono a lungo e attraversarono innume-revoli città. ❷ Avrei chiuso la porta, se tu me lo avessi chiesto. ❸ Sto buttando via un sacco di vecchie cose: giornali, libri, scarpe, borse… ❹ Provammo un'infinita leggerezza e un'immensa voglia di ballare. ❺ Per favore Marco, smettila di saltellare, mi fai venire mal di testa!

8 Une vie qu'il voulait oublier ? Une vie qu'il était en train de jeter ?
9 Ou une nouvelle [forme d']existence qu'il essayait *(qu'il était en train d'essayer)* de faire naître ?
10 L'estomac serré comme dans un étau *(un étau à l'estomac)*, une sensation de nausée,
11 la peur du vide, de l'inconnu, s'emparèrent de lui...
12 Et pourtant, simultanément, une légèreté incroyable, une joie profonde,
13 une envie irrésistible de chanter et de sautiller comme un enfant.
14 Il sentit ses yeux se remplir de larmes, douces ou tristes... allez savoir *(qui sait si douces ou tristes)*.
15 Il les essuya avec détermination. Il était parti. C'était *(ce fut)* en juin *(du)* 1975.

***

Corrigé de l'exercice 1

❶ Ils voyagèrent longuement et traversèrent d'innombrables villes. ❷ J'aurais fermé la porte si tu me l'avais demandé. ❸ Je suis en train de jeter un tas de vieilles choses : journaux, livres, chaussures, sacs... ❹ Nous éprouvâmes une infinie légèreté et une immense envie de danser. ❺ S'il te plaît, Marco, arrête de sautiller, tu me donnes la migraine !

Esercizio 2 – Completate

❶ Grand-mère Luisa habita toute sa vie dans cet appartement.
La ..... Luisa ..... tutta .. ... vita in ......
.....

❷ Il était si ému que ses yeux se remplirent de larmes.
.. .... emozionato che ..... occhi ..
.... di ....

❸ Nous fûmes très heureux de ces rencontres !
..... molto felici di quegli ....!

93

Novantatreesima lezione

Un esperto in informatica

1 – Ciao Gianni, credo proprio che ho bisogno del tuo aiuto...
2 – Con piacere! Che cosa posso fare per te?
3 – Ho l'impressione che ci sia un grosso guasto sul mio computer!
4 Non riesco più nè a collegarmi alla mia stampante nè a spegnerlo!
5 – Non ti preoccupare, passo da te appena posso e me ne occupo!
6 – Stupendo! Sei un amico prezioso!
7 E visto che ci sei, mi spiegherai anche due o tre cose del nuovo software [1] per i disegni?

Note

1 Le vocabulaire italien s'est récemment enrichi de nombreux mots anglais, notamment dans les domaines scientifique et technique. La langue de l'informatique en est un exemple. Bien que souvent l'italien

❹ J'eus très peur. J'avais l'estomac serré et une sensation de nausée.
. . . . molta . . . . . . Avevo una . . . .
e una sensazione di . . . .

❺ Il se sentit si libre qu'il eut envie de chanter.
Si . . . . . così . . . . . . che . . . . di cantare.

Corrigé de l'exercice 2

❶ – nonna – abitò – la sua – questa casa ❷ Era così – i suoi – si riempirono – lacrime ❸ Fummo – incontri ❹ Ebbi – paura – morsa allo stomaco – nausea ❺ – sentì – libero – ebbe voglia –

Deuxième vague : 43e leçon

93

Quatre-vingt-treizième leçon

Un expert en informatique

1 – Salut Gianni, je crois vraiment que j'ai besoin de ton aide...
2 – Avec plaisir ! Que puis-je faire pour toi ?
3 – J'ai l'impression qu'il y a *(ait)* une grosse panne sur mon portable !
4 Je n'arrive plus ni à me relier à mon imprimante, ni à l'éteindre !
5 – Ne t'inquiète pas, je passe chez toi dès que je peux et je m'en occupe !
6 – Super ! Tu es un ami précieux !
7 Et puisque tu y es, tu m'expliqueras aussi deux ou trois choses sur [mon] nouveau logiciel de dessin ?

dispose de mots créés à partir de ses propres racines, comme **calcolatore**, *ordinateur* ou **programma di scrittura**, *logiciel*, on préfère généralement employer leurs équivalents anglais : *computer*, *software*, etc.

8 – Ma figurati! [2]
9 – Non ho parole [3] per ringraziarti! Ah, sai ho cercato di inviare un file di foto,
10 ma non ci riesco, forse le sue dimensioni sono eccessive…
11 mi dirai come devo fare?
12 – Va bene, vedremo tutto nello stesso tempo!
13 – Ti volevo dire anche che negli ultimi tempi ho avuto problemi col mouse,
14 spesso resta bloccato sullo schermo…
15 e purtroppo ho dimenticato tutte le scorciatoie da tastiera che mi avevi consigliato di usare!
16 E poi, non capisco perchè, la mia connessione internet salta di continuo…
17 Beato te [4] che sai tutto dei computer! Ti ammiro tantissimo! □

Notes

2 **Figurati!**, une expression très courante, qui peut avoir des sens un peu différents. Ici, elle a le sens de *certainement* ! Retenez-la bien !

3 **non ho parole**, *je n'ai pas de mots* : observez – et surtout mémorisez – l'absence de préposition après le verbe.

4 Il n'est sans doute pas inutile de revoir cette expression, si courante en italien et déjà rencontrée en leçon 61 : **Beati voi!**, *Vous avez de la chance !*

***

Esercizio 1 – Traducete

❶ Beati voi che avete tanti amici stranieri! ❷ Ma è facile imparare le lingue straniere, con un po' di pazienza! ❸ Temeva che avrebbe avuto bisogno del loro aiuto. ❹ Non so se un giorno riuscirò a far funzionare questo computer! ❺ È una donna sofisticata ed elegante, troppo bella per me!

8 – Mais bien sûr !
9 – Je n'ai pas de mots pour te remercier ! Ah, tu sais, j'ai essayé d'envoyer un fichier avec des photos,
10 mais je n'y arrive pas, il est peut être trop lourd *(ses dimensions sont excessives)*...
11 tu me diras comment je dois faire ?
12 – [Très] *(ça va)* bien ! Nous verrons tout [cela] en même temps !
13 – Je voulais te dire aussi que dernièrement j'ai eu des problèmes avec ma souris,
14 souvent elle reste bloquée sur l'écran...
15 et malheureusement j'ai oublié tous les raccourcis clavier que tu m'avais conseillé d'utiliser !
16 Et puis, je ne comprends pas pourquoi, [mais] ma connexion Internet saute tout le temps...
17 Tu as de la chance *(heureux toi qui les connais)* de tout connaître des ordinateurs ! Je t'admire énormement !

***

Corrigé de l'exercice 1

❶ Vous avez de la chance d'avoir autant d'amis étrangers ! ❷ Mais c'est facile d'apprendre les langues étrangères, avec un peu de patience ! ❸ Il craignait d'avoir besoin de leur aide. ❹ Je ne sais pas si un jour je réussirai à faire fonctionner cet ordinateur ! ❺ C'est une femme sophistiquée et élégante, trop belle pour moi !

Esercizio 2 – Completate

❶ Que pouvons-nous faire pour vous, Madame ?
. . . . fare per . . . , Signora?

❷ J'aurais besoin d'une information ! – Avec plaisir, si je peux [vous aider] !
. . . . di una informazione! . . . .
se posso!

❸ Je suis en train d'apprendre l'italien. Je m'y suis mis très sérieusement.
. . . . l'italiano. . . . . molto
seriamente.

94

Novantaquattresima lezione

Brava! [1]

1 – Hai sistemato **tu**tto? Hai risolto **tu**tti i tuoi problemi informatici da sola?!
2 Ma hai fatto dei progressi favolosi!
3 – Mi sono documentata, ho cercato dei tutoriali...

Note

1 En italien, on utilise souvent l'adjectif **bravo**, *bravo*, pour féliciter quelqu'un, mais n'oubliez pas qu'il faut toujours l'accorder ! Nous aurons donc : **bravo**, **brava**, **bravi**, **brave**, et pour les superlatifs, **bravissimo**, **bravissima**, **bravissimi**, **bravissime**.

❹ Quel est ton secret pour rester si jeune ? – Rire souvent, le plus souvent possible !
. . . . . il tuo . . . . per restare . . . . giovane? – . . . . . . spesso, ... possibile!

❺ Je n'arrive pas à éteindre l'ordinateur. J'ai envie de le jeter par la fenêtre !
Non . . . . . . a . . . . il . . . . Ho voglia di . . . . finestra!

Corrigé de l'exercice 2

❶ Che cosa possiamo – Lei – ❷ Avrei bisogno – Con piacere – ❸ Sto imparando – Mi ci sono messo – ❹ Qual è – segreto – così – Ridere – il più spesso – ❺ – riesco – spegnere – computer – buttarlo giù dalla –

Deuxième vague : 44e leçon

94

Quatre-vingt-quatorzième leçon

Bravo !

1 – Tu as tout réglé ? Tu as [vraiment] résolu tous tes problèmes informatiques toute seule ?!
2 Mais tu as fait des progrès fabuleux !
3 – Je me suis documentée, j'ai cherché des tutoriels...

4 Mi sono detta che i progressi vengono fatti [2] solo se si ha pazienza...
5 E sono diventata un'accanita cybernauta: il social network [3] non ha più segreti per me!
6 Navigando su internet ho trovato dei siti incredibili sui misteri dell'antico Egitto!
7 Mi sono detta che non potevo non condividere le mie scoperte
8 e quindi mi sono creata un profilo in rete.
9 Stenterai a crederci, ma in pochi giorni mi sono ritrovata con più di cento amici!
10 – Mi lasci di stucco! Veramente bravissima!
11 Se continui di questo passo diventerai imbattibile!
12 Attenta [4] però! Cerca di non cadere nelle trappole della rete!
13 Trovo che è molto facile [5] finire nella dipendenza,
14 lasciarsi sedurre dal fascino del virtuale...
15 e dimenticare i poveri amici reali! □

Notes

2 **i progressi vengono fatti**, *les progrès se font* (litt. "les progrès viennent faits"). Il est désormais assez courant d'utiliser le verbe **venire**, *venir*, comme auxiliaire de la forme passive, à la place de **essere**, *être* : **Il caffé è buono solo se viene fatto con buona acqua!**, *Le café est bon seulement s'il est fait* (litt. "s'il vient fait") *avec une bonne eau !*

3 **il social network**, *les réseaux sociaux*, observez que l'italien utilise l'expression anglaise en la laissant toujours au singulier.

4 Je me suis dit que les progrès ne se font qu'à force de patience *(viennent faits seulement si on a patience)*...
5 Et je suis devenue une internaute acharnée : les réseaux sociaux n'ont plus de secrets pour moi !
6 En surfant *(navigant)* sur Internet j'ai découvert des sites incroyables sur les mystères de l'Égypte ancienne !
7 Je me suis dit que je ne pouvais pas ne pas partager mes découvertes
8 et donc je me suis créé un profil sur les réseaux sociaux.
9 Tu auras du mal à y croire, mais en peu de jours je me suis retrouvée avec plus de cent amis !
10 – Tu me laisses bouche bée ! Vraiment bravo !
11 Si tu continues de la sorte *(de ce pas)*, tu vas devenir imbattable !
12 Attention, toutefois ! Essaye de ne pas tomber dans les pièges du réseau !
13 Je trouve qu'il est très facile de sombrer *(finir)* dans la dépendance,
14 de se laisser séduire par le charme du virtuel...
15 et d'oublier les pauvres amis du réel *(réels)* !

4 **Attenta!**, *Attention !* ; dans ce type de contexte, il est tout à fait possible de dire **attenzione**, *attention*, mais très souvent on préfère utiliser l'adjectif, et il faut donc l'accorder : **attento** (litt. "attentif"), **attenta** (litt. "attentive"), **attenti** (litt. "attentifs") et **attente** (litt. "attentives").

5 **trovo che è molto facile (...)**, *je trouve que c'est très facile (...)* : vous le savez désormais, l'indicatif prend parfois la place du subjonctif dans la langue parlée. Rappelez-vous que cet emploi n'est réservé qu'à des situations très informelles !

Esercizio 1 – Traducete

❶ Ma siete bravissimi! Avete fatto dei progressi favolosi! ❷ Ho navigato tutto il giorno su internet ed ho trovato dei siti incredibili! ❸ Siamo sempre più sedotti dal fascino del virtuale. ❹ Stento a crederci, ha risolto tutto da solo! ❺ Carlo vuole assolutamente condividere le sue scoperte con tutti i suoi amici.

***

Esercizio 2 – Completate

❶ Les progrès ne se font qu'à force de patience !
I progressi . . . . se si ha tanta pazienza!

❷ S'ils continuent de la sorte, ils tomberont dans la dépendance.
Se continuano di . . . . finiranno nella dipendenza.

❸ Je dois me documenter davantage, je dois chercher des tutoriels.
Devo . . . . di più, devo cercare dei . . . .

95 Novantacinquesima lezione

Posso entrare?

1 – Permesso [1]?
2 – Prego, **e**ntri p**u**re! Mi d**i**ca [2]!
3 – Non vorr**e**i disturb**a**rLa, sar**ò** rapid**i**ssimo.
4 Vol**e**vo chi**e**derLe se, eccezionalm**e**nte,
5 **o**ggi p**o**sso and**a**r v**i**a un'**o**ra pr**i**ma del s**o**lito.

Notes

1 **Permesso?**, *Est-il permis d'entrer ?* ou **Posso?**, *Puis-je entrer ?*, sont deux formules que vous pouvez utiliser, selon votre préférence, pour demander poliment la permission d'entrer chez quelqu'un.

Corrigé de l'exercice 1

❶ Mais vous êtes vraiment très bons ! Vous avez fait des progrès fabuleux ! ❷ J'ai surfé toute la journée sur Internet et j'ai trouvé des sites incroyables ! ❸ Nous sommes de plus en plus séduits par le charme du virtuel. ❹ J'ai du mal à y croire, il a tout réglé tout seul ! ❺ Carlo veut absolument partager ses découvertes avec tous ses amis.

***

❹ Attention Carla, ne tombe pas dans ce piège !
. . . . Carla, non . . . . . . in questa . . . . !

❺ Gianni s'est créé un faux profil ! Tu me laisses bouche bée !
Gianni si è creato un . . . . falso! Mi lasci . . . . !

Corrigé de l'exercice 2

❶ – vengono fatti – ❷ – questo passo – ❸ – documentarmi – tutoriali
❹ Attenta – cadere – trappola ❺ – profilo – di stucco

Deuxième vague : 45e leçon

95

Quatre-vingt-quinzième leçon

Puis-je entrer ?

1 – Puis-je entrer ?
2 – Je vous en prie, entrez donc ! Que puis-je faire pour vous ? *(Dites-moi !)*
3 – Je ne voudrais pas vous déranger, je serai très rapide.
4 Je voulais vous demander si, exceptionnellement,
5 aujourd'hui je peux partir une heure plus tôt que d'habitude.

2 Dans ce type de phrase, **pure** vient seulement renforcer l'idée exprimée par le verbe : **si sieda pure**, *asseyez-vous donc* ; **faccia pure**, *faites donc*, etc. (voir aussi leçon 81).

6 Stamattina ho avuto un piccolo contrattempo.
7 Volevo scendere giù [3] un attimo a comprare le sigarette,
8 ma per la fretta sono scivolato [4] nelle scale e ho sbattuto la gamba contro la ringhiera.
9 Sul momento sembrava tutto a posto, la pelle era solamente un po' arrossata,
10 e adesso ho il ginocchio e la mano [5] destra che mi fanno sempre più male.
11 Vorrei avere il tempo di passare dal medico prima di rientrare.
12 – Mi dispiace molto! Spero che non ci sia nulla [6] di grave!
13 Ma sarebbe dovuto andarci [7] stamattina stessa, o almeno passare in infermeria!
14 Non serve a niente aspettare in queste situazioni, si rischia solo di aggravare il problema!
15 In ogni caso Le firmo subito il Suo permesso.
16 Si curi per bene e mi tenga al corrente! In bocca al lupo! [8] □

Notes

3 **scendere**, **scendere giù**, **andar giù**, ont tous le sens de *descendre*. Vous avez donc l'embarras du choix !

4 **sono scivolato**, *j'ai glissé* : notez qu'un certain nombre de verbes qui expriment un mouvement, comme **scendere**, **salire**, etc., exigent l'utilisation de l'auxiliaire **essere**, *être*.

5 **la mano**, *la main*, est un nom féminin irrégulier : il a les terminaisons habituelles des mots masculins, **la mano**, *la main* ; **le mani**, *les mains* (leçon 31).

6 Ce matin j'ai eu un petit contretemps.
7 Je voulais descendre une seconde acheter des cigarettes,
8 mais dans *(pour)* ma hâte j'ai *(suis)* glissé dans les escaliers, et je me suis cogné la jambe contre la rampe de l'escalier.
9 Sur le moment, tout semblait aller bien *(en place)*, la peau était juste un peu rouge *(rougie)*,
10 et maintenant j'ai le genou et la main droite qui me font de plus en plus *(toujours plus)* mal.
11 Je voudrais avoir le temps de passer chez le médecin avant de rentrer.
12 – Je suis vraiment *(très)* désolé ! J'espère qu'il n'y a *(ait)* rien de grave !
13 Mais vous auriez dû [y] aller ce matin même, ou du moins passer à l'infirmerie !
14 Cela ne sert à rien d'attendre dans ce genre de *(ces)* situation, on risque seulement d'aggraver le problème !
15 En tout cas, je vous signe tout de suite votre autorisation.
16 Soignez-vous *(pour)* bien, et tenez-moi au courant ! Bonne chance *(dans la gueule du loup)* !

6 **nulla** et **niente**, *rien*, sont parfaitement synonymes. Encore une fois, vous pouvez choisir l'un ou l'autre à votre guise !

7 **sarrebe dovuto andarci**, *vous auriez dû y aller* ; depuis la leçon 66, vous savez que **dovere**, **potere** et **volere** prennent l'auxiliaire du verbe qui les suit ; en voici encore un exemple !

8 **in bocca al lupo**, *bonne chance !* ; une expression idiomatique à utiliser chaque fois que vous voudrez souhaiter un dénouement heureux !

Esercizio 1 – Traducete

❶ Pensavo che non ci fosse nulla di grave e, per fortuna, fu così. ❷ In ogni caso devi andare dal medico per il tuo ginocchio! ❸ Ci potremmo vedere una mezz'ora prima del solito, domani? ❹ Mamma, non ho finito i compiti e la testa mi fa sempre più male. ❺ Luca voleva scendere giù in giardino a giocare, ma è scivolato nelle scale.

Esercizio 2 – Completate

❶ Pourrais-tu répondre à cette lettre et l'envoyer ce matin même ?
. . . . rispondere a . . . . e mandarla . . . . ?

❷ Elle m'a dit qu'elle descendrait acheter des cigarettes.
Mi . . . . che . . . . a comprare le sigarette.

❸ Je peux ? – Je vous en prie, Madame, entrez !
. . . . ? – Prego, Signora, ... !

❹ J'aurais dû (*masc.*) aller dîner chez Paola hier soir, mais, je n'ai pas pu.
. . . . a cena . . Paola ieri sera, ma non . . . .

❺ Je ne voudrais pas te déranger ! – Tu ne me déranges pas du tout. Que puis-je faire pour toi *(Dis-moi donc !)* ?
Non . . . . ! – Non . . . . per niente. . . . . . pure!

Corrigé de l'exercice 1

❶ Je pensais qu'il n'y avait rien de grave, et heureusement, ce fut le cas. ❷ En tout cas tu dois aller chez le médecin pour ton genou ! ❸ Pourrions-nous nous voir une demi-heure plus tôt que d'habitude, demain ? ❹ Maman, je n'ai pas fini mes devoirs et j'ai de plus en plus mal à la tête. ❺ Luca voulait descendre jouer dans le jardin, mais il a glissé dans les escaliers.

Corrigé de l'exercice 2

❶ Potresti – questa lettera – stamattina stessa ❷ – ha detto – sarebbe scesa giù – ❸ Permesso – entri pure ❹ Sarei dovuto andare – da – ho potuto ❺ – vorrei disturbarti – mi disturbi – Dimmi –

Deuxième vague : 46e leçon

Novantaseiesima lezione

Dans cette leçon et dans la suivante, nous vous présentons des tournures appartenant à la langue parlée, très fréquentes dans les conversations.

Vorrei domandarti se...

1 – Mario, vorrei chiederti qualcosa, ma non oso...
2 – Dai, parla! Niente di serio, almeno?
3 – Sì e no... non saprei come dirti... sono un po' imbarazzato...
4 – Quante storie! Ti prometto che resterò cortese,
5 e che non mi arrabbierò dinanzi a nessuna assurdità.
6 – Be', ecco, la settimana scorsa ho conosciuto una ragazza splendida!
7 Credimi, uno sballo, un vero portento...
8 Mi piace moltissimo! Veramente la donna dei miei sogni!
9 Alta, ben fatta, capelli lunghi e biondi,
10 uno sguardo malizioso, una bocca sensuale...
11 – Mica [1] male! Congratulazioni! ... Ma io, che c'entro [2]?
12 Vuoi che le faccia la corte al tuo posto?
13 – Non fare l'idiota! Sai che io mi trovo un po' mingherlino, e rispetto a lei... così bella...

Notes

1 **Mica male!**, *Pas mal (du tout) !* : **mica** (litt. "miette") peut être utilisé dans des expressions négatives pour en renforcer la valeur. C'est alors un synonyme informel de **per niente**, *du tout* : **non è mica tardi**, ou **non è tardi per niente**, *il n'est pas tard du tout*. Dans des phrases interrogatives, en revanche, **mica** est synonyme de **forse**, *peut-être* ; **per**

Quatre-vingt-seizième leçon

Utilisez-les aussi souvent que possible, mais n'oubliez pas qu'elles ne sont pas adaptées à un discours écrit ou formel.

Je voudrais te demander si...

1 – Mario, je voudrais te demander quelque chose, mais je n'ose pas...
2 – Vas-y, raconte *(Donne, parle)* ! Rien de sérieux, au moins ?
3 – Oui et non... je ne sais *(saurais)* pas comment te dire... je suis un peu gêné...
4 – Que *(combien)* d'histoires ! Je te promets que je resterai aimable,
5 et que je ne me fâcherai devant aucune absurdité.
6 – Ben voilà, la semaine dernière, j'ai fait la connaissance d'une fille magnifique !
7 Crois-moi, un canon, un véritable prodige...
8 Elle me plaît énormément ! Tout à fait la femme de mes rêves !
9 Grande, bien faite, des cheveux longs et blonds,
10 un regard malicieux, une bouche sensuelle...
11 – Pas mal ! Félicitations ! ... Mais en quoi est-ce que ça me concerne, moi *(que j'y entre)* ?
12 Veux-tu que je lui fasse la cour à ta place ?
13 – Ne fais pas l'idiot ! Tu sais que je me trouve un peu maigrichon, et vis-à-vis d'elle... si belle...

caso, *par hasard* : **Non hai mica visto il mio libro?**, *Tu n'as pas vu mon livre, par hasard ?*

2 **che c'entro**, *en quoi ça me regarde* : voici encore une tournure de la langue parlée. Son équivalent plus formel est **Non ho niente a che vedere**, *Je n'ai rien à voir [avec ça]*.

14 Insomma vorrei fare bella figura! Mi chiedevo se potevi prestarmi [3] la tua moto,
15 le faccio fare un giro, sai che a guidare sono bravo, e conosco dei posticini alla moda...
16 Magari [4] riesco a impressionarla... a far colpo! □

Notes

3 **mi chiedevo se potevi** (...), *je me demandais si tu pouvais* (...) ; voici une nouvelle illustration du penchant de la langue parlée pour l'imparfait de l'indicatif dans les phrases hypothétiques. Ici, la phrase formelle donnerait : **Mi chiedevo se tu potessi prestarmi la tua moto**.

***

Esercizio 1 – Traducete

❶ Come, Marco è caduto giocando al pallone! Niente di serio, spero! ❷ Dai, dimmi chi è quella ragazza bionda che non smetteva di guardarti! ❸ Luca voleva sapere se gli potevo prestare i miei giornalini. ❹ Scusatemi, ma veramente non capisco che c'entro in questa storia! ❺ Quante storie per dieci minuti di ritardo!

***

Esercizio 2 – Completate

❶ Pas mal, ton amie ! Elle est blonde, grande, bien faite !
. . . . tua amica! È bionda, ... , ... !

❷ Si j'arrive en moto et avec un bouquet de fleurs, je l'impressionnerai peut-être !
. . . . in moto e con un . . . . . . di fiori, ... l'impressionerò!

❸ Le concert m'a plu énormément ! Ça a été vraiment splendide !
Il . . . . mi . . . . moltissimo! . . . . . . veramente . . . . !

14 **Bref, je voudrais l'impressionner** *(faire belle figure)* **! Je me demandais si tu pouvais me prêter ta moto,**

15 **je lui fais faire un tour, tu sais que je suis bon conducteur, et je connais des** *(petits)* **endroits à la mode…**

16 **peut-être [que] j'arriverai à l'impressionner… à lui taper dans l'œil [même] !**

4 **magari** est très employé par les Italiens : il dérive du mot grec *makárie, oh, bienheureux !* Il peut servir à exprimer un désir intense et difficile à satisfaire : **Magari riesco a impressionarla**, *Je serais très heureux si je pouvais l'impressionner*. Dans d'autres contextes, c'est un synonyme de **forse**, *peut-être* : **Magari saranno arrivati**, *Peut-être sont-ils arrivés*.

***

Corrigé de l'exercice 1

❶ Comment, Marco est tombé en jouant au ballon ! Rien de sérieux, j'espère ! ❷ Allez, dis-moi qui est cette fille blonde qui n'arrêtait pas de te regarder ! ❸ Luca voulait savoir si je pouvais lui prêter mes journaux. ❹ Excusez-moi, mais je ne comprends vraiment pas ce que j'ai à voir avec cette histoire ! ❺ Que d'histoires pour dix minutes de retard !

***

❹ **Leur proposition n'a rien à voir avec notre projet.**
.. loro . . . . non . . . . col nostro . . . .

❺ **Mais qu'ai-je à voir avec l'homme de ses rêves ?**
Ma io . . . . con l'uomo . . . . ?

Corrigé de l'exercice 2

❶ Mica male la – alta, ben fatta ❷ Se arrivo – fascio – magari – ❸ – concerto – è piaciuto – È stato – splendido ❹ La – proposta – ha niente a che vedere – progetto ❺ – che c'entro – dei suoi sogni

Deuxième vague : 47e leçon

97

Novantasettesima lezione

Grazie lo stesso

1 – Salve Piero! Allora com'**è** andata [1]?
2 – Un disastro, Mario, un disastro! Non mi è servita [2] a niente la tua moto!
3 Non sono neanche riuscito ad usarla!
4 Ieri sera l'avevo vista seduta al bar con un'amica.
5 Per mezz'ora ho girellato [3] lì davanti come un cretino,
6 facendo finta di non riuscire a parcheggiare,
7 senza poter trovare il coraggio di avvicinarmi a lei e di rivolgerle la parola!
8 Poi finalmente, facendomi violenza, ho osato chiedere se potevo sedermi con loro.
9 Ho ordinato degli aperitivi...
10 In realtà sembravano contente di vedermi.
11 Abbiamo chiacchierato del più e del meno, si è fatto tardi, abbiamo chiesto il conto,
12 ho pagato per tutti, ho lasciato una grossa mancia... e niente, non le ho chiesto niente!
13 Ero furioso contro di me, me ne volevo a morte! Mi sarei letteralmente preso a schiaffi!

Notes

1 **Com'è andata?**, *Comment ça s'est passé ?*, est une expression appartenant aussi à la langue parlée : **Come va con Mario?**, *Comment ça se passe avec Mario ?* ; **Com'è andato il tuo viaggio?**, *Comment s'est passé ton voyage ?*

Quatre-vingt-dix-septième leçon

Merci quand même

1 – Salut, Piero ! Alors, comment ça s'est passé ?
2 – Un désastre, Mario, un désastre ! Ta moto ne m'a servi à rien !
3 Je ne suis même pas parvenu à en tirer profit *(à l'utiliser)* !
4 Hier soir je l'avais vue assise au café avec une amie.
5 Pendant une demi-heure je suis passé et repassé *(là)* devant comme un crétin,
6 [tout en] faisant semblant de ne pas arriver à me garer,
7 sans pouvoir trouver le courage de m'approcher d'elle et de lui adresser la parole !
8 Enfin, en me faisant violence, j'ai osé demander si je pouvais m'asseoir avec elles.
9 J'ai commandé des apéritifs…
10 En fait, elles paraissaient contentes de me voir.
11 Nous avons bavardé de tout et de rien *(du plus et du moins)*, il s'est fait tard, nous avons demandé l'addition,
12 j'ai payé pour tout le monde, j'ai laissé un gros pourboire… et rien, je ne lui ai rien demandé !
13 J'étais furieux contre moi-même, je m'en voulais à mort ! Je me serais giflé *(littéralement pris à gifles)* !

2 **è servita**, *a servi* : observez l'utilisation de l'auxiliaire **essere**, *être*, avec **servire**, *servir*. C'est une des rares différences entre l'italien et le français en matière de choix de l'auxiliaire. À bien mémoriser, surtout !

3 **girellare** est une variation du verbe **girare**, *tourner*, ou dans ce contexte, *passer et repasser*, *flâner*. L'image évoquée par **girellare** est celle de quelqu'un qui ne cesse de tourner en rond en attendant que le temps passe…

14 Mi sai dire perchè sono così timido?
15 – Sbaglio, Piero, o è il tuo cellulare che suona?
16 – Sì... sì... sì... certo... certo... sì... sì... (...)
17 Era lei! Mi chiedeva se ci vediamo [4] domani sera!!!
18 Stento a crederci! Dimmi che son sveglio! □

Note

4 **Me chiedeva se ci vediamo**, *Elle me demandait si nous pourrions nous voir* ; si l'indicatif remplace de plus en plus le subjonctif dans la langue parlée, son usage systématique garde une connotation un peu négative, renvoyant à un manque d'instruction. Une solution intermédiaire (moins familière que la phrase du dialogue mais moins formelle que **Mi ha chiesto se potessimo vederci domani**) serait d'utiliser un verbe à l'infinitif dans la 2nde partie de la phrase : **Mi ha chiesto di vederci domani**, *Il m'a demandé [si nous pouvions] nous voir demain* (litt. "Il m'a demandé de nous voir demain").

***

Esercizio 1 – Traducete

❶ Ciao, Carla, com'è andato il tuo colloquio, sei stata assunta? ❷ Faceva finta di essere calmo, ma in realtà era arrabbiatissimo. ❸ Era Carla che voleva sapere se ci vediamo sabato prossimo. ❹ Quel ragazzo è un disastro, non osa mai chiedere niente. ❺ Girellava davanti al bar come un cretino, e dopo mezz'ora finalmente è riuscito a parlare!

14 Tu peux *(Tu sais)* me dire pourquoi je suis si timide ?
15 – Je me trompe, Piero, ou c'est ton portable qui sonne ?
16 – Oui... oui... oui... certainement... certainement... oui... oui... (...)
17 C'était elle ! Elle me demandait si on [pouvait] se voir *(se voit)* demain soir !!!
18 J'ai du mal à y croire ! Dis-moi que je ne suis pas en train de rêver *(que je suis éveillé)* !

***

Corrigé de l'exercice 1

❶ Salut, Carla, comment s'est passé ton entretien, tu as été embauchée ? ❷ Il faisait semblant d'être calme, mais en réalité il était très en colère. ❸ C'était Carla qui voulait savoir si nous nous voyons samedi prochain. ❹ Ce garçon est une catastrophe, il n'ose jamais rien demander. ❺ Il passait et repassait devant le café comme un crétin, et après une demi-heure, il a enfin réussi à parler !

Esercizio 2 – Completate

❶ Je me trompe ou elle a été plutôt contente de te voir ?
Mi . . . . o . . . . . . piuttosto contenta di . . . . ?

❷ Elle m'a appelé sur mon portable et nous avons bavardé longuement, de tout et de rien.
Mi . . . . sul mio . . . . e abbiamo . . . . a lungo, ... e . . . .

❸ Monsieur Rossi préférerait que vous rappeliez cet après-midi.
Il . . . . . . Rossi . . . . che Lei . . . . questo pomeriggio.

❹ Elle voulait que nous allions tous dîner chez tante Luisa.
Voleva che . . . . tutti a cena . . . . . . Luisa.

98

Novantottesima lezione

Revisione – Révision

Puisqu'au cours des six dernières leçons, vous avez essentiellement revu des notions déjà acquises, nous vous proposons une leçon de révision plus légère que les précédentes… Cela peut être l'occasion de revoir les points grammaticaux qui vous posaient problème lors des leçons de révision précédentes.

1 Subjonctif ou indicatif ?

Comment choisir entre subjonctif et indicatif dans les phrases suivantes :
Mi ha chiesto se volevo/se volessi andare al cinema con lui, *Il m'a demandé si je voulais aller au cinéma avec lui.*
Mi sembrava che avesse/che aveva presentato un progetto interessante, *Il me semblait qu'il avait présenté un projet intéressant.*

Le dilemme n'est pas cornélien : dans les situations formelles – à l'écrit et lorsqu'on utilise le vouvoiement –, il faut utiliser le

❺ Il me semblait qu'elle était/fût la femme qu'il avait toujours espéré rencontrer.
. . . . che . . . / . . . . . la donna che aveva sempre . . . .

Corrigé de l'exercice 2
❶ – sbaglio – è stata – vederti ❷ – ha chiamato – cellulare – chiacchierato – del più – del meno ❸ – Dottor – preferirebbe – richiamasse – ❹ – andassimo – da zia – ❺ Mi sembrava – era/fosse – sperato di incontrare

Deuxième vague : 48e leçon

98

Quatre-vingt-dix-huitième leçon

subjonctif. En revanche, dans les situations amicales ou informelles, il est tout à fait possible d'utiliser l'indicatif. Notez toutefois que le subjonctif convient très bien également et vous permettra, de surcroît, d'épater votre auditoire !

2 Le suffixe *-ellare*

Le suffixe **-ellare** peut modifier le sens de certains verbes tels que **saltare**, *sauter*, qui devient **saltellare**, *sautiller*, ou **girare**, *tourner*, qui devient **girellare**, *flâner, passer et repasser*.

3 La forme passive avec le verbe *venire*

Dans l'italien d'aujourd'hui, et surtout dans la presse, la structure des formes passives compte avec quelque originalité. Nous l'avons vu en leçon 74, il est courant, à la voix passive, de voir l'expression **dover essere** remplacée par le verbe **andare**, comme par exemple dans la phrase : **Questo lavoro va fatto rapidamente**, *Ce travail doit être fait rapidement*.

Il en est de même pour le verbe **venire**, qui vient de plus en plus se substituer au verbe **essere** dans des phrases comme : **I progressi vengono fatti se si ha pazienza**, *On fait des progrès* (litt. "les progrès viennent faits") *si l'on a de la patience.*

4 Expressions à retenir

Vous voilà presque arrivé à la fin de l'ouvrage et vous avez progressivement engrangé un nombre impressionnant d'expressions et de tournures lexicales. En voici quelques-unes de plus, très simples à

Dialogo di revisione

1 – Mica male, la tua nuova amica, Piero! Congratulazioni!
2 – Sì, ma io sono un disastro! Abbiamo chiacchierato, abbiamo chiacchierato, e non sono riuscito a chiederle niente!
3 Sono anche caduto dalla moto e ho la mano che mi fa sempre più male!
4 – Dai, quante storie, sono sicuro che non c'è nulla di grave alla tua mano,
5 e che Lisa ti telefonerà entro domani sera!
6 A proposito, mi aiuteresti a far funzionare il mio nuovo computer?
7 È un aggeggio troppo sofisticato per me, non riesco neanche ad accenderlo.
8 Figurati che ieri mi ci sono messo per più di tre ore,
9 e alla fine avevo voglia solo di buttarlo dalla finestra!
10 – Vedrai che in un giorno riesco a spiegarti tutto e anche a darti due o tre segreti.
11 – Beato te, niente ti sembra difficile con un computer!

retenir. N'oubliez pas de les réutiliser en contexte pour être sûr de les avoir bien comprises !
Bravissima!
Mi dispiace molto!
Quante storie... Dai, parla!
Mica male!
Figurati!
In bocca al lupo!

12 Io vorrei essere nato nel 1901 (millenovecentouno), quando si scriveva solo a mano.

Traduction

1 Pas mal, ta nouvelle amie, Piero ! Félicitations ! **2** Oui, mais je suis une catastrophe ! Nous avons bavardé, bavardé, et je n'ai réussi à rien lui demander ! **3** Je suis même tombé de la moto et j'ai de plus en plus mal à la main ! **4** Allez, que d'histoires, je suis sûr que tu n'as rien de grave à la main, **5** et que Lisa te téléphonera avant demain soir ! **6** Au fait, m'aiderais-tu à faire fonctionner mon nouvel ordinateur ? **7** C'est un engin trop sophistiqué pour moi, je n'arrive même pas à l'allumer. **8** Figure-toi qu'hier, je m'y suis mis pendant plus de trois heures, **9** et à la fin je n'avais qu'une envie : le jeter par la fenêtre ! **10** Tu verras qu'en un jour j'arriverai à tout t'expliquer, et même à te donner deux ou trois trucs *(secrets)*. **11** Tu as de la chance, rien ne te paraît difficile avec un ordinateur ! **12** Je voudrais être né en 1901, lorsqu'on écrivait seulement à la main.

Deuxième vague : 49e leçon

Novantanovesima lezione

Pour les deux dernières leçons, nous vous présentons de nouvelles expressions idiomatiques et vous proposons une petite promenade

Non vedo l'ora di essere in Italia!

1 – Ciao, Robert! Ida mi ha detto che stai imparando [1] l'italiano!
2 – Sì, non vedo l'ora [2] di andare in Italia!
3 Sto progettando un soggiorno linguistico di due mesi
4 e non dispero di riuscire a trovare un lavoro, anche a metà tempo:
5 professore di francese, cameriere, bagnino... tutto andrà bene!
6 – Vedo che sei molto motivato! E come mai [3] l'Italia ti piace tanto?
7 – Non lo so. Mi piace tutto:
8 la natura, i monumenti, la cucina, le donne...
9 i profumi, la magia del Mediterraneo, chissà!
10 – Ti capisco! Mi fai ripensare al mio primo viaggio in Italia, dieci anni fa [4].
11 Avevo appena [5] conosciuto Ida,

Notes

1 **stai imparando**, *tu es en train d'apprendre* : vous souvenez-vous de la forme progressive, que l'on obtient grâce au verbe **stare**, *être*, suivi du gérondif du verbe en question ? (leçon 44).

2 **non vedo l'ora**, *j'ai hâte* : vous connaissez cette expression idiomatique depuis la leçon 54. Voyez un autre exemple : **Ida non vedeva l'ora di uscire**, *Ida avait hâte de sortir*.

Quatre-vingt-dix-neuvième leçon

parmi des sujets que vous connaissez déjà. Ce sera l'occasion d'une révision rapide, avant d'aborder le niveau Perfectionnement !

J'ai hâte *(je ne vois pas l'heure)* d'être en Italie !

1 – Salut Robert ! Ida m'a dit que tu étais *(es)* en train d'apprendre l'italien !
2 – Oui, j'ai hâte d'aller en Italie !
3 Je suis en train d'organiser *(projeter)* un séjour linguistique de deux mois
4 et je ne désespère pas de pouvoir trouver un travail, même à mi-temps :
5 professeur de français, serveur, maître nageur... tout m'ira !
6 – Je vois que tu es très motivé ! Et comment se fait-il *(comment jamais)* [que] tu aimes tellement l'Italie ?
7 – Je ne *(le)* sais pas. Tout m'[y] plaît :
8 la nature, les monuments, la cuisine, les femmes...
9 les parfums, la magie de la Méditerranée, que sais-je encore !
10 – Je te comprends ! Tu me fais repenser à mon premier voyage en Italie il y a dix ans.
11 Je venais de faire la connaissance de Ida,

3 **Come mai (...)?** (litt. "comment jamais ?"), *Comment se fait-il (...) ?*, est une expression idiomatique un peu étrange, mais très employée dans le langage courant. À retenir !

4 **dieci anni fa**, *il y a dix ans*, à ne pas confondre avec *cela fait dix ans*, **sono dieci anni** ! Nous avons étudié ces expressions en leçon 37.

5 **Avevo appena conosciuto Ida**, *Je venais de rencontrer Ida* : voici un exemple de passé proche, tournure que vous connaissez depuis la leçon 60. Un autre exemple ? **Ho appena comprato questo giornale**, *Je viens d'acheter ce journal*.

12 che **e**ra ven**u**ta a Par**i**gi per f**a**re un c**o**rso di frances**e**se.
13 Qu**a**ndo è torn**a**ta in It**a**lia,
14 **e**ro così innamor**a**to di l**e**i che non pot**e**vo immagin**a**re di separ**a**rmi da l**e**i!
15 L'ho segu**i**ta s**u**bito, e mi s**o**no innamor**a**to **a**nche dell'It**a**lia!
16 Non me ne s**o**no m**a**i pent**i**to, **a**nzi se pot**e**ssi ricominci**a**re da c**a**po, rifar**e**i le st**e**sse c**o**se! □

***

Esercizio 1 – Traducete

❶ Anna non vede l'ora di conoscere i monumenti di Firenze! ❷ Hanno deciso di partire, e sono appena tornati! ❸ Robert ha imparato l'italiano proprio bene! ❹ Ripenso a quello che mi ha detto Carla domenica. ❺ Abbiamo visto Paolo due settimane fa.

Esercizio 2 – Completate

❶ Carlo vient de rentrer de Rome, et il en est enthousiaste.
Carlo . . . . tornato . . Roma, e . . . entusiasta.

❷ Comment se fait-il que vous aimiez *(aimez)* tellement la France ?
. . . . vi . . . . . tanto la Francia?

❸ Je te comprends ! Tu es très amoureux !
. . . . ! Sei molto . . . . !

❹ Je ne sais pas pourquoi, mais j'aime tout de cet homme !
. . . . . perché, ma . . piace tutto di . . . . !

❺ J'ai commencé à y penser il y a un an.
Ho cominciato a . . . . un . . . .

12 qui était venue à Paris pour suivre *(faire)* un cours de français.

13 Quand elle est retournée en Italie,

14 j'étais tellement amoureux que je ne pouvais pas imaginer me séparer d'elle !

15 Je l'ai suivie tout de suite, et je suis tombé amoureux de l'Italie aussi !

16 Je ne l'ai jamais regretté *(ne me suis repenti)*, et même, si je pouvais revenir en arrière *(recommencer dès le début)*, je referais les mêmes choses !

***

Corrigé de l'exercice 1

❶ Anna a hâte de connaître les monuments de Florence ! ❷ Ils ont décidé de partir, et ils viennent [juste] de rentrer ! ❸ Robert a vraiment bien appris l'italien ! ❹ Je repense à ce que m'a dit Carla dimanche. ❺ Nous avons vu Paolo il y a deux semaines.

Corrigé de l'exercice 2

❶ – è appena – da – ne è – ❷ Come mai – piace – ❸ Ti capisco – innamorato ❹ Non so – mi – quest'uomo ❺ – pensarci – anno fa

Deuxième vague : 50e leçon

100 Centesima lezione

E perché no!

1 – Magari [1] potessi incontrare anche io una bella italiana!

2 – E perché no! A che punto sei con il tuo italiano?

3 – Be', mi sembra che me la cavo [2] abbastanza bene!

4 Anche se ho cominciato solamente da quattro mesi [3],

5 sono molto fiero di me perchè ieri ho fatto un test di livello

6 e ho avuto un punteggio più che decoroso,

7 sia in comprensione che in produzione!

8 Ma sono veramente soddisfatto perchè l'altro giorno ho chiacchierato tutto il pomeriggio con Eva,

9 la mia vicina di casa italiana.

10 – Complimenti [4]! Immagino che hai avuto un bravo [5] insegnante

11 per poter progredire così rapidamente!

12 – Ho avuto un insegnante bravissimo,

Notes

1 Le mot **magari** exprime l'espoir, comme ici *si seulement*, ou une incertitude, *peut-être* (voir leçons 45 et 96). N'hésitez pas à l'employer, on vous félicitera pour la richesse de votre vocabulaire !

2 Comme la traduction l'indique, **cavarsela** (litt. "se la sortir"), correspond au français *se débrouiller*. On l'entend souvent, mais dans les conversations informelles uniquement.

Centième leçon

Et pourquoi pas !

1 – Si seulement je pouvais rencontrer moi aussi une belle Italienne !
2 – Et pourquoi pas ! Où en es-tu *(à quel point es-tu)* avec ton italien ?
3 – Ben, il me semble que je me débrouille assez bien !
4 Même si j'ai commencé depuis quatre mois seulement,
5 je suis très fier de moi car hier, j'ai passé *(fait)* un test de niveau
6 et j'ai fait *(eu)* un score plus qu'honorable *(digne)*,
7 aussi bien en compréhension qu'en thème *(production)* !
8 Mais ce qui est ma plus grande satisfaction c'est que *(je suis vraiment satisfait parce que)* l'autre jour j'ai bavardé tout l'après-midi avec Eva,
9 ma voisine *(de maison)* italienne.
10 – Félicitations ! J'imagine que tu as eu un bon professeur
11 pour pouvoir progresser si rapidement !
12 – J'ai eu un excellent professeur,

3 La préposition **da** exprime ici une idée de temps, et signifie donc *depuis* (leçon 37).

4 **complimenti** ou **congratulazioni**, *félicitations*, sont deux expressions parfaitement équivalentes à utiliser pour féliciter quelqu'un. Nous avions rencontré le mot **congratulazioni** en leçon 22… il y a si longtemps déjà !

5 **un bravo insegnante**, *un bon professeur* ; nous aurions pu dire également **un buon insegnante**, mais lorsqu'il est question de compétence, voire d'excellence, l'italien préfère le mot **bravo**, ou **bravissimo**.

13 sempre paziente, sempre disponibile... decisamente il migliore!
14 – Interessante! E come si chiama?
15 – Assimil! Te lo consiglio!

***

Esercizio 1 – Traducete

❶ Te la cavi bene nel tuo nuovo lavoro! ❷ Non ho notizie di mia sorella da tre settimane. ❸ Magari potessi venire con voi l'estate prossima! ❹ È la mia vicina! È simpaticissima! ❺ Complimenti! La tua nuova casa è molto bella!

Esercizio 2 – Completate

❶ Viendrais-tu au cinéma avec moi ? – Pourquoi pas !
. . . . cinema con me? – . . . . !

❷ Carlo est toujours aussi patient et aussi disponible ?
Carlo è . . . . . . così . . . . e così
. . . . ?

❸ C'est un spectacle excellent ! Je vous le conseille !
È uno . . . . eccellente! . . . . !

❹ Il bavarde au téléphone avec Elena depuis une heure !
. . . . al telefono con Elena . . . . !

❺ Roberta est vraiment très contente de sa méthode d'italien.
Roberta è veramente . . . . del suo metodo . . . .

13 toujours patient, toujours disponible... sans aucun doute le meilleur !

14 – [C'est] intéressant ! Et comment s'appelle-t-il ?

15 – Assimil ! Je te le conseille !

***

Corrigé de l'exercice 1

❶ Tu te débrouilles bien dans ton nouveau travail ! ❷ Je n'ai pas de nouvelles de ma sœur depuis trois semaines. ❸ Si seulement je pouvais venir avec vous l'été prochain ! ❹ C'est ma voisine ! Elle est très sympathique ! ❺ Félicitations ! Ta nouvelle maison est très belle.

Corrigé de l'exercice 2

❶ Verresti al – Perché no ❷ – sempre – paziente – disponibile ❸ – spettacolo – Ve lo consiglio ❹ Chiacchiera – da un'ora ❺ – molto contenta – di italiano

***Vous voilà arrivé à la fin de votre méthode Assimil* L'Italien *! Nous vous en félicitons, tout en vous invitant, bien sûr, à terminer la deuxième vague : cette phase, réellement active, au cours de laquelle vous traduirez les textes des leçons 51 à 100 du français vers l'italien, ne fera que renforcer vos acquis. Bon courage et bonne continuation !* Arrivederci!**

Deuxième vague : 51e leçon

Appendice grammatical

Sommaire

1 Les sons de l'italien

L'alphabet italien comporte 21 lettres, 5 voyelles et 16 consonnes : **A** *[a]*, **B** *[bi]*, **C** *[tchi]*, **D** *[di]*, **E** *[é]*, **F** *[èffè]*, **G** *[dji]*, **H** *[akka]*, **I** *[i]*, **L** *[èllè]*, **M** *[èmmè]*, **N** *[ènnè]*, **O** *[o]*, **P** *[pi]*, **Q** *[kou]*, **R** *[èrrè]*, **S** *[èssè]*, **T** *[ti]*, **U** *[ou]*, **V** *[vi]*, **Z** *[tsèta]*.
À ces lettres il faut en ajouter 5 autres, présentes dans les nombreux mots étrangers qui aujourd'hui font partie du lexique italien : **J** *[i lou'nga]*, **K** *[kappa]*, **W** *[doppia vou]*, **X** *[iks]* et **Y** *[ipsilon]*.
Toutes les consonnes sont de genre féminin.

2 Les articles

2.1 Les articles définis

Masculin	Singulier	Pluriel
devant une consonne	**il ristorante**	**i ristoranti**
devant **s** + consonne	**lo spettacolo**	**gli spettacoli**
devant **z**, **gn**, **x**, **ps**	**lo zio**	**gli zii**
devant voyelle	**l'oggetto**	**gli oggetti**

Féminin	Singulier	Pluriel
devant une consonne	**la pizza**	**le pizze**
devant une voyelle	**l'autostrada**	**le autostrade**

→ Attention, lorsque les prépositions **di**, **a**, **da**, **su**, **in** sont employées devant un article défini, on préfère utiliser leurs formes contractées :

+	il	lo	la	l'	i	gli	le
di	**del**	**dello**	**della**	**dell'**	**dei**	**degli**	**delle**
a	**al**	**allo**	**alla**	**all'**	**ai**	**agli**	**alle**
da	**dal**	**dallo**	**dalla**	**dall'**	**dai**	**dagli**	**dalle**
su	**sul**	**sullo**	**sulla**	**sull'**	**sui**	**sugli**	**sulle**
in	**nel**	**nello**	**nella**	**nell'**	**nei**	**negli**	**nelle**

2.2 Les articles indéfinis

Masculin	Singulier
devant une consonne	un **ristorante**
devant voyelle	un **oggetto**
devant **s** + consonne, **z**, **gn**, **x**, **ps**	uno **spettacolo**, uno **zio**

Féminin	Singulier
devant une consonne	una **pizza**
devant une voyelle	un'**autostrada**

3 Les noms

3.1 Le genre des noms

Les noms ont deux genres, le masculin et le féminin.

– Sont généralement de genre masculin les noms en **-o** : **il treno**, *le train*.

– Sont généralement de genre féminin les noms en **-a** : **la strada**, *la rue*.

– Les noms en **-e** peuvent être masculin ou féminin : **il padre**, *le père* ; **la madre**, *la mère*.

3.2 Le nombre des noms

– Les noms en **-o** ont généralement un pluriel en **-i** : **il treno → i treni**,

– Les noms en **-a** ont généralement un pluriel en **-e** : **la strada → le strade**.

– Les noms en **-e**, masculins et féminins, ont un pluriel en **-i** : **il padre → i padri** ; **la madre → le madri**.

– Les exceptions, au singulier et au pluriel, sont toutefois relativement nombreuses.

4 Les adjectifs

4.1 Les adjectifs qualificatifs

• **L'accord des adjectifs**

Les adjectifs qualificatifs réguliers s'accordent en genre et en nombre avec le nom qu'ils qualifient.

– Les adjectifs qualificatifs à quatre formes d'accord

Les adjectifs à quatre formes d'accord se terminent, comme les noms, par **-o** ou par **-a** au singulier :
il ragazzo italiano, *le garçon italien*
la ragazza italiana, *la fille italienne*

Au pluriel, ils prennent alors les terminaisons **-i**, **-e** :
i ragazzi italiani, *les garçons italiens*
le ragazze italiane, *les filles italiennes*

– Les adjectifs qualificatifs à deux formes d'accord

Les adjectifs à deux formes d'accord se terminent par **-e** au singulier, et par **-i** au pluriel ; ils peuvent qualifier aussi bien des noms masculins que féminins :
il ragazzo francese, *le garçon français*
i ragazzi francesi, *les garçons français*
la ragazza francese, *la fille française*
le ragazze francesi, *les filles françaises*

• **Degrés de l'adjectif : comparatif et superlatif**

Lorsque l'adjectif exprime une comparaison, il est au degré comparatif.
Les formules les plus utilisées sont : **più di**, *plus que* ; **meno di**, *moins que* :
La giacca è più cara della gonna, *La veste est plus chère que la jupe.*
Il pantalone è meno caro della giacca, *Le pantalon est moins cher que la veste.*
Lorsqu'un adjectif exprime une qualité à son degré le plus élevé, il est au degré superlatif.

Les formules à utiliser sont : **il più di**, **il meno di**, pour le superlatif relatif, et la terminaison **-issimo** (**a**, **i**, **e**) pour le superlatif absolu :
Sono i giocattoli più cari di tutti, *Ce sont les jouets les plus chers de tous.*
Questi giocattoli sono carissimi, *Ces jouets sont très chers.*

4.2 Les adjectifs démonstratifs

Les adjectifs démonstratifs **questo**, *ce…-ci* ; **questa**, *cette…-ci* ; **questi**, *ces…-ci* (masc.) ; **queste**, *ces…-ci* (fém.), indiquent une relation de proximité, spatiale ou temporelle, réelle ou supposée, avec la personne qui les utilise :
Vorrei provare questa giacca, *Je voudrais essayer cette veste.*

Quello, en revanche, indique une relation d'éloignement :
No, non questa giacca, quella giacca, *Non, pas cette veste(-ci), cette veste-là.*

Notez finalement que l'on peut renforcer le sens de **questo** par **qui** ou **qua**, ici, et le sens de **quello** par **lì** ou **là**, *là-bas*.

4.3 Les adjectifs indéfinis

Qualche, *quelques*, est un adjectif invariable :
C'era qualche amico, *Il y avait quelques amis.*
Ogni, *chaque*, est lui aussi un adjectif invariable :
Ci vado ogni settimana, *J'y vais chaque semaine.*
Nessuno, *aucun*, possède un féminin :
Nessuna ragazza è venuta, *Aucune fille n'est venue.*

4.4 Les adjectifs interrogatifs

Quale?, *Quel, quelle ?* ; **Quali?**, *Quels, quelles ?* :
Quale libreria spostiamo?, *Quelle bibliothèque déplaçons-nous ?*
Quali mobili spostiamo?, *Quels meubles déplaçons-nous ?*

Che?, *Que ?* (langue parlée uniquement) :
Che pantalone hai comprato?, *Quel pantalon as-tu acheté ?*

4.5 Les adjectifs possessifs

		OBJET POSSÉDÉ			
		SINGULIER		PLURIEL	
		Fém.	Masc.	Fém.	Masc.
POSSESSEUR	JE	**mia**	**mio**	**mie**	**miei**
		ma	*mon*	*mes*	*mes*
	TU	**tua**	**tuo**	**tue**	**tuoi**
		ta	*ton*	*tes*	*tes*
	IL/ELLE/VOUS (politesse)	**sua**	**suo**	**sue**	**suoi**
		sa	*son*	*ses*	*ses*
	NOUS	**nostra**	**nostro**	**nostre**	**nostri**
		notre	*notre*	*nos*	*nos*
	VOUS	**vostra**	**vostro**	**vostre**	**vostri**
		votre	*votre*	*vos*	*vos*
	ILS/ELLES	**loro**	**loro**	**loro**	**loro**
		leur	*leur*	*leurs*	*leurs*

Les adjectifs possessifs sont toujours précédés d'articles, sauf lorsqu'ils précèdent les noms des personnes de la famille au singulier : **è mio fratello**, *c'est mon frère* ; **sono i miei fratelli**, *ce sont mes frères*.

5 Les pronoms

5.1 Les pronoms personnels

• **Les pronoms personnels sujets**

Les pronoms personnels sujets	
io	*je*
tu	*tu*
lui, lei	*il, elle*
Lei (politesse)	*vous*
noi	*nous*
voi	*vous*
loro	*ils, elles*
Loro (politesse)	*vous*

L'utilisation des pronoms personnels est facultative, et le plus souvent on en fait abstraction : **Sono italiana**, *Je suis italienne*.

• **Les pronoms personnels compléments d'objet direct (COD)**

Les pronoms personnels COD			
Formes faibles		Formes fortes	
mi	*me*	**me**	*moi*
ti	*te*	**te**	*toi*
lo/la	*la/le*	**lui/lei**	*lui/elle*
La (politesse)	*vous*	**Lei (politesse)**	*vous*
ci	*nous*	**noi**	*nous*
vi	*vous*	**voi**	*vous*
li/le	*les*	**loro**	*eux*

• **Les pronoms personnels complément d'objet indirect (COI)**

Les pronoms personnels COI			
Formes faibles		Formes fortes	
mi	*me*	**(a) me**	*à moi*
ti	*te*	**(a) te**	*à toi*
gli/le	*lui*	**(a) lui/a lei**	*à lui/à elle*
Le (politesse)	*vous*	**(a) Lei (politesse)**	*à vous*
ci	*nous*	**(a) noi**	*à nous*
vi	*vous*	**(a) voi**	*à vous*
gli/loro	*leur*	**(a) loro**	*à eux*

On utilise les formes fortes de ces pronoms lorsqu'on souhaite souligner le complément : **Perché mi guardi? – Non guardo te, guardo lei!**, *Pourquoi tu me regardes ? – Ce n'est pas toi mais elle que je regarde !* ; **Parlo a te!**, *C'est à toi que je parle !*

• **L'ordre des pronoms personnels COD et COI lorsqu'ils sont utilisés ensemble**

Quand deux pronoms personnels sont employés ensemble, le pronom complément indirect précède toujours le pronom complément direct : **Te lo ha dato?**, *Il te l'a donné ?* ; **Si, me lo ha dato!**, *Oui, il me l'a donné !*

Voyez ci-dessous toutes les possibilités :

Pron. COD / Pron. COI	lo	la	li	le	ne
mi	**me lo**	**me la**	**me li**	**me le**	**me ne**
ti	**te lo**	**te la**	**te li**	**te le**	**te ne**
gli, le	**glielo**	**gliela**	**glieli**	**gliele**	**gliene**
ci	**ce lo**	**ce la**	**ce li**	**ce le**	**ce ne**
vi	**ve lo**	**ve la**	**ve li**	**ve le**	**ve ne**
gli	**glielo**	**gliela**	**glieli**	**gliele**	**gliene**

5.2 Les pronoms démonstratifs

Le pronom **questo** (**questa**, **questi**, **queste**), *celui-ci, celle-ci, ceux-ci, celles-ci* indique une relation de proximité, spatiale ou temporelle, réelle ou supposée, avec la personne qui l'utilise :
Vorrei provare questa, *Je voudrais essayer celle-ci.*

Quello, en revanche, indique une relation d'éloignement :
No, non questa, quella, *Non, pas celle-ci, celle-là.*

Notez finalement que l'on peut renforcer le sens de **questo** par **qui** ou **qua**, *ici*, et le sens de **quello** par **lì** ou **là**, *là-bas*.

5.3 Les pronoms indéfinis

Parmi les pronoms indéfinis, voici l'un de ceux qui revient le plus fréquemment au sein de cet ouvrage :
– **nessuno**, *personne*, est invariable lorsqu'il est pronom.
Non c'è nessuno, *Il n'y a personne.*

5.4 Les pronoms interrogatifs

Quale?, *lequel ? laquelle ?* ; **quali?**, *lesquels ? lesquelles ?* ; **Dammi il giornale per favore! – Quale?**, *Donne-moi le journal, s'il te plaît ! – Lequel ?*

Chi?, *Qui ?* (pronom uniquement) :
Chi è quella ragazza?, *Qui est cette fille ?*

5.5 Les pronoms relatifs

Les formes **il quale**, *lequel* ; **la quale**, *laquelle* ; **i quali**, *lesquels* ; **le quali**, *lesquelles,* sont utilisées seulement pour des écrits très formels.
Ainsi, en général, on utilise **che**, *que, qui* :
La persona che parla è Carla!, *La personne qui parle est Carla !* **La persona che vedi là è Paola!**, *La personne que tu vois là est Paola !*

Cui remplace les formes **il quale**, **la quale**, **i quali**, **le quali** lorsqu'elles sont précédées par une préposition :
la persona a cui parlo, *la personne à laquelle je parle* ;
la persona di cui ti parlo, *la personne dont je te parle.*

6 Les verbes

6.1 Les verbes auxiliaires : *avere*, avoir et *essere*, être

• **Le mode indicatif**

• Présent

avere	essere
(**io**) **ho**, *j'ai...*	(**io**) **sono**, *je suis...*
(**tu**) **hai**	(**tu**) **sei**
(**lui/lei**) **ha**	(**lui/lei**) **è**
(**noi**) **abbiamo**	(**noi**) **siamo**
(**voi**) **avete**	(**voi**) **siete**
(**loro**) **hanno**	(**loro**) **sono**

• Imparfait

avere	essere
avevo, *j'avais...*	**ero**, *j'étais...*
avevi	**eri**
aveva	**era**
avevamo	**eravamo**
avevate	**eravate**
avevano	**erano**

• Passé composé

avere	essere
ho avuto, *j'ai eu...*	**sono stato/a**, *j'ai été...*
hai avuto	**sei stato/a**
ha avuto	**è stato/a**
abbiamo avuto	**siamo stati/e**
avete avuto	**siete stati/e**
hanno avuto	**sono stati/e**

• Passé simple

avere	essere
ebbi, *j'eus...*	**fui**, *je fus...*
avesti	**fosti**
ebbe	**fu**
avemmo	**fummo**
aveste	**foste**
ebbero	**furono**

• Plus-que-parfait

avere	essere
avevo avuto, *j'avais eu...*	**ero stato/a**, *j'avais été...*
avevi avuto	**eri stato/a**
aveva avuto	**era stato/a**
avevamo avuto	**eravamo stati/e**
avevate avuto	**eravate stati/e**
avevano avuto	**erano stati/e**

• Futur

avere	essere
avrò, *j'aurai...*	**sarò**, *je serai...*
avrai	**sarai**
avrà	**sarà**
avremo	**saremo**
avrete	**sarete**
avranno	**saranno**

• Futur antérieur

avere

avrò avuto, *j'aurai eu*

...

essere

sarò stato/a, *j'aurai été*

...

• Le mode conditionnel

• Présent

avere

avrei, *j'aurais...*
avresti
avrebbe
avremmo
avreste
avrebbero

essere

sarei, *je serais...*
saresti
sarebbe
saremmo
sareste
sarebbero

• Passé

avere

avrei avuto, *j'aurais eu*

essere

sarei stato/a, *j'aurais été*

• Le mode impératif

avere

abbi, *aie*
abbia, *ayez* (politesse)
abbiamo, *ayons*
abbiate, *ayez*
abbiano, *ayez* (politesse)

essere

sii, *sois*
sia, *soyez* (politesse)
siamo, *soyons*
siate, *soyez*
siano, *ayez* (politesse)

- **Le mode subjonctif**

- Présent

avere	essere
che abbia, *que j'aie...*	**che sia**, *que je sois...*
che abbia	**che sia**
che abbia	**che sia**
che abbiamo	**che siamo**
che abbiate	**che siate**
che abbiano	**che siano**

- Imparfait

avere	essere
che avessi, *que j'eusse...*	**che fossi**, *que je fusse...*
che avessi	**che fossi**
che avesse	**che fosse**
che avessimo	**che fossimo**
che aveste	**che foste**
che avessero	**che fossero**

- Passé

avere	essere
che abbia avuto, *que j'aie eu*	**che sia stato/a**, *que j'aie été*

- Plus-que-parfait

avere	essere
che avessi avuto, *que j'eusse eu*	**che fossi stato/a**, *que j'eusse été*

- **Le mode gérondif**

avere	essere
avendo, *en ayant*	**essendo**, *en étant*

- **Le mode participe**

- Présent

avere	essere
avente, *ayant*	**essente** (très peu usité), *étant*

- Passé

avere	essere
avuto, *eu*	**stato**, *été*

6.2 Les conjugaisons régulières : *parl-are,* parler ; *cred-ere,* croire ; *part-ire,* partir

- **Le mode indicatif**
- Présent

parl-are	cred-ere	part-ire
(io) **parl-o**	(io) **cred-o**	(io) **part-o**
(tu) **parl-i**	(tu) **cred-i**	(tu) **part-i**
(lui/lei) **parl-a**	(lui/lei) **cred-e**	(lui/lei) **part-e**
(noi) **parl-iamo**	(noi) **cred-iamo**	(noi) **part-iamo**
(voi) **parl-ate**	(voi) **cred-ete**	(voi) **part-ite**
(loro) **parl-ano**	(loro) **cred-ono**	(loro) **part-ono**

- Imparfait

parl-are	cred-ere	part-ire
parl-avo	**cred-evo**	**part-ivo**
parl-avi	**cred-evi**	**part-ivi**
parl-ava	**cred-eva**	**part-iva**
parl-avamo	**cred-evamo**	**part-ivamo**
parl-avate	**cred-evate**	**part-ivate**
parl-avano	**cred-evano**	**part-ivano**

• Passé composé

parl-are	cred-ere	part-ire
ho parl-ato	ho cred-uto	sono part-ito(a)
hai parl-ato	hai cred-uto	sei part-ito(a)
ha parl-ato	ha cred-uto	è part-ito(a)
abbiamo parl-ato	abbiamo cred-uto	siamo part-iti(e)
avete parl-ato	avete cred-uto	siete part-iti(e)
hanno parl-ato	hanno cred-uto	sono part-iti(e)

• Passé simple

parl-are	cred-ere	part-ire
parl-ai	cred-ei(-etti)	part-ii
parl-asti	cred-esti	part-isti
parl-ò	cred-é(-ette)	part-ì
parl-ammo	cred-emmo	part-immo
parl-aste	cred-este	part-iste
parl-arono	cred-erono(-ettero)	part-irono

• Plus-que-parfait

parl-are	cred-ere	part-ire
avevo parl-ato	avevo cred-uto	ero part-ito/a, etc.

• Futur

parl-are	cred-ere	part-ire
parl-erò	cred-erò	part-irò
parl-erai	cred-erai	part-irai
parl-erà	cred-erà	part-irà
parl-eremo	cred-eremo	part-iremo
parl-erete	cred-erete	part-irete
parl-eranno	cred-eranno	part-iranno

• Futur antérieur

parl-are	cred-ere	part-ire
avrò parl-ato	avrò cred-uto	sarò part-ito/a

• **Le mode conditionnel**

• Présent

parl-are	cred-ere	part-ire
parl-erei	cred-erei	part-irei
parl-eresti	cred-eresti	part-iresti
parl-erebbe	cred-erebbe	part-irebbe
parl-eremmo	cred-eremmo	part-iremmo
parl-ereste	cred-ereste	part-ireste
parl-erebbero	cred-erebbero	part-irebbero

• Passé

parl-are	cred-ere	part-ire
avrei parl-ato	avrei cred-uto	sarei part-ito/a

• **Le mode subjonctif**

• Présent

parl-are	cred-ere	part-ire
parl-i	cred-a	part-a
parl-i	cred-a	part-a
parl-i	cred-a	part-a
parl-iamo	cred-iamo	part-iamo
parl-iate	cred-iate	part-iate
parl-ino	cred-ano	part-ano

• Imparfait

parl-are	cred-ere	part-ire
parl-assi	cred-essi	part-issi
parl-assi	cred-essi	part-issi
parl-asse	cred-esse	part-isse
parl-assimo	cred-essimo	part-issimo
parl-aste	cred-este	part-iste
parl-assero	cred-essero	part-issero

• Passé

parl-are	cred-ere	part-ire
abbia parl-ato	abbia cred-uto	sia part-ito/a

• Plus-que-parfait

parl-are	cred-ere	part-ire
avessi parl-ato	avessi cred-uto	fossi part-ito/a

• Le mode impératif

parl-are	cred-ere	part-ire
parl-a	cred-i	part-i
parl-i	cred-a	part-a
parl-iamo	cred-iamo	part-iamo
parl-ate	cred-ete	part-ite
parl-ino	cred-ano	part-ano

• Le mode gérondif

parl-are	cred-ere	part-ire
parl-ando	cred-endo	part-endo

• Le mode participe

• Présent

parl-are	cred-ere	part-ire
parl-ante	cred-ente	part-ente

• Passé

parl-are	cred-ere	part-ire
parl-ato	cred-uto	part-ito

6.3 Les verbes irréguliers

• Les verbes du 3e groupe en *-isco*

De nombreux verbes du 3e groupe insèrent le groupe **-isc** entre la racine et la terminaison des trois personnes du singulier et de la

3e du pluriel des présents de l'indicatif et du subjonctif. Pour le verbe **capire**, *comprendre*, nous aurons donc :

• Indicatif présent

cap-isco, *je comprends...*
cap-isci
cap-isce
cap-iamo
cap-ite
cap-iscono

• Subjonctif présent

cap-isca, *que je comprenne...*
cap-isca
cap-isca
cap-iamo
cap-iate
cap-iscano

Parmi les verbes les plus fréquents présentant cette irrégularité, l'on trouve :
agire, *agir*
colpire, *frapper*
finire, *finir*
guarire, *guérir*
preferire, *préférer*
pulire, *nettoyer*
riunire, *réunir*
spedire, *envoyer*
trasferire, *transférer*

• Les autres verbes irréguliers

Pour terminer, voici quelques-uns des verbes irréguliers les plus fréquents. Pour aller directement à l'essentiel des formes verbales à retenir, nous ne vous proposons que celles qui présentent des irrégularités.

accendere, *allumer*

Passé simple	**accesi, accendesti, accese, accendemmo, accendeste, accesero**
Participe passé	**acceso**

accogliere, *accueillir* – (voir **cogliere**)

accorgersi, *s'apercevoir*

Passé simple	**mi accorsi, ti accorgesti, si accorse, ci accorgemmo, vi accorgeste, si accorsero**
Participe passé	**accorto**

aggiungere, *ajouter* – (voir **giungere**)

andare, *aller*

Indicatif présent	**vado, vai, va, andiamo, andate, vanno**
Futur	**andrò, andrai, andrà, andremo, andrete, andranno**
Conditionnel présent	**andrei, andresti, andrebbe, andremmo, andreste, andrebbero**
Subjonctif présent	**vada, vada, vada, andiamo, andiate, vadano**
Impératif	**va', vada, andiamo, andate, vadano**

apparire, *apparaître*

Indicatif présent	**appaio, appari, appare, appariamo, apparite, appaiono**
Passé simple	**apparvi, apparisti, apparve, apparimmo, appariste, apparvero**
Subjonctif présent	**appaia, appaia, appaia, appariamo, appariate, appaiano**
Impératif	**appari, appaia, appariamo, apparite, appaiano**
Participe passé	**apparso**

aprire, *ouvrir*

Participe passé	**aperto**

bere, *boire*

Indicatif présent	**bevo**, **bevi**, **beve**, **beviamo**, **bevete**, **bevono**
Imparfait	**bevevo**, **bevevi**, etc.
Futur	**berrò**, **berrai**, etc.
Passé simple	**bevvi**, **bevesti**, **bevve**, **bevemmo**, **beveste**, **bevvero**
Conditionnel présent	**berrei**, **berresti**, etc.
Subjonctif présent	**beva**, **beva**, **beva**, **beviamo**, **beviate**, **bevano**
Impératif	**bevi**, **beva**, **beviamo**, **bevete**, **bevano**
Participe passé	**bevuto**
Gérondif	**bevendo**

cadere, *tomber*

Futur	**cadrò**, **cadrai**, etc.
Passé simple	**caddi**, **cadesti**, **cadde**, **cademmo**, **cadeste**, **caddero**
Conditionnel présent	**cadrei**, **cadresti**, etc.

chiedere, *demander*

Passé simple	**chiesi**, **chiedesti**, **chiese**, **chiedemmo**, **chiedeste**, **chiesero**
Participe passé	**chiesto**

chiudere, *fermer*

Passé simple	**chiusi**, **chiudesti**, **chiuse**, **chiudemmo**, **chiudeste**, **chiusero**
Participe passé	**chiuso**

cogliere, *cueillir*

Indicatif présent	**colgo**, **cogli**, **coglie**, **cogliamo**, **cogliete**, **colgono**
Passé simple	**colsi**, **cogliesti**, **colse**, **cogliemmo**, **coglieste**, **colsero**
Subjonctif présent	**colga**, **colga**, **colga**, **cogliamo**, **cogliate**, **colgano**
Impératif	**cogli**, **colga**, **cogliamo**, **cogliete**, **colgano**
Participe passé	**colto**

comporre, *composer* – (voir **porre**)
conoscere, *connaître*

Passé simple	**conobbi**, **conoscesti**, **conobbe**, **conoscemmo**, **conosceste**, **conobbero**
Participe passé	**conosciuto**

coprire, *couvrir* – (voir **aprire**)
correre, *courir*

Passé simple	**corsi**, **corresti**, **corse**, **corremmo**, **correste**, **corsero**
Participe passé	**corso**

crescere, *grandir*, *pousser*

Passé simple	**crebbi**, **crescesti**, **crebbe**, **crescemmo**, **cresceste**, **crebbero**
Participe passé	**cresciuto**

dare, *donner*

Indicatif présent	**do/dò***, **dai**, **dà**, **diamo**, **date**, **danno/ dànno***

* formes littéraires assez peu usitées aujourd'hui

Futur	**darò**, **darai**, etc.
Passé simple	**diedi**, **desti**, **diede**, **demmo**, **deste**, **diedero**
Conditionnel présent	**darei**, **daresti**, etc.

Subjonctif présent	**dia**, **dia**, **dia**, **diamo**, **diate**, **diano**
Subjonctif imparfait	**dessi**, **dessi**, **desse**, **dessimo**, **deste**, **dessero**
Impératif	**da'**, **dia**, **diamo**, **date**, **diano**

decidere, *décider*

Passé simple	**decisi**, **decidesti**, **decise**, **decidemmo**, **decideste**, **decisero**
Participe passé	**deciso**

dire, *dire*

Indicatif présent	**dico**, **dici**, **dice**, **diciamo**, **dite**, **dicono**
Imparfait	**dicevo**, **dicevi**, etc.
Passé simple	**dissi**, **dicesti**, **disse**, **dicemmo**, **diceste**, **dissero**
Subjonctif présent	**dica**, **dica**, **dica**, **diciamo**, **diciate**, **dicano**
Subjonctif imparfait	**dicessi**, **dicessi**, **dicesse**, **dicessimo**, **diceste**, **dicessero**
Impératif	**di'**, **dica**, **diciamo**, **dite**, **dicano**
Participe passé	**detto**
Gérondif	**dicendo**

disporre, *disposer* – (voir **porre**)
dividere, *diviser*

Passé simple	**divisi**, **dividesti**, **divise**, **dividemmo**, **divideste**, **divisero**
Participe passé	**diviso**

dovere, *devoir*

Indicatif présent	**devo/debbo**, **devi**, **deve**, **dobbiamo**, **dovete**, **devono/debbono**
Futur	**dovrò**, **dovrai**, etc.
Passé simple	**dovetti**, **dovesti**, **dovette**, **dovemmo**, **doveste**, **dovettero**
Conditionnel présent	**dovrei**, **dovresti**, etc.
Subjonctif présent	**debba**, **debba**, **debba**, **dobbiamo**, **dobbiate**, **debbano**

fare, *faire*

Indicatif présent	**faccio/fo***, **fai**, **fa**, **facciamo**, **fate**, **fanno**
Imparfait	**facevo**, **facevi**, etc.
Futur	**farò**, **farai**, etc.
Passé simple	**feci**, **facesti**, **fece**, **facemmo**, **faceste**, **fecero**
Conditionnel présent	**farei**, **faresti**, etc.

* forme littéraire assez peu usitée aujourd'hui

Subjonctif imparfait	**facessi**, **facessi**, **facesse**, **facessimo**, **faceste**, **facessero**
Impératif	**fa'**, **faccia**, **facciamo**, **fate**, **facciano**
Participe passé	**fatto**
Gérondif	**facendo**

giungere, *arriver*

Passé simple	**giunsi**, **giungesti**, **giunse**, **giungemmo**, **giungeste**, **giunsero**
Participe passé	**giunto**

leggere, *lire*

Passé simple	**lessi**, **leggesti**, **lesse**, **leggemmo**, **leggeste**, **lessero**
Participe passé	**letto**

mettere, *mettre*

Passé simple	**misi**, **mettesti**, **mise**, **mettemmo**, **metteste**, **misero**
Participe passé	**messo**

muovere, *remuer, déplacer, bouger*

Passé simple	**mossi**, **muovesti**, **mosse**, **muovemmo**, **muoveste**, **mossero**
Participe passé	**mosso**

piacere, *plaire*

Indicatif présent	**piaccio**, **piaci**, **piace**, **piacciamo**, **piacete**, **piacciono**
Passé simple	**piacqui**, **piacesti**, **piacque**, **piacemmo**, **piaceste**, **piacquero**
Subjonctif présent	**piaccia**, **piaccia**, **piaccia**, **piaciamo**, **piaciate**, **piacciano**
Impératif	**piaci**, **piaccia**, **piacciamo**, **piacete**, **piacciano**
Participe passé	**piaciuto**

porre, *poser*

Indicatif présent	**pongo**, **poni**, **pone**, **poniamo**, **ponete**, **pongono**
Imparfait	**ponevo**, **ponevi**, etc.
Futur	**porrò**, **porrai**, etc.
Passé simple	**posi**, **ponesti**, **pose**, **ponemmo**, **poneste**, **posero**
Conditionnel présent	**porrei**, **porresti**, **porrebbe**, **porremmo**, **porreste**, **porrebbero**
Subjonctif présent	**ponga**, **ponga**, **ponga**, **poniamo**, **poniate**, **pongano**
Subjonctif imparfait	**ponessi**, **ponessi**, **ponesse**, **ponessimo**, **poneste**, **ponessero**
Impératif	**poni**, **ponga**, **poniamo**, **ponete**, **pongano**
Participe passé	**posto**
Gérondif	**ponendo**

potere, *pouvoir*

Indicatif présent	**posso**, **puoi**, **può**, **possiamo**, **potete**, **possono**
Futur	**potrò**, **potrai**, etc.
Conditionnel présent	**potrei**, **potresti**, **potrebbe**, **potremmo**, **potreste**, **potrebbero**
Subjonctif présent	**possa**, **possa**, **possa**, **possiamo**, **possiate**, **possano**

prendere, *prendre*

Passé simple	**presi**, **prendesti**, **prese**, **prendemmo**, **prendeste**, **presero**
Participe passé	**preso**

proporre, *proposer* – (voir **porre**)
raggiungere, *rejoindre* – (voir **giungere**)
ridere, *rire*

Passé simple	**risi**, **ridesti**, **rise**, **ridemmo**, **rideste**, **risero**
Participe passé	**riso**

rimanere, *rester*

Indicatif présent	**rimango**, **rimani**, **rimane**, **rimaniamo**, **rimanete**, **rimangono**
Futur	**rimarrò**, **rimarrai**, etc.
Passé simple	**rimasi**, **rimanesti**, **rimase**, **rimanemmo**, **rimaneste**, **rimasero**
Conditionnel présent	**rimarrei**, **rimarresti**, etc.
Subjonctif présent	**rimanga**, **rimanga**, **rimanga**, **rimaniamo**, **rimaniate**, **rimangano**
Impératif	**rimani**, **rimanga**, **rimaniamo**, **rimanete**, **rimangano**
Participe passé	**rimasto**

rispondere, *répondre*

Passé simple	**risposi**, **rispondesti**, **rispose**, **rispondemmo**, **rispondeste**, **risposero**
Participe passé	**risposto**

rivolgersi, *s'adresser* – (voir **volgere**)
rompere, *rompre*

Passé simple	**ruppi**, **rompesti**, **ruppe**, **rompemmo**, **rompeste**, **ruppero**
Participe passé	**rotto**

salire, *monter*

Indicatif présent	**salgo**, **sali**, **sale**, **saliamo**, **salite**, **salgono**
Subjonctif présent	**salga**, **salga**, **salga**, **saliamo**, **saliate**, **salgano**
Impératif	**sali**, **salga**, **saliamo**, **salite**, **salgano**

sapere, *savoir*

Indicatif présent	**so**, **sai**, **sa**, **sappiamo**, **sapete**, **sanno**
Futur	**saprò**, **saprai**, etc.
Passé simple	**seppi**, **sapesti**, **seppe**, **sapemmo**, **sapeste**, **seppero**
Conditionnel présent	**saprei**, **sapresti**, etc.
Subjonctif présent	**sappia**, **sappia**, **sappia**, **sappiamo**, **sappiate**, **sappiano**
Impératif	**sappi**, **sappia**, **sappiamo**, **sappiate**, **sappiano**

scegliere, *choisir*

Indicatif présent	**scelgo**, **scegli**, **sceglie**, **scegliamo**, **scegliete**, **scelgono**
Passé simple	**scelsi**, **scegliesti**, **scelse**, **scegliemmo**, **sceglieste**, **scelsero**
Subjonctif présent	**scelga**, **scelga**, **scelga**, **scegliamo**, **scegliate**, **scelgano**
Impératif	**scegli**, **scelga**, **scegliamo**, **scegliete**, **scelgano**
Participe passé	**scelto**

scendere, *descendre*

Passé simple	**scesi**, **scendesti**, **scese**, **scendemmo**, **scendeste**, **scesero**
Participe passé	**sceso**

scrivere, *écrire*

Passé simple	**scrissi**, **scrivesti**, **scrisse**, **scrivemmo**, **scriveste**, **scrissero**
Participe passé	**scritto**

sedere – sedersi, *s'asseoir*

Indicatif présent	**mi siedo**, **ti siedi**, **si siede**, **ci sediamo**, **vi sedete**, **si siedono**
Futur	**mi siederò**, **ti siederai**, etc.
Subjonctif présent	**mi sieda**, **ti sieda**, **si sieda**, **ci sediamo**, **vi sediate**, **si siedano**
Impératif	**siedi**, **sieda/segga**, **sediamo**, **sedete**, **siedano/seggano**

spegnere, *éteindre*

Indicatif présent	**spengo**, **spegni**, **spegne**, **spegniamo**, **spegnete**, **spengono**
Passé simple	**spensi**, **spegnesti**, **spense**, **spegnemmo**, **spegneste**, **spensero**
Subjonctif présent	**spenga**, **spenga**, **spenga**, **spegniamo**, **spegniate**, **spengano**
Impératif	**spegni**, **spenga**, **spegniamo**, **spegnete**, **spengano**
Participe passé	**spento**

spingere, *pousser*

Passé simple	**spinsi**, **spingesti**, **spinse**, **spingemmo**, **spingeste**, **spinsero**
Participe passé	**spinto**

stare, *être, se porter, se trouver*

Indicatif présent	**sto**, **stai**, **sta**, **stiamo**, **state**, **stanno**
Futur	**starò**, **starai**, etc.
Passé simple	**stetti**, **stesti**, **stette**, **stemmo**, **steste**, **stettero**
Conditionnel présent	**starei**, **staresti**, etc.
Subjonctif présent	**stia**, **stia**, **stia**, **stiamo**, **stiate**, **stiano**

Subjonctif imparfait	**stessi**, **stessi**, **stesse**, **stessimo**, **steste**, **stessero**
Impératif	**sta'/stai**, **stia**, **stiamo**, **state**, **stiano**

succedere, *se passer, succéder*

Passé simple	**successi**, **succedesti**, **successe**, **succedemmo**, **succedeste**, **successero**
Participe passé	**successo**

supporre, *supposer* – (voir **porre**)

tenere, *tenir*

Indicatif présent	**tengo**, **tieni**, **tiene**, **teniamo**, **tenete**, **tengono**
Futur	**terrò**, **terrai**, etc.
Passé simple	**tenni**, **tenesti**, **tenne**, **tenemmo**, **teneste**, **tennero**
Conditionnel présent	**terrei**, **terresti**, etc.
Subjonctif présent	**tenga**, **tenga**, **tenga**, **teniamo**, **teniate**, **tengano**
Impératif	**tieni**, **tenga**, **teniamo**, **tenete**, **tengano**

uccidere, *tuer*

Passé simple	**uccisi**, **uccidesti**, **uccise**, **uccidemmo**, **uccideste**, **uccisero**
Participe passé	**ucciso**

uscire, *sortir*

Indicatif présent	**esco**, **esci**, **esce**, **usciamo**, **uscite**, **escono**
Subjonctif présent	**esca**, **esca**, **esca**, **usciamo**, **usciate**, **escano**
Impératif	**esci**, **esca**, **usciamo**, **uscite**, **escano**

vedere, *voir*

Futur	**vedrò**, **vedrai**, etc.
Passé simple	**vidi**, **vedesti**, **vide**, **vedemmo**, **vedeste**, **videro**
Conditionnel présent	**vedrei**, **vedresti**, etc.
Participe passé	**visto**

venire, *venir*

Indicatif présent	**vengo**, **vieni**, **viene**, **veniamo**, **venite**, **vengono**
Futur	**verrò**, **verrai**, etc.
Passé simple	**venni**, **venisti**, **venne**, **venimmo**, **veniste**, **vennero**
Conditionnel présent	**verrei**, **verresti**, etc.
Subjonctif présent	**venga**, **venga**, **venga**, **veniamo**, **veniate**, **vengano**
Impératif	**vieni**, **venga**, **veniamo**, **venite**, **vengano**
Participe passé	**venuto**

vincere, *vaincre*, *gagner*

Passé simple	**vinsi**, **vincesti**, **vinse**, **vincemmo**, **vinceste**, **vinsero**
Participe passé	**vinto**

vivere, *vivre*

Passé simple	**volsi**, **volgesti**, **volse**, **volgemmo**, **volgeste**, **volsero**
Participe passé	**vissuto**

volere, *vouloir*

Indicatif présent	**voglio**, **vuoi**, **vuole**, **vogliamo**, **volete**, **vogliono**
Conditionnel présent	**vorrei**, **vorresti**, **vorrebbe**, **vorremmo**, **vorreste**, **vorrebbero**
Impératif	**vogli**, **voglia**, **vogliamo**, **vogliate**, **vogliano**

volgere ou **volgersi**, *tourner*, *se tourner*

Passé simple	**volsi**, **volgesti**, **volse**, **volgemmo**, **volgeste**, **volsero**
Participe passé	**volto**

Lexique des expressions usuelles

Premiers contacts

Ciao! (1) *Salut !*
Come si chiamano i vostri amici? (14) *Comment s'appellent vos amis ?*
Ci diamo del tu! (28) *On se dit "tu" !*
Come ti chiami? (11) *Comment tu t'appelles ?*
Mi chiamo... (11) *Je m'appelle...*
Ti presento... (1) *Je te présente...*
Molto lieto! / Molto lieta! (24) *Enchanté ! / Enchantée !*
Dove abiti? (10) *Où habites-tu ?*
Abito in via Rossini, 5. (14) *J'habite au 5, rue Rossini.*
Quanti anni hai? (11) *Quel âge as-tu ?*
Per favore (2), **Per cortesia** (3) *S'il te/vous plaît*
Ho dieci anni. (11) *J'ai dix ans.*
Mille grazie! (66) *Merci beaucoup !*
Salve! (1) *Salut !*

Parler de son emploi du temps

A che ora hai prenotato? (9) *À quelle heure tu as réservé ?*
Che cosa hai fatto di bello? (30) *Qu'as-tu fais de beau ?*
Ho/C'ho mille cose da fare! (29) *J'ai mille choses à faire !*
Devo finire tutto entro sabato! (85) *Je dois finir tout ça avant samedi !*
Fino a quando restate a Firenze? (11) *Jusqu'à quand restez-vous à Florence ?*

Se repérer dans le temps

Che ora è?, Che ore sono? (19) *Quelle heure est-il ?*
È mezzogiorno. (19) *Il est midi.*
Sono le otto. (19) *Il est huit heures.*
Sono le sette meno dieci. (19) *Il est sept heures moins dix.*
Sono le sette e dieci. (19) *Il est sept heures dix.*
Da quanto tempo non ti vedo! (37) *Ça fait longtemps que je ne t'ai pas vu(e) !*

Sono anni che l'ho perso di vista! (37) *Ça fait des années que je l'ai perdu de vue !*

L'ho visto due giorni fa! (37) *Je l'ai vu il y a deux jours !*

Oggi è sabato, non domenica! (75) *Aujourd'hui, nous sommes samedi, pas dimanche !*

Non c'è fretta! (74) *Rien ne presse !*

Sto per realizzare un progetto! (59) *Je suis sur le point de réaliser un projet merveilleux !*

Ho appena sentito Marco, ti saluta! (61) *Je viens d'avoir Marco, il te passe le bonjour !*

La Dottoressa è appena andata via! (81) *Madame vient [juste] de partir !*

Se repérer en ville

A quale fermata devo scendere? (15) *À quel arrêt dois-je descendre ?*

Da quale terminal imbarchiamo? (20) *De quel terminal embarquons-nous ?*

Prendi la prima a destra, e al semaforo, la prima a sinistra. (15) *Tu prends la première à droite, et au feu, la première à gauche.*

Parler d'un événement inattendu

Che ti succede? (90) *Qu'est-ce qu'il t'arrive ?*

Se sapessi che cosa mi è capitato! (89) *Si tu savais ce qui m'est arrivé !*

Quante storie... Dai, parla! (96) *Que d'histoires... Vas-y, raconte !*

Figurati che...! (88) *Figure-toi que... !*

Faire une proposition

Che ne pensate di uno spettacolo? (13) *Ça vous dirait d'aller voir un spectacle ?*

Féliciter quelqu'un

Congratulazioni! (22) *Félicitations !*

Sono proprio contento per te! (22) *Je suis vraiment content pour toi !*

Bravo! / Brava! (94) *Bravo !* (à l'attention d'un homme / d'une femme)

Exprimer un besoin ou un souhait

Ho bisogno di un bicchiere d'acqua! (55) *Il me faut un verre d'eau !*
Vorrei misurare quella gonna! (50) *Je voudrais essayer cette jupe !*
Vorrei parlare col Dottor Balbi! (81) *Je voudrais parler à M. Balbi !*

Exprimer la surprise

Questa poi! (76) *Ça alors !*
Ma va là! (76) *Allons donc !*

Exprimer son enthousiasme

Che meraviglia! (6) *C'est une merveille !*
Mica male! (96) *C'est super !*
Mi piace da pazzi...! (64) *Je raffole de... !*
Non mi spaventa per niente, anzi mi esalta! (59) *Ça ne m'effraie pas du tout, au contraire, ça me passionne !*
Stupendo! (22) *Magnifique !*

Dire son énervement

Basta! Ne ho abbastanza! (5) *Ça suffit ! J'en ai marre !*
Ci mancava pure questa! (65) *Il ne manquait plus que ça !*
È una squadra da quattro soldi! (31) *C'est une équipe de quatre sous !*
Smetti di fare storie! (52) *Arrête de faire des histoires !*
Mi fa veramente innervosire! (80) *Il m'énerve vraiment !*
Non ne posso più! (5) *Je n'en peux plus !*
Non lo sopporto! (80) *Je ne le supporte pas !*
Non ci capisco niente! (34) *Je ne comprends rien !*
Piano! (64) *Doucement !*
Sono fuori di me! (68) *Je suis hors de moi !*

Exprimer un regret

Accidenti! (48) *Flûte !*
Mi dispiace molto! (50) *Je suis vraiment désolé(e) !*
Se potessi, verrei molto volentieri! (91) *Si je [le] pouvais, je viendrais très volontiers !*

Compatir

Ci vuole molta pazienza! (53) *Il faut beaucoup de patience !*
Coraggio, ce l'avete quasi fatta! (54) *Courage ! Vous y êtes presque !*
Poverino! (47) *Le pauvre !*
Meno male! (48) *Heureusement !*

Petits échanges formels

Arrivederci! (1) *Au revoir !*
Buongiorno (1) *Bonjour !*
Dica pure! (81) *Dites-moi !*
Faccia con comodo! (74) *Prenez votre temps !*
Molto piacere! (1) *Enchanté(e) !*
Si accomodi, prego! (44) *Entrez, je vous en prie !*

Salutations écrites plus ou moins distinguées

Carissimi saluti (65) *Chaleureuses salutations*
Distinti saluti (73) *Salutations distinguées*
Un abbraccio affettuoso! (65) *Je vous/t'embrasse affectueusement !*
Spettabile (73) *Messieurs*

Lexique italien – français

A

a	à 1
abbaiare	aboyer 76
abbastanza	assez (de) 5 ; assez (plutôt) 37 ; assez (suffisamment) 90
abbigliamento	habillement 52
abbonamento	abonnement 86
abbracciare	embrasser 87
abbraccio	accolade 65
abitare	habiter 10
abitazione	habitation 81
abito	vêtement 51
accanito	acharné 94
accarezzare	caresser 64
accesso	accès 79
accettare	accepter 80
Accidenti!	Zut ! 48
accoglienza	accueil 44
accomodarsi	avancer, entrer, s'installer 9
accompagnare	accompagner 15
accorciare	raccourcir 51
accordo (d'~)	d'accord 43
accumulare	accumuler 67
accurato	approfondi, soigné 79
acqua	eau 55
acquisto	achat 80
ad	à *(devant voyelle)* 8
addirittura	totalement (carrément) 68 ; carrément 85
aderente	ajusté 51
adesso	maintenant 41
adorare	adorer 71
aereo	avion 17
aeroporto	aéroport 19
affare	affaire 78
affettuoso	affectueux 65
affezionato	affectionné 87
affittare	louer 69
afflusso	afflux 79
africano	africain 86
agenzia di viaggi	agence de voyages 15
aggiungere	ajouter 16, 65

aggravare	aggraver 95
agitato	agité 55 ; mouvementé 92
agosto	août 65
aikidò	aïkido 86
aiutare	aider 40
al	au 2
albergo	hôtel 3
albero	arbre 67
album	album 67
alcuni *(adj.)*	certains 60
allacciare	attacher 55
allegato (in ~)	en pièce jointe 16
allettante	alléchant 78
allora	alors 6
allungare	allonger 51
almeno	au moins 62
alpino	alpin 61
alternativo	alternatif 86
altezza	hauteur 60
altro	autre 23, 57
amare	aimer 46
amareggiato	amer 89
amaro *(n.)*	liqueur au goût un peu amer 13
ambiente	milieu 59 ; environnement 68
amico	ami 9
ammettere	admettre, reconnaître 43
ammirare	admirer 93
ammissione	admission 72
amore	amour 45
analcolico	boisson non alcoolisée 25
analisi	analyse 78
anche	aussi 4, 8
anche (io)	moi aussi 8
ancora	encore 20
andar via	partir 81
andare	aller 5, 57 ; partir 81
angelo	ange 82
angolo	angle, coin 8
angoscia	angoisse 39
animale	animal 67
anniversario	anniversaire (de mariage) 85
anno	an, année 11
annoiarsi	s'ennuyer 75
annunciare	annoncer 64
annuncio	annonce 26
ansioso	anxieux 80

antico	antique 94
antipasto	hors-d'œuvre 12
anzi	au contraire 59
aperitivo	apéritif 97
aperto	ouvert 13
aperto (all'~)	à l'extérieur 13
apparecchio	appareil 60
appartamento	appartement *(rare)* 40
appena	dès que 87
appoggiare	poser 90
apposta	exprès 17
apposta (fare ~)	faire exprès 17
apprezzare	apprécier 78
approfittare	profiter 87
appuntamento	rendez-vous 68
archeologico	archéologique 69
architetto	architecte 22
architettura	architecture 71
argento	argent (métal) 90
aria *(f.)*	air 3
armadio	armoire 40
armato	armé 39
arrabbiarsi	se mettre en colère 69 ; se fâcher 96
arrivare	arriver 4
Arrivederci!	Au revoir ! 1
arrivo *(m.)*	arrivée 62
arrossato	rougir 95
arte *(f.)*	art 46
arte marziale	arts martiaux 86
artistico	artistique 71
ascensore	ascenseur 23
asciugare	essuyer 92
ascoltare	écouter 41
aspettare	attendre 5
aspettativa	attente (désir) 83
aspetto	aspect 78
aspirazione	aspiration 89
assaggiare	goûter/tester 12
assegno	chèque 44
assentarsi	s'absenter 81
assenza	absence 73
assicurare	assurer 85
assicurazione	assurance 81
assolutamente	absolument 6
assorbito	absorbé 48
assortimento	assortiment 73

B

beato	béat, heureux 61
beato *(+ pron. pers. COD tonique)*	Quelle chance pour + *pron. pers. COI* ! 61
bellezza	beauté 60
bellissimo	magnifique 16
bellissimo/-a	très beau/belle 4
bello	beau 4 ; sacré *(ironique)* 55
bene	bien *(adv.)* 17
bene (per ~)	bien (comme il faut) 95
Benvenuto *(n.)*!	Bienvenue ! 1
benzina	essence 80
bere	boire 25
Bergamo	Bergame 69
bianco	blanc 25
bicchiere	verre 25
bicicletta	bicyclette 89
biglietto	billet 20
biondo	blond 46
bisogna	il faut 53
bisogno	besoin 23
bisogno (avere ~)	avoir besoin 50
bloccato	bloqué 93
blu	bleu *(adj.)* 50
bocca	bouche 96
bolletta	charges (financières), facture 64
bollettino meteorologico	bulletin météorologique 83
borsa *(f.)*	sac 64
borsa di studio	bourse (d'études) 59
bottiglia	bouteille 73
bracciale	bracelet 90
braccio	bras 46
brava!	bravo ! 94
bravo	gentil 30 ; fort 41 ; bon 100
brillante	brillant 37
brioche	brioche 2
brivido	frisson 74
bruciare	brûler 68
bruno	brun 46
brutto	mauvais 79
buca per le lettere	boîte aux lettres 16
buon	bon 8
Buonasera!	Bonsoir ! 9
Buongiorno!	Bonjour ! 1
buono	sage 52
burro	beurre 32
buttar via	jeter 67
buttare	jeter 6

C

c'è *(+ sing.)*	il y a *(+ sing.)* 4
cadere	tomber 64
caffè	café (boisson et lieu) 2
cagnolino	chiot 76
calamaro	calamar 62
calcio	football 11
calcolatore	ordinateur 93
caldo *(m.)*	chaleur 83
cambiare	changer 40
cambio	échange 82
camera	chambre 3
cameriere	serveur 99
campagna	campagne 10
campeggio	camping 61
campo	réseau 54
candidato	candidat 26
cane	chien 76
canino *(m.)*	canine 69
canna *(f.)*	roseau 63
cannone	canon 63
cantante	chanteur 77
cantare	chanter 92
capello	cheveu 96
capire	comprendre 28, 30
capisco!	je comprends ! 99
capitare	tomber (arriver/se passer) 85
capo	chef 23 ; pièce (d'une garde-robe) 50
capo (da ~)	dès le début 99
cappotto	manteau 19
cappuccino	café crème 2
capriccio	caprice 83
carattere	caractère 88
carciofino	cœur d'artichaut 73
cari (i ~)	êtres chers (les proches) 87
carico	chargé 62
carino	joli 50
carissimo	très cher 1
carne *(f.)*	viande 32
caro	cher 50
caro/cara	chéri/chérie 16
carriera	carrière 37
carro attrezzi	dépanneuse 66
carrozzeria	carrosserie 80
carta	carte 18 ; papier 55

carta di credito	carte de crédit 73
carta di identità	carte d'identité 18
cartolina	carte postale 16
casa	maison 13 ; appartement 40
casetta	maisonnette 45
caso (in ogni ~)	de toute manière 43
caso (per ~)	par hasard 48
cassetta delle lettere	boîte aux lettres 64
cassetto	tiroir 17
castello	château 85
catalogo	catalogue 73
cattivo	mauvais 32
cause (a ~ de)	cause 53
cavarsela	se débrouiller 100
celibe	célibataire (homme) 27
cellulare *(n.)*	portable 25
cena	dîner *(n.)* 62
cenare	dîner *(v.)* 25
centimetro	centimètre 51
centinaio *(m.)*	centaine 67
centrale	central 78
cercare	chercher 8, 17 ; essayer (tenter) 66
cerotto	sparadrap 74
certamente	bien sûr 24 ; certainement 58
certificato	certificat 72
certificato di residenza	justificatif de domicile 72
certo	évidemment 74
certo *(adv.)*	certainement 20
champagne	champagne 22
che	quel(s)/quelle(s) *(adj.)* 2 ; qui 5
che (cosa)	que 2, 6
chi *(majoritairement interr.)*	qui 39
chiacchierare	bavarder 55
chiamare	appeler 25
chiamarsi	s'appeler 11
chiarire	éclaircir 79
chiaro	clair 43
chiedere	demander 20
chiesa	église 69
chilo	kilo 83
chissà...	qui sait... 65
chiudere	fermer, raccrocher 54
chiuso	fermé 16
ci	y *(adv.)* 6 ; nous *(obj.)* 20
ci *(pron. réfl.)*	nous *(pron. réfl.)* 21
ci sono	il y a *(+ pl.)* 6

ciao	salut 1
ciliegia	cerise 32
cima *(f.)*	sommet 61
cinema	cinéma 36
cinematografico	cinématographique 38
cinepresa	caméra 60
cinquantesimo	cinquantième 85
cintura di sicurezza	ceinture de sécurité 55
cioccolato	chocolat 33
circa	presque 54
citofono	interphone 73
città	ville 5
cittadino	citoyen 59
clandestino	clandestin 62
classico	classique 12
cliccare	cliquer 75
cliente	client 44
clientela	clientèle 65
cocktail	cocktail 24
codice	code 73
cognome	nom de famille 18
colazione	petit-déjeuner 2
collaboratore	collaborateur 23
collana	collier 90
collega	collègue 24
collegarsi	se relier à 93
collegio	pensionnat 88
collezione	collection 82
colloquio	entretien 26
colore	coloris 51
colore *(m.)*	couleur 52
colpevole	coupable 62
colpo	coup 26
colpo (far ~)	taper dans l'œil de qqn. 96
come	comment 11 ; que *(excl.)* 20
come mai?	comment se fait-il que (...) ? 99
come no	bien sûr 25
come se non bastasse...	comme si cela ne suffisait pas... 85
cominciare	commencer 8
commercializzare	commercialiser 60
comodità	commodité 61
comodo	commode, pratique 54 ; confortable 56
comodo (faccia con ~)	prenez votre temps 74
compagnia	compagnie 67
compagno	camarade 76
compito *(m.)*	tâche 44 ; devoir (école) 47

contratto	contrat 43, 79
controllo	contrôle 55
convenire	avoir intérêt à, convenir 75
conversazione	conversation 46
convincere	convaincre 79
convinto	convaincu 79
coraggio	courage 54, 97
corale *(m.)*	chorale 58
cornetto	croissant 2
corrente	courant *(adj.)* 27
corrente (al ~)	au courant 95
correre	courir 53
corridoio	couloir 23
corriere	courrier 82
corsia	voie 54
corso	cours (leçon) 29 ; stage 58 ; cours 86
corso (in ~)	en cours 54
corte (fare la ~)	faire la cour à qqn. 96
corteggiare	faire la cour 62
cortesia	courtoisie 3 ; service 82
cortesia (per ~)	s'il te/vous plaît 3
corto	court 51
cosa	chose 2
così	si/tellement 13 ; comme ceci 40 ; ainsi (de cette manière) 48
costa	côte 60
costante	régulier 89
costo	prix 43
costringere	obliger 81
cotoletta	escalopes panées 33
crampo *(m.)*	crampe 47
creare	créer 94
credere	croire 17
credito	crédit 73
crema	crème 74
cretino	crétin 97
critica	critique 80
critico	critique *(n. masc.)* 38
crociera	croisière 83
cucina	cuisine 43
cugino	cousin 31
cui (di ~)	dont 38
cultura	culture 59
culturale	culturelle 59
cuore	cœur 87
curarsi	se soigner 95
curriculum vitae	curriculum vitae 27
cybernauta	internaute 94

D

da	depuis 20 ; à, chez 29 ; par 40
da capo	depuis le début 30
dai	chez 29
Dai!	Allez !, S'il te plaît ! *(exprime l'insistance)*, Vite ! 20
danese	danois 46
danno	dommage *(n.)* 81
danza	danse 86
dappertutto	partout 68
dare	donner 20
data	date 18
davanti (a)	devant 23
davvero	vraiment 76
decidere	décider 39
decisamente	sans aucun doute 100
decisione	décision 33
decoroso	digne, honorable 100
deludere	décevoir 86
delusione	déception 92
dente *(m.)*	dent 31
dentifricio	dentifrice 74
dentista	dentiste 24
denuncia	déclaration, plainte 18
deprimere	déprimer 71
desiderare	désirer 2
desiderio	désir 89
destestare	détester 61
destra	droite 15
determinazione	détermination 92
dettaglio	détail 58
di	de 1
di continuo	tout le temps 93
di gran lunga	de loin 38
di stucco	bouche bée 94
dichiarazione	déclaration 85
dietro	derrière 92
difetto	défaut 80
difficile	difficile 15
diffidente	méfiant 80
diffidenza	méfiance 79
diffuso	répandu 68
digestivo	digestif 13
digitale	numérique 60
digitalizzare	numériser 67

diletto	bien-aimé/bien-aimée 82
dimensione	dimension 93
dimenticare	oublier 16, 90
dinanzi (a)	devant 92
Dio	Dieu 19
dipendenza	dépendance 94
diploma	diplôme 26
dire	dire 18
dire lettera per lettera	épeler 18
direttamente	directement 72
direttore	directeur 44
dirigere	diriger 66
disastro	désastre 71
disciplina	discipline 71
discussione	discussion 67
disegno	dessin 93
disinfettante	désinfectant 74
disobbedire	désobéir 88
disoccupato	au chômage 71
disordinato	désordonné 92
disparato	disparate 92
disperare di	désespérer de 99
dispiacere	ennuyer (déranger) 55 ; désoler 86
dispiaciuto	désolé 87
disponibile	disponible 100
disporre	disposer 35
distinto	distingué 66
distrarsi	se distraire 86
distratto	distrait 90
distruggere	détruire 68
disturbare	déranger 95
diventare	devenir 41
diversità	diversité 59
diverso	différent 50
divertente	amusant 13
divertire	amuser 86
divorzio	divorce 20
documentarsi	se documenter 94
documenti	papiers d'identité 18
documento	document 45
dolce *(adj.)*	doux 92
dolcemente	avec douceur 64
dolcezza	douceur 69
dolente	désolé 44
domanda	demande 26
domandare	demander 30

domandarsi	se demander 79
domani	demain 36
domenica	dimanche 11
donna	femme 38
donnone *(augmentatif de donna) (m.)*	grosse femme 61
dopo	après 15
doppio	double 3
dottor(e)	docteur 9 ; monsieur 23
dottorato	doctorat 71
dottoressa	doctoresse (madame le docteur) 81
dove	où 8
dovere *(v.)*	devoir *(v.)* 6
drammatico	dramatique 68
dubbio	doute 78
due	deux 3
due (tutti e ~)	tous les deux 80
duecento	deux cents 15
dunque	voyons..., donc 64
durante	pendant 69
durare	durer 50
duro	dur 92

E

e	et 1
eccellente	excellent 22
eccessivamente	excessivement 79
eccessivo	excessif 93
eccezionale	exceptionnel 6
eccezionalmente	exceptionnellement 48, 95
eccitazione	excitation 59
ecco	voilà 5
eccolo	le voilà 81
economia	économie 27
economico	économique 16
ed	et *(devant voyelle)* 5
edificio	bâtiment 79
effervescente	effervescent 74
effetti (in ~)	en fait 71
Egitto	Égypte 94
elementare	élémentaire 76
elenco	liste 80
emozione	émotion 61, 92
enologia	œnologie 58
enorme	énorme 43
entrambi	les deux 44

entro	avant 47
entusiasmo	enthousiasme 59
entusiasta	enthousiaste, ravi 43
epoca	époque 88
eppure	pourtant 92
equitazione	équitation 58
errore *(m.)*	erreur 14
esagerare	exagérer 68
esaltare	enthousiasmer 59
esaminare	examiner 78
esaminatore	examinateur 26
esasperare	exaspérer 90
esattamente	exactement 57
esatto	exact 83
esausto	épuisé (exténué) 86
esempio	exemple 89
esistenza	existence 92
esperienza	expérience 26
espresso	exprès 82
essere	être *(v.)* 1, 3, 4
estero	étranger 26
estratto conto	relevé de compte 64
estremamente	extrêmement 79
estremo	extrême 82
etrusco	étrusque 69
evidentemente	bien évidemment 72
evitare	éviter 89
evoluzione	évolution 71
Evviva!	Chic ! 33

F

fabbrica	usine 88
faccenda	occupation 87
facile	facile 34
facoltà	faculté 71
fame	faim 8
famiglia	famille 85
famiglia (stato di ~)	état civil 72
fare	faire 12
fare a meno	se passer de 61
fare il tifo	supporter une équipe 31
fare presto	se dépêcher 39
farmacista	pharmacien 71
fascino	charme 6
fascio	bouquet 82
faticoso	fatigant 30

favoloso	fabuleux 94
favore	faveur 2
favore (per ~)	s'il te/vous plaît 2
febbre	fièvre 74
felicità	bonheur 87
fermare	arrêter 55
fermata *(f.)*	arrêt 15 ; arrêt (de métro) 78
festa	fête 36
fianco (a ~)	à côté 52
fidarsi	se fier à 38
fiero	fier 100
figura (fare bella ~)	vouloir impressionner qqn. 96
figurarsi (che/qualcosa)	se figurer (que/qqch.) 46
Figuratevi!	Vous plaisantez ! *(ironie)* 46
Figurati!	Tu plaisantes ! / Tu parles ! *(ironie)* 46
figurati!	bien sûr !, certainement ! 93
fila di attesa	file d'attente 72
file	fichier 93
film	film 36
filmetto	petit film 45
finalmente	enfin 1
finanze	finances 27
fine	fin *(n.)* 25
finestra	fenêtre 43
finestrino	vitre de voiture 69
finire	finir 13
fino	jusque 11
fino a	jusqu'à 11
finta	faux *(n.)* 97
finta (fare ~)	faire semblant 97
fiore *(m.)*	fleur 67
fiorentino	florentin 46
Firenze	Florence 10
firma	signature 45
firmare	signer 43
fisico	physique 61
fiume	fleuve 68
fluido	fluide 92
follemente	follement 46
fondo	fond 9
fontana	fontaine 6
forchetta	fourchette 63
forchettone	grosse fourchette 63
foresta	forêt 68
forma	forme 34
forma (in ~)	en forme 37

formazione	formation 88
formoso	plantureux 46
formulario	imprimé 72
fornire	fournir 80
forse	peut-être 25
forte	fort 11, 76
fortuna (per ~)	par chance 48
forza	force 39
foto	photo 16
fotocopia	photocopie 72
fotografia	photographie 16
fotografico	photographique 60
fragola	fraise 33
francese	français 24
francobollo	timbre 16
fratello	frère 17
frattempo (nel ~)	pendant ce temps 71
freddo *(n./adj.)*	froid 83
frequentare	fréquenter 37
fretta	hâte 74
fretta (non c'è ~)	rien ne presse 74
frutta *(f.)*	fruit 90
fumetto	bande dessinée 82
fungo	champignon 73
funzionale	fonctionnel 78
fuori	hors 68
furioso	furieux 97
furto	vol (cambriolage) 18

G

gamba	jambe 95
gambero	crevette 62
garantire	garantir 50
garantito	garanti 88
gattino	petit chat 31
gatto	chat 31
gelato	glace 33
gemello	jumeau 17
generale	général 39
genitore	parent 48
gennaio	janvier 47
gente *(f. sg.)*	gens 45
gentile	gentil 39 ; aimable 65
gentilezza	gentillesse 82
gesuita	jésuite 88

già	déjà 32 ; certes 43
giacca	veste 51
giallo *(adj.)*	jaune 52
giardino	jardin 9
ginnastica	gymnastique 29, 64
ginocchio	genou 95
giocare	jouer 45
giocattolo	jouet 52
gioia	joie 92
giornale	journal 26
giornalino	publication pour enfants 82
giornalista	journaliste 24
giornata	journée 29
giorno	jour 12
giovedì	jeudi 14
girare	tourner 69
girellare	passer et repasser, flâner 97
giro	tour 89
giro (fare un ~)	faire un tour 96
giro (prendere in ~)	se moquer 76
giugno	juin 92
giusto	juste 51, 71
gli (pl. de lo et l')	les 12
gnocchi	gnocchi 12
goloso	gourmand 47
gonna	jupe 50
gradevole	agréable 78
gradire	aimer 73
grande	grand 23
grandine	grêle 83
grandioso	grandiose 60
grave	grave 95
grazie	merci 2 ; grâce 78
greco	grec 24
gridare	crier 53
grigio	gris 51, 83
grissino	gressin 32
grosso	gros 93
gruppo	groupe 22
guadagnare	gagner 40
guardare	regarder 13
guardaroba *(m.)*	garde-robe 51
guasto	panne 93
guida	guide (touristique) 62
guida *(f.)*	guide 8

H

hobby	loisir 27

I

i *(pl. de il)*	les 12
icona	icône 75
idea	idée 25
identità	identité 18
idiota (fare l'~)	faire l'idiot 96
idoneità	certificat d'aptitude, admissibilité 72
idraulico	plombier 64
ieri	hier 22
ignoto	inconnu *(n.)* 92
il *(article m.sg. devant consonne)*	le 4
il/la quale	lequel/laquelle 40
imbarazzato	gêné 96
imbarcare	embarquer 20
imbarcarsi	s'embarquer 62
immaginare	imaginer 60, 99
immagine *(f.)*	image 92
immediatamente	immédiatement 44
immensamente	énormément 64
immenso	immense 6
immobiliare	immobilier 75
imparare	apprendre 30
impaziente	impatient 64
impazzire	devenir fou 76
impegnarsi	s'engager 89
impegnativo	prenant 86
impegno	engagement 87
impelagarsi	s'engager 80
impianto	installation 65
impiegato	employé 79
impiego	emploi 26
imporsi	s'imposer 68
importare	importer 83
impossessarsi	s'emparer de, emparer 92
impossibile	impossible 38
impressionare	impressionner 96
impressione	impression 78, 93
improvvisamente	soudainement 46
in	en 1 ; à, dans 3
in bocca al lupo!	bonne chance ! 95
incapace	incapable 80
incendio	incendie 81

incerto indécis 57
incidente accident 66
incombrante encombrant 67
incontrarsi se rencontrer 37
incontro *(m.)* rencontre 92
incredibile incroyable 5
indescrivibile indescriptible 69
indicare indiquer 18
indicazione indication 55
indignato indigné 68
indirizzo adresse 18
industriale industriel 68
infermeria infirmerie 95
infinito infini 87
informatica informatique 16
informatico informatique 72
ingiusto injuste 80
inglese anglais 24
ingresso entrée 90
innamorato amoureux 99
innanzitutto tout d'abord 79
innervosire énerver 80
innumerevole innombrable 69
inondato inondé 65
inquietare inquiéter 59
inquinare polluer 68
insalata salade (légumes) 90
insegnante enseignant 77
inserzione insertion 71
insieme ensemble 25
insistenza insistance 41
insistere insister 76
insomma en somme 69 ; bref *(adv.)* 71
insulso nul 38
intatto intact 60
intelligente intelligent 78
intenso intense 61
interesse intérêt 44
interminabile interminable 67
internazionale international 22
internet Internet 72, 94
interno poste (de travail) 23
intero entier 59
interrogare interroger 30
inutile inutile 61
invece en revanche 15 ; par contre 23

inviare	envoyer 44
invidiare	envier 61
invitare	inviter 85
invito	invitation 29
io	je, moi *(sujet)* 5
io (proprio ~)	moi-même / en personne 24
ipersensibile	hypersensible 60
ipersimpatico	hyper sympa 63
ippocampo	hippocampe 62
irrefrenabile	irrésistible 92
iscriversi	s'inscrire 71
iscrizione	inscription 72
istituto	institut 76
istruzione	instruction 88
Italia	Italie 1
italiano	italien 12

J

joga	yoga 86
judo	judo 86

K

karatè	karaté 86

L

la *(article f. sg.)*	la 1
lacrima	larme 92
lago	lac 69
lana	laine 50
languente	languissant 77
largo	large 51
lasagne	lasagnes 33
lasciare perdere	laisser tomber 88
lasciarsi	se laisser 62
lato	côté 79
laurea breve	licence (université) 76
lavanderia	pressing 64
lavorare	travailler 48
lavorativo	professionnel *(adj.)* 71
lavoro	travail 10
le *(article f. pl.)*	les 3
legge *(f.)*	droit 71
leggere	lire 46, 86
leggerezza	légèreté 92
Lei	vous *(de politesse)* 2

lei	elle 7
leoncino	petit lion, lionceau 76
leone	lion 76
lettera	lettre 16 ; lettre (alphabet) 18
letto	lit 40
lezione	leçon 30
lì	là 23
liberare	libérer 85
libero	libre 3
libreria	bibliothèque 40
libro	livre 82
liceo	lycée 76
lieto	heureux 24
lieto/a (molto ~)	enchanté(e) (de faire la connaissance de qqn) 24
limite	limite 89
linea	ligne 78
lingua	langue 22
linguistico	linguistique 99
lirica	lyrique 86
lista	liste 74
litigare	se disputer 39
livello	niveau 100
lo *(article m. sg. devant s + cons., z, gn, x, ps)*	le 11
locale	local *(n.)* 78
locanda	auberge 61
lombardo	lombard 69
lontano	lointain 57 ; loin 75
loro	elles, ils 7 ; leur *(complément d'objet indirect)* 34
luglio	juillet 71
lui	il 7
luminoso	lumineux 87
lunedì	lundi 14
lunghe (portarla per le ~)	tourner autour du pot 82
lungo	long 59
lungo (a ~)	longtemps 54 ; longuement 80
luogo	lieu 27
lusso	luxe 61

M

ma	mais 4
Ma va là!	Allons donc ! 76
macchina	voiture 4

macedonia	salade de fruits 90
maestro	maître 30
magari	peut-être 45 ; si seulement 100
maggiore	majeur 86
magia	magie 99
maglietta	maillot 52
mai	jamais 32
mail *(f.)*	mail 16
mal di testa	migraine 74
malattia	maladie 47
malcostume	mauvaises habitudes 68
maldicenza	médisance 32
male	mal 47
malizioso	malicieux 96
maltrattare	maltraiter 68
mamma	maman 17
mancanza *(f.)*	manque 69
mancare	manquer, rester (en parlant du temps) 20
mancia *(f.)*	pourboire 97
mandare	envoyer 88
mangiare	manger 8
manica	manche 51
mano (a ~)	à la main 16
mano *(f.)*	main 31
Mantova	Mantoue 69
mare *(m.)*	mer 57
marito	mari 10
marmo	marbre 69
martedì	mardi 14
maschio	mâle 88
master	master 27
matematica	mathématiques 30
matrimoniale	matrimonial 3
matrimoniale (camera ~)	chambre double 3
matrimonio	mariage 85
mattina *(f.)*	matin 36
maturità	baccalauréat 71
me *(après préposition)*	moi 2
media	moyenne (des notes) 76
medicina	médecine 72 ; médicament 74
medico	médecin 71
medievale	médiéval 69
medio *(adj.)*	moyen *(adj.)* 76
Mediterraneo	Méditerranée 99
mediterraneo *(m.)*	méditerrannée 83
meglio	mieux 41

meno	moins 19
meno (del più e del ~)	de tout et de rien 97
meno male	heureusement 48
mensa	cantine 23
mentire	mentir 48
menù	menu 12
meraviglia	merveille 6
meraviglioso	merveilleux 6
merce *(f.)*	marchandise 73
mercoledì	mercredi 14
merenda *(f.)*	goûter *(n.)* 47
meritare	mériter 52
mescolanza	mélange 92
mese	mois 27
messaggero	messager 82
messaggio	message 81
metà tempo (a ~)	à mi-temps 99
meteo	météo 83
meteorologia	météorologie 83
metro	mètre 15
metro quadrato	mètre carré 78
metropolitana *(f.)*	métro 15
mettere	mettre 40, 45
mezz'ora	demi-heure 66
mezzo pubblico	transports en commun (moyen de) 79
mezzogiorno	midi 8
mi *(pron. réfl.)*	me *(pron. réfléchi)* 11
mica	du tout *(renforce une négation)* 96
microscopico	microscopique 43
miglioramento	amélioration 81
migliore	meilleur 10
militare	militer 68
mille	mille 29
mingherlino	maigrichon 96
minimo	moindre 58
ministero	ministère 27
minuscolo	minuscule 43
minuto *(m.)*	minute 5
mistero	mystère 94
misto *(adj.)*	mixte/varié 12
misto *(n.)*	assortiment 12
misurare	essayer (un vêtement), mesurer 50
mitico	légendaire, mythique 60
mobile	meuble 40
modalità	modalité 73
modello	modèle (vêtement) 50 ; modèle 60

N

O

occhio	œil 46
occhione	grand œil 46
occorrere	il faut 72
occupare	occuper 87
odiare	détester 39
odore	odeur 76
offerta	offre 73
offrire	inviter, offrir 22
oggetto	objet 90
oggi	aujourd'hui 22
ogni	chaque 86
ognuno	chacun 62
olio	huile 73
oliva	olive 73
oltre al fatto che...	outre le fait que... 79
onomastico	fête (saint) 31
opera	opéra (édifice), opéra (pièce musicale) 86
oppressione	oppression 92
optare	opter 86
ora (è ~ di)	il est temps de 80
ora (non vedere l'~)	avoir hâte 99
ora *(adv.)*	maintenant 26
ora *(n.)*	heure 9
oramai	désormais 68 ; maintenant 87
orario	horaire 4
orario (in ~)	à l'heure 4
orecchino *(m.)*	boucle d'oreille 69
organizzare	organiser 85
organizzazione	organisation 58
originale *(n./adj.)*	original 72
origine	origine 60
orlo	bord 64
oro	or (métal) 85
oro (d'~)	en or 90
orologio	montre 62
oroscopo	horoscope 64
orribile	horrible 39
osare	oser 96
oscuro	obscur 92
ospitalità	hospitalité 66
ottenere	obtenir 59
ottimo	très bon 25

P

pacchetto	paquet 64
Padova	Padoue 69

padre	père 88
paesaggio	paysage 4
paese	pays 57
pagamento	paiement 64
pagare	payer 73
paio (un ~ di)	une paire de, quelques *(+ n. pl.)* 51
palazzo	palais 6 ; immeuble 73
palla	balle 63
pallido	pâle 90
pallone	ballon 52
panorama	panorama 82
pantalone	pantalon 50
papà	papa 40
parcheggiare	se garer 97
parcheggio	parking 78
parco	parc 67
parecchi	beaucoup, plusieurs 26
parecchio	beaucoup 36
parere	avis 38
parlare	parler 22
parola	parole 97
parrucchiere	coiffeur 29
parte (a ~)	à part 75
particolare	particulier *(adj.)* 76
particolare (in ~)	tout particulièrement 72 ; en particulier 81
partire	partir 48
passaggero	passager 65
passaporto	passeport 17
passare	passer 36
passione	passion 67
passo	pas *(n.)* 94
passo (di questo ~)	de la sorte 94
pasticcione	brouillon *(adj.)* 80
patatine fritte	frites 33
patente *(f.)*	permis (de conduire) 18
patito	mordu (passionné), passionné 16
patrimonio	patrimoine 68
paura	peur 59
paziente	patient 89, 100
pazienza	patience 45
Pazienza!	Tant pis ! 45
pazzi (da ~)	à la folie 64
pazzo	fou 64
peccato	dommage, péché 48
peccato!	dommage ! 81

pelle	cuir 55 ; peau 95
pensare	penser 6
pentirsi	se repentir 99
per	pour 2 ; par 4
per niente	pas du tout 57
peraltro	par ailleurs 72
perché	pourquoi 13
Perché no?	Pourquoi pas ? 13
perdere	rater (avion/train/etc.) 17 ; perdre 17, 18
perdere (lasciare ~)	laisser tomber 88
perdonare	pardonner 82
perduto	perdu 65
perfetto	parfait 45
perfezionamento	perfectionnement 86
perla	perle 90
permesso	autorisation 95
permesso?	puis-je entrer ? 95
permettere	permettre 72
però	mais 15
perplesso	perplexe 79
persino *(adv.)*	même *(adv.)* 32
perso	perdu 54
persona	personne 39
personale	personnel 34
pesante	lourd 86
pesantemente	lourdement 92
pesca	pêche 62
pesce	poisson 8
pessimista	pessimiste 68 ; pessimiste *(n.)* 83
pessimo	très mauvais 38
pezzo (da un ~)	depuis un moment 48
pezzo di ricambio	pièce détachée 80
piacere (molto ~)	enchanté(e) (de faire la connaissance de qqn) 1
piacere *(n.)*	plaisir 1
piacere *(v.)*	plaire 57
piacevole	agréable 66
piano *(adv.)*	doucement 64
piano *(n.)*	étage 23
pianta	plante 68
piatto	plat 12
piazza	place 15
piccolo	petit 51
picnic	pique-nique 68
piede	pied 5
piedi (a ~)	à pied 5

piedi (in ~)	debout 86
piegha	plissé 50
pieghe (a ~)	plissé 50
pienamente	pleinement 87
pieno	plein 5
pieno (essere ~ di)	crouler sous 62
pietra	pierre 83
piovere	pleuvoir 83
più	plus 5
più (del ~ e del meno)	de tout et de rien 97
più (di ~)	de plus 17
più *(+ adj.)*	plus *(+ adj.)* 10
più *(+ n.)*	plus de *(+ nom)* 10
piuttosto	plutôt 61
po' (un ~)	un peu 12
pocco	paquet 62
pochino	un petit peu 40
poco	peu 40
poco (non è ~)	ce n'est pas rien 86
poi	ensuite 15
politico	politique 68
polizia	police 55
polizza di assicurazione	contrat d'assurance 81
pomeriggio	après-midi 24
pomodoro	tomate 33
ponte	pont (jour chômé entre deux jours fériés) 53
porre	poser 35
porta	porte 92
portabile	portable 93
portale	portail 72
portarla per le lunghe	tourner autour du pot 82
portento	prodige 96
portiere	gardien 73
positivo	positif 79
posizione	position 79
possibile	possible 44
possibiltà	possibilité 83
posta	courrier, bureau de poste 64
posteggio di taxi	station de taxi 78
posticino	endroit (lieu, établissement) 96
posto	place 39 ; endroit 68
posto (a ~)	en place 95
potere	pouvoir 8
povero	pauvre 29
pranzo	déjeuner *(n.)* 33

preciso	précis 57
preferibilmente	de préférence 73
preferire	préférer 11
pregare	prier 73
preghiera	prière 88
prego	je t'/vous en prie 9
prender freddo	prendre froid 74
prender nota	prendre note 81
prendere	prendre 13
prenotare	réserver 9
preoccupante	préoccupant 79
preoccuparsi	se soucier 89
preoccupato	inquiet 80
preparare	préparer 85
presentare	présenter 1
presso	auprès 27
presso (di)	auprès (de) 88
prestare	prêter 96
prestissimo! (a ~)	à très bientôt ! 87
prestito	prêt (bancaire) 75
presto	vite 19
presto (al più ~)	au plus vite 79
pretendere	prétendre 38
prevedere	prévoir 57, 71, 83
previsione	prévisions 83
prezioso	précieux 82, 93
prezzo	prix 75
prima *(adv.)*	avant 29
prima di tutto	avant tout 29
primo	entrée (repas) 12
principale	principal 44
probabile	probable 84
problema	problème 95
procedura	modalité 72
prodotto	produit 73
produzione	thème (exercice de traduction) 100
professione	profession 71
professore	professeur 99
professoressa	Madame (le professeur) 81
profilo	profil 94
profondo	profond 92
profumo	parfum 99
progettare	projeter (planifier) 99
progetto	projet 43
programma	programme 57
programma di scrittura	logiciel 93

programmare	programmer 58
progredire	progresser 100
progresso	progrès 94
promemoria	aide-mémoire 41
promessa	promesse 48
promettente	prometteur 83
promettere	promettre 47
promozionale	promotionnel 73
pronome	pronom 34
pronto	allô 81
pronto/-a	prêt/-e 19
proporre	proposer 33
proporre in moglie	proposer en mariage *(passif)* 88
proposito	propos 20
proposito (a ~)	à propos 20
proposta	proposition 86
proprio	exactement, vraiment 22
prossimo	prochain 11
prova	épreuve 26
provare	prouver 32 ; essayer (un vêtement) 50
provino	bout d'essai 89
provocare	provoquer 81
prudente	prudent 79
psicologia	psychologie 71
pubblicità	publicité 64
pubblico	public *(adj.)* 79
puntata	numéro (d'un journal, d'une revue) 82
punteggio	score 100
punto	point 34
pure	aussi 65
puro	pur 50
purtroppo	malheureusement 87

Q

qua e di là (di ~)	de-ci de-là, partout 53
qualche *(+ n. sg.)*	quelques *(+ n. pl.)* 51
qualcosa	quelque chose 13
qualcuno	quelqu'un 46
quale	quel / quelle 15
qualità	qualité 50, 89
quando	quand 11
quanto	combien 11
quartiere	quartier 78
quarto (d'ora)	quart (d'heure) 20
quasi	presque 8
quattro	quatre 9

quattro e quattr'otto	à la va-vite 43
quello/a	ce/cet/cette 23
quello/a (lì)	celui/celle(-là) 23
questo	celui-ci 1 ; ceci 23
questo/a	ce/cet/cette 3
questo/a... qui	ce/cette...-ci 23
qui	ici 1
quindi	donc 72
quindici	quinze 5

R

rabbia	colère, rage 55
raccomandata	recommandée (lettre) 44 ; lettre recommandée 64
raccomando (mi ~)	je vous en prie 74
raccontare	raconter 26
raffreddarsi	se refroidir 59
raffreddore	rhume 74
Ragazzi!	Hé les copains ! 22
ragazzo	garçon 22 ; enfant, jeune 36
raggiungere	rejoindre 66
raggiungibile	joignable 23
ragione	raison 5
ragione (a maggior ~)	raison de plus 86
rapidamente	rapidement 78
rapido	rapide 16
raro	rare 88
rassicurante	rassurant 79
raviolo	ravioli 33
reale	réel 94
realizzare	réaliser 59
realtà (in ~)	en réalité/fait 97
recapito	adresse (administratif) 73
reclamo	réclamation 44
regalare	offrir 90
regalo	cadeau 52
regione	région 4
religione	religion 59
remunerazione	rémunération 71
reparto	rayon 52
repubblica	république 53, 82
residenza	résidence 72
residenza (certificato di ~)	justificatif de domicile 72
resistere	résister 82
restare	rester 11
resto *(n.)*	reste *(n.)* 68

ricambiare	rendre 66
ricchezza	richesse 59
ricevere	recevoir 64
richiedere	requérir 26
richiesta	demande 45
richiudere	refermer 92
ricominciare	recommencer 99
ricordare	rappeler 34
ricordarsi	se souvenir 31
ridire	redire 30
riempire	remplir 18
riempirsi	se remplir 92
rientrare	rentrer 66
riflessione	réflexion 79
riflettere	réfléchir 43
rifugio	refuge 61
rigo	ligne 16
rilassante	reposant 86
rimandare	remettre 87
rimanere	rester 50
rimborso	remboursement 44
rincasare	entrer 39
ringhiera	rampe 95
ringraziare	remercier 73
rinnovo	rénovation 65
ripartizione	répartition 78
ripensare	repenser 99
riposato	reposé 75
riprovare	réessayer 81
riscaldamento	chauffage 65
rischiare	risquer 95
rischio	risque 83
risolvere	régler (solutionner) 87 ; résoudre 94
rispettare	respecter 62
rispetto	respect 69
rispetto (a)	par rapport (à) 79
rispondere	répondre 30
ristorante	restaurant 8
ristretto	serré (café) 2
risultato	résultat 40
risvegliare	réveiller 79
ritardo	retard 5
ritmo	rythme 62
ritornare	revenir 6
ritorno (di ~)	de retour 81
ritrovare	retrouver 90

ritrovarsi se retrouver 94
riunione réunion 23
riuscire réussir 60 ; arriver (à faire qqch.) 89
riuscire (a) arriver/réussir (à) 85
riuscito réussi 87
riva (in ~ al) au bord de 85
rivista revue 82
rivolgere adresser 97
rivolgere la parola adresser la parole à qqn. 97
robustezza solidité 80
Roma Rome 6
romana (alla ~) à la romaine 12
romanzo roman 82
rompere casser 53
rosa rose 69
rosso rouge 50
rumoroso bruyant 3
russo russe 24

S

sabato samedi 14
sabbatico sabbatique 59
sacco sac 20
sacco (un ~ di) beaucoup 20 ; un tas de 30 ; plein de 40
sacco a pelo sac de couchage 61
sala salle 23, 85
saldi soldes 50
salire monter 52
saltare sauter (se déconnecter) 93
saltellare sautiller 92
salto saut 29
salutare saluer 61
saluto salutation 65
salvaguardia sauvegarde 44
salve salut *(informel)* 1
sapere savoir 15
sauna sauna 64
sbadato étourdi 80, 90
sbagliare se tromper 47
sballo canon *(fam.)* 96
sbattere cogner 95
sbrigarsi se dépêcher 31
sbucciare peler 90
scaffale étagère 90
scala escalier 23
scala mobile escalier mécanique 52

scampare	échapper 48
scaricare	télécharger 72
scarico	déchargé 54 ; décharge 68
scarpa	chaussure 19
scarseggiare	être insuffisant 79
scatenato	déchaîné 53
scatola	boîte 74
scegliere	choisir 71
scelta	choix 89
scendere	descendre 15
scendere giù	descendre 69
scheda	fiche 18
schermo	écran 93
scherzare	plaisanter 62
schiaffo	gifle 97
schiarita	éclaircie 83
scientifico	scientifique 76
scienza	science 83
sciocchezza	bêtise 33
sconsiderato	insouciant 92
scontento	mécontent 89
sconto *(m.)*	rabais, réduction 50
sconvolgere	bouleverser 90
scoperta	découverte 94
scoprire	découvrir 57
scorciatoia	raccourci 93
scorciatoie da tastiera	raccourci clavier 93
scorso	dernier (temporel) 38
scovare	dénicher 61
scrivania	bureau (meuble) 40
scrivere	écrire 16
scuola	école 29
scuro	foncé 51
scusa	Excuse-moi, excuse 15 ; prétexte 62
scusare	excuser 64
se	si *(condition)* 15
seccante	très ennuyeux 87
seccare	ennuyer (contrarier) *(v. pronominal)* 82
secolo	siècle 88
secondo *(adj.)*	deuxième 12
secondo *(n.)*	plat de résistance 12
secondo me	à mon avis, d'après moi 50
sede *(f.)*	siège (d'une société) 78
sedile	siège 55
sedurre	séduire 94
seduto	assis 86

segreteria *(f.)*	secrétariat 23
segreto	secret 94
seguire	suivre 54
semaforo	feu tricolore 15
sembrare	paraître 15
semplice	simple 72
semplicemente	simplement 57
sempre	toujours 16
sensazione	sensation 92
sensuale	sensuel 96
sentiamo...	dis toujours... 76
sentire	écouter 25 ; entendre, avoir quelqu'un au téléphone 61
sentire (si ~)	se sentir 59
sentirsi a proprio agio	se sentir à l'aise 78
senza	sans 47
senz'altro!	bien évidemment ! 82
separarsi	se séparer 99
sera	soir 36
serata	soirée 13
serie	série 64
serio	sérieux 96
servire	servir 43
servirsi	utiliser 75
servizio	service 75
seta	soie 51
settimana	semaine 17
severamente	sévèrement 41
severo	sévère 88
sfilare	défiler 69, 92
sfocato	voilé 92
sforzo	effort 89
sgradevole	désagréable 44
sguardo	regard 96
sì	oui 5
si *(pron. réfl.)*	se *(pron. réfl.)* 11, 21
sicuramente	certainement, sûrement 30
sicuro	sûr 53
Siena	Sienne 16
sigaretta	cigarette 68
signora	madame 1
signore	monsieur 2
signorina	mademoiselle 50
simpatico	sympathique 26
simultaneamente	simultanément 92
singola	simple (chambre) 3

sinistra	gauche 15
sistemare	régler (solutionner) 94
sito	site 69 ; site (Internet) 72
situazione	situation 68
smarrimento	égarement, perte 18
smarrimento (denuncia de ~)	déclaration de perte 18
smettere	arrêter 52
smettere (di)	arrêter (de), cesser (de) 31
smorzare	éteindre, refroidir 83
social network	réseaux sociaux 94
società	société 24
soddisfacente	satisfaisant 44
soddisfatto	satisfait 100
soffocare	étouffer 57
soffrire	souffrir 76
sofisticato	ultra sophistiqué 60
software	logiciel 93
soggiorno	séjour 59, 99
soggiorno linguistico	séjour linguistique 99
sognare	rêver 57
sogno	rêve 59
solamente	seulement 50
solare	solaire 83
soldo	sou 31
sole	soleil 65
sole (un ~ che spacca le pietre)	un soleil de plomb 83
solito	habitude 57 ; habituel 83
solo	seul 16
solo (da ~)	tout seul 38
solo *(adv.)*	seulement 18
sommergere	submerger 85
sopportare	supporter 39
soprattutto	surtout 17
sorella	sœur 11
sorprendente	étonnant 40
sorpresa	surprise 40
sosta	arrêt 72
sotterraneo	souterrain 78
spaccare	fendre 83
spaghetto	spaghetti 33
Spagna	Espagne 15
spagnolo	espagnol 27
sparire	disparaître 68
spaventare	effrayer 59
spazio	espace 78
spazio	espace, place 40

specchio	miroir 41
speciale	spécial 36
specie	espèce 68
spegnere	éteindre 93
speranza	espoir 73, 92
spesa *(sg.)*	courses (alimentaires) 29
spese (fare le/delle ~)	faire des achats 29
spese *(pl.)*	achats 29
spesso	souvent 4
spettabile	respectable 73
spettacolo	spectacle 13
spiaggia	plage 68
spiegare	expliquer 30
spigola *(f.)*	bar (poisson) 62
splendido	splendide 85 ; magnifique 96
spontaneo	spontané 68
sporadica	rare 83
sporcare	salir 76
sporco	sale 68
sport	sport 11
sportello	guichet 72
sposare	épouser 37
spostamento	déplacement 58
spostare	déplacer 40
sprovveduto	naïf 79
spudoratamente	effrontément, sans pudeur 48
squadra	équipe 31
stage	stage 27
stamattina	ce matin 47
stampa	presse 82
stampante	imprimante 93
stanco	fatigué 4
stanza	bureau, pièce 23
stanza da pranzo	salle à manger 43
stare	bien aller (en parlant de vêtements) 51
stasera	ce soir 22
Stato	État 88
stato di famiglia	état civil 27
stazione	gare 48
stella	étoile 13
stella marina	étoile de mer 62
stentare	avoir du mal à 94, 97
stesso	même *(adj. indéfini)* 95
stipendio	salaire 22
stomaco	estomac 47
storia	histoire 46

storico	historique 69
strada	rue 6
straniero	étranger 22
strano	bizarre, étrange 47
straordinario	extraordinaire 60
strapotente	tout-puissant 63
stravolgere	dénaturer 79
stressato	stressé 85
stretto	serré 51
studente	étudiant 46
studiare	étudier 88
studio	étude 88
stupendo	magnifique 22
stupidità	stupidité 68
subito	tout de suite 2
succedere	arriver (survenir) 80
successivo	suivant 83
succo (di frutta)	jus (de fruit) 25
sucitare	susciter 78
sud	sud 88
Suo/a	votre 18
suo/a	son/sa 18
suocera	belle-mère 82
suonare	sonner 97
superare	réussir (un concours/un examen/etc.), surmonter 72
superficie	superficie 78
supermacchina	super voiture 63
superpotente	superpuissant 60
supporre	supposer 32
svago	loisir 88
sveglio	éveillé 97
svenire	s'évanouir 47
sventatezza	étourderie 68

T

tabaccaio	buraliste, bureau de tabac 16
taglia	taille 50
taglio	coupe (de vêtement) 51
talmente	tellement 48
tango	tango 86
tanto più che	d'autant plus que 16 ; d'autant plus que 64
tardi	tard 48
tasca	poche 17
tassa	impôt 64

tasso	taux 75
tasso di interesse	taux d'intérêt 75
tastiera	clavier 93
tavola	table 31
tavolo	table 9
taxi	taxi 20
teatro	théâtre 36
tecnico *(adj.)*	technique *(adj.)* 76
tedesco	allemand 24
telefonare	téléphoner 31
telefonata	coup de fil 29
telefono	téléphone 29
temere	craindre 79
tempo	temps 20 ; temps (météo) 74
temporale	orage 83
tenere	tenir 28, 48 ; tenir (à qqch.) 90
tennis	tennis 45
terminal	terminal 20
termine	délai 85
terrazza	terrasse 13
terribile	terrible 29
terzo	troisième 52
tesoro	trésor 30
test	test 100
testa	tête 26
testa nelle nuvole (avere la ~)	avoir la tête dans les nuages 74
ti *(pron. réfl.)*	te *(pron. réfl.)* 1 ; t' *(pron. réfl.)* 21
tifo	typhus 31
tifo (fare il ~)	supporter une équipe 31
timido	timide 97
tirocinio	stage 27
toccare	toucher 53
tornare	rentrer 33 ; revenir 58
torta	tarte 33
torto	tort 38
toscano	toscan 69
totalmente	totalement 79
tra	dans (temporel), entre 19
traffico	circulation 4
tranne	sauf *(adv.)* 71
tranquillamente	tranquillement 46
tranquillità	tranquillité 10
trappola	piège 79, 94
trappola per sprovveduti	miroir aux alouettes 79
trasferirci	déménager 75

valzer	valse 86
vaniglia	vanille 33
variabile	variable *(adj.)* 74
vecchio	vieux 59
vedere	voir 16
vedersi	se voir 25
vela	voile 58
vendere	vendre 75
venerdì	vendredi 14
venire	venir 13
vento	vent 83
ventre	ventre 86
veramente	vraiment 29
verde	vert 19
vergine	vierge 68
verificare	vérifier 85
vero	vrai 6 ; véritable 60
vero (è ~)	c'est vrai 16
vero?	n'est-ce pas ? 24
versare	renverser 55
verso	vers 20
vestito	vêtement 55
veterinario	vétérinaire 76
vetrina	vitrine 41
vi	vous, vous *(objet)* 9 ; vous *(pron. réfl.)* 21 ; y (lieu) *(formel)* 78
via	rue 8
viaggiare	voyager 10
viaggio	voyage 4
vicina *(n.)*	voisine 100
vicinanza	proximité 87
vicino	près 8
vino	vin 25
viola *(inv.)*	violet 51
violento	violent 38
violenza	violence 97
violenza (farsi ~)	se faire violence 97
virtuale	virtuel *(adj.)* 72 ; virtuel 94
visita	visite 72
visitare	visiter 78
vista *(n.)*	vue 37
visto che	puisque 85
vita	vie 89
vivace	vivant 78
vivere	vivre 10
voglia	envie (volonté) 92

Lexique français – italien

A

à	a 1 ; in 3 ; da 29
à *(devant voyelle)*	ad 8
abonnement	abbonamento 86
aboyer	abbaiare 76
absence	assenza 73
absenter (s'~)	assentarsi 81
absolument	assolutamente 6
absorbé	assorbito 48
absurdité	assurdità 96
accepter	accettare 80
accès	accesso 79
accident	incidente 66
accolade	abbraccio 65
accompagner	accompagnare 15
accord (d'~)	va bene 31 ; d'accordo 43
accueil	accoglienza 44
accumuler	accumulare 67
acharné	accanito 94
achat	acquisto 80
achats	spese *(pl.)* 29
acheter	comprare 32
acte	atto 72
acte (extrait d'~ de naissance)	atto (di nascita) 72
admettre	ammettere 43
admirer	ammirare 93
admissibilité	idoneità 72
admission	ammissione 72
adorer	adorare 71
adresse	indirizzo 18
adresse (administratif)	recapito 73
adresser	rivolgere 97
adresser la parole à qqn.	rivolgere la parola 97
aéroport	aeroporto 19
affaire	affare 78
affectionné	affezionato 87
affectueux	affettuoso 65
afflux	afflusso 79
africain	africano 86
agence de voyages	agenzia di viaggi 15
aggraver	aggravare 95
agité	agitato 55

agréable	piacevole 66 ; gradevole 78
aide-mémoire	promemoria 41
aider	aiutare 40
aïkido	aikidò 86
aimable	gentile 65
aimer	amare 46 ; gradire 73 ; volere bene 80
ainsi (de cette manière)	così 48
air	aria *(f.)* 3
ajouter	aggiungere 16, 65
ajusté	aderente 51
album	album 67
alléchant	allettante 78
allemand	tedesco 24
aller	andare 5, 57
aller (bien ~) (en parlant de vêtements)	stare 51
Allez !	Dai! 20
allô	pronto 81
allonger	allungare 51
alors	allora 6
alpin	alpino 61
alternatif	alternativo 86
amélioration	miglioramento 81
amende	multa 55
amer	amareggiato 89
ami	amico 9
amour	amore 45
amoureux	innamorato 99
amusant	divertente 13
amuser	divertire 86
an	anno 11
analyse	analisi 78
ange	angelo 82
anglais	inglese 24
angle	angolo 8
angoisse	angoscia 39
animal	animale 67
année	anno 11
anniversaire	compleanno 31
anniversaire (de mariage)	anniversario 85
annonce	annuncio 26
annoncer	annunciare 64
antique	antico 94
anxieux	ansioso 80
août	agosto 65
apéritif	aperitivo 97

appareil	apparecchio 60
appartement	casa 40
appartement *(rare)*	appartamento 40
appartement/terrasse au dernier étage	attico 13
appeler	chiamare 25
appeler (s'~)	chiamarsi 11
apprécier	apprezzare 78
apprendre	imparare 30
approcher (s'~ de)	avvicinarsi 97
approfondi	accurato 79
après	dopo 15
après-midi	pomeriggio 24
arbre	albero 67
archéologique	archeologico 69
architecte	architetto 22
architecture	architettura 71
argent (métal)	argento 90
armé	armato 39
armoire	armadio 40
arrêt	fermata *(f.)* 15 ; sosta 72
arrêt (de métro)	fermata *(f.)* 78
arrêter	smettere 52 ; fermare 55
arrêter (de)	smettere (di) 31
arrivée	arrivo *(m.)* 62
arriver	arrivare 4
arriver (à faire qqch.)	riuscire 89
arriver (survenir)	succedere 80
arriver/réussir (à)	riuscire (a) 85
art	arte *(f.)* 46
artistique	artistico 71
arts martiaux	arte marziale 86
ascenseur	ascensore 23
aspect	aspetto 78
aspiration	aspirazione 89
assez (de)	abbastanza 5
assez (plutôt)	abbastanza 37
assez (suffisamment)	abbastanza 90
assis	seduto 86
assortiment	misto *(n.)* 12 ; assortimento 73
assurance	assicurazione 81
assurer	assicurare 85
attaché (être ~ à)	essere attaccato a 67
attacher	allacciare 55
attendre	aspettare 5
attendu	atteso 88

attente	attesa 72
attente (désir)	aspettativa 83
attentif	attento 89
attention *(interj.)*	attenzione 48 ; attento 94
au	al 2
Au revoir !	Arrivederci! 1
auberge	locanda 61
aujourd'hui	oggi 22
auprès	presso 27
auprès (de)	presso (di) 88
aussi	anche 4, 8 ; pure 65
aussi (moi ~)	anche (io) 8
autant plus que (d'~)	tanto più che 16
autobus	autobus 5
automne	autunno 89
autorisation	permesso 95
autoroute	autostrada *(m.)* 4
autre	altro 23, 57
avancer	accomodarsi 9
avant	prima *(adv.)* 29 ; entro 47
avant tout	prima di tutto 29
avec	con 1, 15
avion	aereo 17
avis	parere 38 ; avviso 64
avocat	avvocato 44
avoir *(v.)*	avere 3, 4, 5, 29
avouer	confessare 53

B

baccalauréat	maturità 71
bain	bagno 3
balle	palla 63
ballet	balletto 86
ballon	pallone 52
bande dessinée	fumetto 82
banque	banca 27
banque en ligne	banca in linea 75
bar	bar 2, 46
bar (poisson)	spigola *(f.)* 62
bas *(adj.)*	basso 79
bateau	barca *(f.)*, nave *(f.)* 62
bateau à voiles	barca a vela 58
bâtiment	edificio 79
battre	battere 31
bavarder	chiacchierare 55
béat	beato 61

beau	bello 4
beau/belle (très ~)	bellissimo/-a 4
beaucoup	molto 1 ; un sacco di 20 ; parecchi 26 ; parecchio 36
beauté	bellezza 60
belle-mère	suocera 82
Bergame	Bergamo 69
besoin	bisogno 23
besoin (avoir ~)	avere bisogno 50
bêtise	sciocchezza 33
beurre	burro 32
bibliothèque	libreria 40
bicyclette	bicicletta 89
bien (comme il faut)	per bene 95
bien *(adv.)*	bene 17
bien sûr	certamente 24 ; come no 25
bien-aimé/bien-aimée	diletto 82
Bienvenue !	Benvenuto *(n.)*! 1
billet	biglietto 20
bise	bacio 65
bizarre	strano 47
blanc	bianco 25
bleu *(adj.)*	azzurro 46 ; blu 50
blond	biondo 46
bloqué	bloccato 93
boire	bere 25
boisson non alcoolisée	analcolico 25
boîte	scatola 74
boîte aux lettres	buca per le lettere 16 ; cassetta delle lettere 64
bon	buon 8 ; bravo 100
bondé	zeppo 53
bonheur	felicità 87
Bonjour !	Buongiorno! 1
Bonsoir !	Buonasera! 9
bord	orlo 64
bord (au ~ de)	in riva al 85
bouche	bocca 96
bouche bée	di stucco 94
boucle d'oreille	orecchino *(m.)* 69
bouger	muoversi 86
bouleverser	sconvolgere 90
bouquet	fascio 82
bourse (d'études)	borsa di studio 59
bouteille	bottiglia 73
bracelet	bracciale 90

bras	braccio 46
bravo !	brava! 94
bref *(adv.)*	insomma 71
brillant	brillante 37
brioche	brioche 2
brouillon *(adj.)*	pasticcione 80
brûler	bruciare 68
brun	bruno 46
bruyant	rumoroso 3
bulletin météorologique	bollettino meteorologico 83
buraliste	tabaccaio 16
bureau	stanza 23
bureau (meuble)	scrivania 40
bureau (pièce)	ufficio 23
bureau de tabac	tabaccaio 16

C

caché(e)	nascosto/-a 20
cacher	nascondere 20
cacher (se ~)	nascondersi 21
cadeau	regalo 52
café (boisson et lieu)	caffè 2
calamar	calamaro 62
camarade	compagno 76
caméra	cinepresa 60
campagne	campagna 10
camping	campeggio 61
candidat	candidato 26
canine	canino *(m.)* 69
canon	cannone 63
canon *(fam.)*	sballo 96
cantine	mensa 23
caprice	capriccio 83
caractère	carattere 88
caresser	accarezzare 64
carrément	addirittura 85
carrière	carriera 37
carrosserie	carrozzeria 80
carte	carta 18
carte d'identité	carta di identità 18
carte de crédit	carta di credito 73
carte postale	cartolina 16
carton (conditionnement)	confezione *(f.)* 73
casser	rompere 53
catalogue	catalogo 73
cause	a cause de 53

ce/cet/cette	questo/a 3 ; quello/a 23
ce/cette...-ci	questo/a... qui 23
ceci	questo 23
ceci (comme ~)	così 40
ceinture de sécurité	cintura di sicurezza 55
célibataire (femme)	nubile 27
célibataire (homme)	celibe 27
celui/celle(-là)	quello/a (lì) 23
celui-ci	questo 1
centaine	centinaio *(m.)* 67
centimètre	centimetro 51
central	centrale 78
cerise	ciliegia 32
certainement	certo *(adv.)* 20 ; sicuramente 30 ; certamente 58
certains	alcuni *(adj.)* 60
certes	già 43
certificat	certificato 72
cesser (de)	smettere (di) 31
chacun	ognuno 62
chaleur	caldo *(m.)* 83
chambre	camera 3
chambre double	camera matrimoniale 3
champagne	champagne 22
champignon	fungo 73
chance (par ~)	per fortuna 48
changer	cambiare 40
chanter	cantare 92
chanteur	cantante 77
chaque	ogni 86
chargé	carico 62
charges (financières)	bolletta 64
charme	fascino 6
chat	gatto 31
château	castello 85
chauffage	riscaldamento 65
chaussure	scarpa 19
chef	capo 23
chèque	assegno 44
cher	caro 50
cher (très ~)	carissimo 1
chercher	cercare 8, 17
chéri/chérie	caro/cara 16
cheveu	capello 96
chez	da, dai 29
Chic !	Evviva! 33

chien	cane 76
chiot	cagnolino 76
chocolat	cioccolato 33
choisir	scegliere 71
choix	scelta 89
chômage (au ~)	disoccupato 71
chorale	corale *(m.)* 58
chose	cosa 2
cigarette	sigaretta 68
cinéma	cinema 36
cinématographique	cinematografico 38
cinquantième	cinquantesimo 85
circulation	traffico 4
citoyen	cittadino 59
clair	chiaro 43
clandestin	clandestino 62
classique	classico 12
clavier	tastiera 93
client	cliente 44
clientèle	clientela 65
cliquer	cliccare 75
cocktail	cocktail 24
code	codice 73
cœur	cuore 87
cogner	sbattere 95
coiffeur	parrucchiere 29
coin	angolo 8
colère	rabbia 55
collaborateur	collaboratore 23
collection	collezione 82
collègue	collega 24
collier	collana 90
coloris	colore 51
combien	quanto 11
commencer	cominciare 8
comment	come 11
commercialiser	commercializzare 60
commode	comodo 54
commodité	comodità 61
communion (première ~)	prima comunione 90
communion (religieuse)	comunione 90
compagnie	compagnia 67
complet	completo 18
complet (costume)	completo 51
complètement	completamente 37
complexe	complesso 79

compliquer	complicare 71
compréhension	comprensione 100
comprendre	capire 28, 30
comprimé	compressa *(f.)* 74
compte	conto 85
compte (se rendre ~ de)	rendersi conto di 48
compte (se rendre ~)	rendersi conto 26
compter	contare 83
concert	concerto 36
concours	concorso 26
conditionné (air ~)	aria condizionata 3
confortable	comodo 56
connaître	conoscere 41
connexion	connessione 93
conscient	consapevole 89
conseil	consiglio 38
conseiller	consigliare 66
consistance	consistenza 67
consoler	consolare 45
consommation	consumo 80
contenir	contenere 73
content	contento 1
continent	continente 57
contraire (au ~)	anzi 59
contraire *(n.)*	contrario 58
contrat	contratto 43, 79
contrat d'assurance	polizza di assicurazione 81
contredire	contraddire 38
contretemps	contrattempo 44, 87, 95
contrôle	controllo 55
convaincre	convincere 79
convaincu	convinto 79
convenir	convenire 75
conversation	conversazione 46
copropriété	condominio *(m.)* 64
côte	costa 60
côté	lato 79
côté (à ~)	a fianco 52
couleur	colore *(m.)* 52
couloir	corridoio 23
coup	colpo 26
coupable	colpevole 62
coupe (de vêtement)	taglio 51
cour (faire la ~ à qqn.)	fare la corte 96
cour (faire la ~)	corteggiare 62
courage	coraggio 54, 97

D

décharge	scarico 68
déchargé	scarico 54
décider	decidere 39
décision	decisione 33
déclaration	denuncia 18 ; dichiarazione 85
déclaration de perte	denuncia de smarrimento 18
découverte	scoperta 94
découvrir	scoprire 57
défaut	difetto 80
défiler	sfilare 69, 92
déjà	già 32
déjeuner *(n.)*	pranzo 33
délai	termine 85
demain	domani 36
demande	domanda 26 ; richiesta 45
demander	chiedere 20 ; domandare 30
demander (se ~)	domandarsi 79
déménager	trasferirci 75
demi-heure	mezz'ora 66
dénaturer	stravolgere 79
dénicher	scovare 61
dent	dente *(m.)* 31
dentifrice	dentifricio 74
dentiste	dentista 24
dépanneuse	carro attrezzi 66
dépêcher (se ~)	sbrigarsi 31 ; fare presto 39
dépendance	dipendenza 94
déplacement	spostamento 58
déplacer	spostare 40
déprimer	deprimere 71
depuis	da 20
déranger	disturbare 95
dernier	ultimo 23
dernier (temporel)	scorso 38
derrière	dietro 92
dès que	appena 87
désagréable	sgradevole 44
désastre	disastro 71
descendre	scendere 15 ; scendere giù 69
désespérer de	disperare di 99
désinfectant	disinfettante 74
désir	desiderio 89
désirer	desiderare 2
désobéir	disobbedire 88
désolé	dolente 44 ; dispiaciuto 87
désoler	dispiacere 86

désordonné	disordinato 92
désormais	oramai 68
dessin	disegno 93
détail	dettaglio 58
détermination	determinazione 92
détester	odiare 39 ; destestare 61
détruire	distruggere 68
deux	due 3
deux (les ~)	entrambi 44
deux (tous les ~)	tutti e due 80
deuxième	secondo *(adj.)* 12
devant	davanti (a) 23 ; dinanzi (a) 92
devenir	diventare 41
devoir (école)	compito *(m.)* 47
devoir *(v.)*	dovere *(v.)* 6
Dieu	Dio 19
différent	diverso 50
difficile	difficile 15
digestif	digestivo 13
digne	decoroso 100
dimanche	domenica 11
dimension	dimensione 93
dîner *(n.)*	cena 62
dîner *(v.)*	cenare 25
diplôme	diploma 26
dire	dire 18
directement	direttamente 72
directeur	direttore 44
diriger	dirigere 66
discipline	disciplina 71
discussion	discussione 67
disparaître	sparire 68
disparate	disparato 92
disponible	disponibile 100
disposer	disporre 35
disputer (se ~)	litigare 39
distingué	distinto 66
distraire (se ~)	distrarsi 86
distrait	distratto 90
diversité	diversità 59
divorce	divorzio 20
docteur	dottor(e) 9
doctorat	dottorato 71
doctoresse (madame le docteur)	dottoressa 81
document	documento 45
documenter (se ~)	documentarsi 94

domicile (justificatif de ~)	certificato di residenza 72
dommage	peccato 48
dommage *(n.)*	danno 81
donc	dunque 64 ; quindi 72
donner	dare 20
dont	di cui 38
double	doppio 3
doucement	piano *(adv.)* 64
douceur	dolcezza 69
douceur (avec ~)	dolcemente 64
doute	dubbio 78
doux	dolce *(adj.)* 92
dramatique	drammatico 68
droit	legge *(f.)* 71
droite	destra 15
dur	duro 92
durer	durare 50

E

eau	acqua 55
échange	cambio 82
échapper	scampare 48
éclaircie	schiarita 83
éclaircir	chiarire 79
école	scuola 29
économie	economia 27
économique	economico 16
écouter	sentire 25 ; ascoltare 41
écran	schermo 93
écrire	scrivere 16
effervescent	effervescente 74
effort	sforzo 89
effrayer	spaventare 59
effrontément	spudoratamente 48
également	ugualmente 73
égarement	smarrimento 18
église	chiesa 69
Égypte	Egitto 94
élémentaire	elementare 76
elle	lei 7
elles	loro 7
embarquer	imbarcare 20
embarquer (s'~)	imbarcarsi 62
embauche	assunzione 27
embaucher	assumere 22
embrasser	abbracciare 87

émotion	emozione 61, 92
emparer (s'emparer de ~)	impossessarsi 92
emploi	impiego 26
employé	impiegato 79
en	in 1 ; ne 5
enchanté(e) (de faire la connaissance de qqn)	molto piacere 1 ; molto lieto/a 24
encombrant	incombrante 67
encore	ancora 20
endroit	zona 60, 78 ; posto 68
endroit (lieu, établissement)	posticino 96
énerver	innervosire 80
enfant	bambino 10 ; ragazzo 36
enfin	finalmente 1
engagement	impegno 87
engager (s'~)	impelagarsi 80 ; impegnarsi 89
ennuyer (contrarier) *(v. pronominal)*	seccare 82
ennuyer (déranger)	dispiacere 55
ennuyer (s'~)	annoiarsi 75
ennuyeux	noioso 20, 38
ennuyeux (très ~)	seccante 87
énorme	enorme 43
énormément	immensamente 64
enseignant	insegnante 77
ensemble	insieme 25
ensuite	poi 15
entendre	sentire 61
enthousiasme	entusiasmo 59
enthousiasmer	esaltare 59
enthousiaste	entusiasta 43
entier	intero 59
entre	tra 19
entrée	ingresso 90
entrée (repas)	primo 12
entrer	accomodarsi 9 ; rincasare 39
entretien	colloquio 26
envie (volonté)	voglia 92
envier	invidiare 61
environnement	ambiente 68
envoyer	inviare 44 ; mandare 88
épeler	dire lettera per lettera 18
époque	epoca 88
épouser	sposare 37
époux	coniuge 39
épreuve	prova 26
épuisé (exténué)	esausto 86

équipe	squadra 31
équipe (supporter une ~)	fare il tifo 31
équitation	equitazione 58
erreur	errore *(m.)* 14
escalier	scala 23
escalier mécanique	scala mobile 52
escalopes panées	cotoletta 33
espace	spazio 40 ; spazio 78
Espagne	Spagna 15
espagnol	spagnolo 27
espèce	specie 68
espèces (en ~)	in contanti 73
espoir	speranza 73, 92
essai (bout d'~)	provino 89
essayer (tenter)	cercare 66
essayer (un vêtement)	misurare, provare 50
essence	benzina 80
essuyer	asciugare 92
estimer	considerare 88
estomac	stomaco 47
et	e 1
et *(devant voyelle)*	ed 5
étage	piano *(n.)* 23
étagère	scaffale 90
État	Stato 88
état civil	stato di famiglia 27 ; stato di famiglia 72
étau	morsa 92
éteindre	smorzare 83 ; spegnere 93
étoile	stella 13
étoile de mer	stella marina 62
étonnant	sorprendente 40
étouffer	soffocare 57
étourderie	sventatezza 68
étourdi	sbadato 80, 90
étrange	strano 47
étranger	straniero 22 ; estero 26
être *(v.)*	essere 1, 3, 4
étrusque	etrusco 69
étude	studio 88
étudiant	studente 46
étudier	studiare 88
évanouir (s'~)	svenire 47
éveillé	sveglio 97
évidemment	certo 74
évidemment (bien ~)	evidentemente 72
éviter	evitare 89

évolution	evoluzione 71
exact	esatto 83
exactement	proprio 22 ; esattamente 57
exagérer	esagerare 68
examinateur	esaminatore 26
examiner	esaminare 78
exaspérer	esasperare 90
excellent	eccellente 22
exceptionnel	eccezionale 6
exceptionnellement	eccezionalmente 48, 95
excessif	eccessivo 93
excessivement	eccessivamente 79
excitation	eccitazione 59
excuse	scusa 15
excuser	scusare 64
exemple	esempio 89
existence	esistenza 92
expérience	esperienza 26
expliquer	spiegare 30
exprès	apposta 17 ; espresso 82
exprès (faire ~)	fare apposta 17
extérieur (à l'~)	all'aperto 13
extraordinaire	straordinario 60
extrême	estremo 82
extrêmement	estremamente 79

F

fabuleux	favoloso 94
fâcher (se ~)	arrabbiarsi 96
facile	facile 34
façon	modo *(m.)* 66
façon (de toute ~)	comunque 72
facture	bolletta 64
faculté	facoltà 71
faim	fame 8
faire	fare 12
famille	famiglia 85
famille (nom de ~)	cognome 18
fatigant	faticoso 30
fatigué	stanco 4
faux *(n.)*	finta 97
faveur	favore 2
Félicitations !	Congratulazioni! 22 ; Complimenti! 100
femme	donna 38
femme (épouse)	moglie 10
fendre	spaccare 83

fenêtre	finestra 43
fermé	chiuso 16
fermer	chiudere 54
fête	festa 36
fête (saint)	onomastico 31
feu tricolore	semaforo 15
fiche	scheda 18
fichier	file 93
fier	fiero 100
fier (se ~ à)	fidarsi 38
fièvre	febbre 74
figurer (se ~) (que/qqch.)	figurarsi (che/qualcosa) 46
file d'attente	fila di attesa 72
film	film 36
fin *(n.)*	fine 25
finances	finanze 27
finir	finire 13
flâner	girellare 97
fleur	fiore *(m.)* 67
fleuve	fiume 68
Florence	Firenze 10
florentin	fiorentino 46
fluide	fluido 92
fois	volta 20
follement	follemente 46
foncé	scuro 51
fonctionnel	funzionale 78
fond	fondo 9
fontaine	fontana 6
football	calcio 11
force	forza 39
forêt	foresta 68
formation	formazione 88
forme	forma 34
forme (en ~)	in forma 37
fort	forte 11, 76 ; bravo 41
fou	pazzo 64
fourchette	forchetta 63
fournir	fornire 80
fraise	fragola 33
français	francese 24
fréquenter	frequentare 37
frère	fratello 17
frisson	brivido 74
frites	patatine fritte 33
froid	freddo *(n./adj.)* 83

habitude	solito 57
habitudes (mauvaises ~)	malcostume 68
habituel	solito 83
hasard (par ~)	per caso 48
hasarder (se ~)	azzardarsi 88
hâte	fretta 74
hâte (avoir ~)	non vedere l'ora 99
hauteur	altezza 60
heure	ora *(n.)* 9
heure (à l'~)	in orario 4
heureusement	meno male 48
heureux	lieto 24 ; beato 61
hier	ieri 22
hippocampe	ippocampo 62
histoire	storia 46
historique	storico 69
homme	uomo 55
honorable	decoroso 100
horaire	orario 4
horoscope	oroscopo 64
horrible	orribile 39
hors	fuori 68
hors-d'œuvre	antipasto 12
hospitalité	ospitalità 66
hôtel	albergo 3
huile	olio 73
humeur	umore *(m.)* 75
hypersensible	ipersensibile 60

I

ici	qui 1
icône	icona 75
idée	idea 25
identité	identità 18
idiot (faire l'~)	fare l'idiota 96
il	lui 7
il y a *(+ pl.)*	ci sono 6
il y a *(+ sing.)*	c'è *(+ sing.)* 4
ils	loro 7
image	immagine *(f.)* 92
imaginer	immaginare 60, 99
immédiatement	immediatamente 44
immense	immenso 6
immeuble	palazzo 73
immobilier	immobiliare 75

impatient	impaziente 64
importer	importare 83
imposer (s'~)	imporsi 68
impossible	impossibile 38
impôt	tassa 64
impression	impressione 78, 93
impressionner	impressionare 96
imprimante	stampante 93
imprimé	formulario 72
incapable	incapace 80
incendie	incendio 81
inconnu *(n.)*	ignoto 92
incroyable	incredibile 5
indécis	incerto 57
indescriptible	indescrivibile 69
indication	indicazione 55
indigné	indignato 68
indiquer	indicare 18
industriel	industriale 68
infini	infinito 87
infirmerie	infermeria 95
informatique	informatica 16 ; informatico 72
injuste	ingiusto 80
innombrable	innumerevole 69
inondé	inondato 65
inquiet	preoccupato 80
inquiéter	inquietare 59
inscription	iscrizione 72
inscrire (s'~)	iscriversi 71
insertion	inserzione 71
insistance	insistenza 41
insister	insistere 76
insouciant	sconsiderato 92
installation	impianto 65
installer (s'~)	accomodarsi 9
institut	istituto 76
instruction	istruzione 88
insuffisant (être ~)	scarseggiare 79
intact	intatto 60
intelligent	intelligente 78
intense	intenso 61
intérêt	interesse 44
interminable	interminabile 67
international	internazionale 22
internaute	cybernauta 94

L

la	la *(article f. sg.)* 1
là	lì 23
lac	lago 69
laine	lana 50
laisser (se ~)	lasciarsi 62
laisser tomber	lasciare perdere 88
langue	lingua 22
languissant	languente 77
large	largo 51
larme	lacrima 92
lasagnes	lasagne 33
le	il *(article m.sg. devant consonne)* 4 ; lo *(article m. sg. devant s + cons., z, gn, x, ps)* 11
leçon	lezione 30
légendaire	mitico 60
légèreté	leggerezza 92
lequel/laquelle	il/la quale 40
les	le *(article f. pl.)* 3 ; gli *(pl. de lo et l')*, i *(pl. de il)* 12
lettre	lettera 16
lettre (alphabet)	lettera 18
lettre recommandée	raccomandata 64
leur *(complément d'objet indirect)*	loro 34
libérer	liberare 85
libre	libero 3
licence (université)	laurea breve 76
lieu	luogo 27
ligne	rigo 16 ; linea 78
limite	limite 89
limpide	nitido 92
linguistique	linguistico 99
lion	leone 76
lion (petit ~)	leoncino 76
lionceau	leoncino 76
lire	leggere 46, 86
liste	lista 74 ; elenco 80
lit	letto 40
livraison	consegna 73
livre	libro 82
local *(n.)*	locale 78
logiciel	programma di scrittura, software 93
loin	lontano 75
loin (de ~)	di gran lunga 38

lointain	lontano 57
loisir	hobby 27 ; svago 88
lombard	lombardo 69
long	lungo 59
longtemps	a lungo 54
longuement	a lungo 80
louer	affittare 69
louer (une voiture/un vélo/etc.) *(adm.)*	noleggiare 69
lourd	pesante 86
lourdement	pesantemente 92
lumineux	luminoso 87
lundi	lunedì 14
luxe	lusso 61
lycée	liceo 76
lyrique	lirica 86

M

madame	signora 1
mademoiselle	signorina 50
magasin	negozio 53
magie	magia 99
magnifique	bellissimo 16 ; stupendo 22 ; splendido 96
maigrichon	mingherlino 96
mail	mail *(f.)* 16
maillot	maglietta 52
main	mano *(f.)* 31
main (à la ~)	a mano 16
maintenant	ora *(adv.)* 26 ; adesso 41 ; oramai 87
mais	ma 4 ; però 15
maison	casa 13
maisonnette	casetta 45
maître	maestro 30
maître nageur	bagnino 99
majeur	maggiore 86
mal	male 47
maladie	malattia 47
mâle	maschio 88
malheureusement	purtroppo 87
malicieux	malizioso 96
maltraiter	maltrattare 68
maman	mamma 17
manche	manica 51
manger	mangiare 8
manière (de toute ~)	in ogni caso 43

manque	mancanza *(f.)* 69
manquer	mancare 20
manteau	cappotto 19
Mantoue	Mantova 69
marbre	marmo 69
marchandise	merce *(f.)* 73
mardi	martedì 14
mari	marito 10
mariage	matrimonio 85
mariage (proposer en ~)	proporre in moglie 88
master	master 27
mathématiques	matematica 30
matin	mattina *(f.)* 36
matin (ce ~)	stamattina 47
matrimonial	matrimoniale 3
mauvais	cattivo 32 ; brutto 79
mauvais (très ~)	pessimo 38
me *(pron. réfléchi)*	mi *(pron. réfl.)* 11
mécontent	scontento 89
médecin	medico 71
médecine	medicina 72
médicament	medicina 74
médiéval	medievale 69
médisance	maldicenza 32
Méditerranée	Mediterraneo 99
méditerrannée	mediterraneo *(m.)* 83
méfiance	diffidenza 79
méfiant	diffidente 80
mégot	mozzicone 68
meilleur	migliore 10
mélange	mescolanza 92
même *(adj. indéfini)*	stesso 95
même *(adv.)*	persino *(adv.)* 32
mentir	mentire 48
menu	menù 12
mer	mare *(m.)* 57
merci	grazie 2
mercredi	mercoledì 14
mériter	meritare 52
merveille	meraviglia 6
merveilleux	meraviglioso 6
message	messaggio 81
messager	messaggero 82
mesurer	misurare 50
météo	meteo 83
météorologie	meteorologia 83

mouiller	bagnare 83
moustique	zanzara 74
mouvementé	agitato 92
moyen *(adj.)*	medio *(adj.)* 76
moyenne (des notes)	media 76
mulet	mulo 62
musée	museo 69
musique	musica 27
mystère	mistero 94
mythique	mitico 60

N

naïf	sprovveduto 79
naissance	nascita 18
naissance (extrait d'acte de ~)	atto di nascita 72
naître	nascere 88
Naples	Napoli 1
natation	nuoto *(m.)* 58
national	nazionale 52
nationalité	nazionalità 18
nature	natura 60
naturel	naturale 67
naturellement	naturalmente 12
nausée	nausea 92
naviguer	navigare 72, 94
ne... pas	non *(+ verbe)* 3
nerveux	nervoso 90
neuf	nove 9 ; nuovo 19
ni... ni	nè... nè 93
nièce	nipote 87
niveau	livello 100
noce	nozze 85
noir	nero 50
nom	nome 9
nom de famille	cognome 18
nombreux	numerosi 26
non	no 4
non plus	neanche 37
notion	nozione 27
nourrir	nutrire 76
nous	noi 7
nous *(obj.)*	ci 20
nous *(pron. réfl.)*	ci *(pron. réfl.)* 21
nouveau	nuovo 19
nouveau (de ~)	di nuovo 81
nouvelle	notizia 37 ; novità 64

O

P

pique-nique	picnic 68
place	piazza 15 ; posto 39 ; spazio 40
place (en ~)	a posto 95
plage	spiaggia 68
plainte	denuncia 18
plaire	piacere *(v.)* 57
plaisanter	scherzare 62
plaisir	piacere *(n.)* 1
plante	pianta 68
plantureux	formoso 46
plat	piatto 12
plat de résistance	secondo *(n.)* 12
plein	pieno 5
plein (~ de)	un sacco di 40
pleinement	pienamente 87
pleuvoir	piovere 83
plissé	piegha, a pieghe 50
plombier	idraulico 64
plonger (se ~)	tuffarsi 59
plus	più 5
plus (de ~)	di più 17
plus *(+ adj.)*	più *(+ adj.)* 10
plus de *(+ nom)*	più *(+ n.)* 10
plusieurs	parecchi 26
plutôt	piuttosto 61
poche	tasca 17
point	punto 34
poisson	pesce 8
police	polizia 55
politique	politico 68
polluer	inquinare 68
pont (jour chômé entre 2 jours fériés)	ponte 53
portable	cellulare *(n.)* 25 ; portabile 93
portail	portale 72
porte	porta 92
poser	porre 35 ; appoggiare 90
positif	positivo 79
position	posizione 79
possibilité	possibiltà 83
possible	possibile 44
poste (bureau de ~)	posta 64
poste (de travail)	interno 23
pot (tourner autour du ~)	portarla per le lunghe 82
pour	per 2
pourboire	mancia *(f.)* 97

projet	progetto 43
projeter (planifier)	progettare 99
promesse	promessa 48
prometteur	promettente 83
promettre	promettere 47
promotionnel	promozionale 73
pronom	pronome 34
propos	proposito 20
propos (à ~)	a proposito 20
proposer	proporre 33
proposer en mariage *(passif)*	proporre in moglie 88
proposition	proposta 86
prouver	provare 32
provoquer	provocare 81
proximité	vicinanza 87
prudent	prudente 79
psychologie	psicologia 71
public *(adj.)*	pubblico 79
publicité	pubblicità 64
pudeur (sans ~)	spudoratamente 48
puisque	visto che 85
pur	puro 50

Q

qualité	qualità 50, 89
quand	quando 11
quart (d'heure)	quarto (d'ora) 20
quartier	quartiere 78
quatre	quattro 9
que	che (cosa) 2, 6
que *(excl.)*	come 20
quel / quelle	quale 15
quel(s)/quelle(s) *(adj.)*	che 2
quelqu'un	qualcuno 46
quelque chose	qualcosa 13
quelques *(+ n. pl.)*	un paio di, qualche *(+ n. sg.)* 51
qui	che 5 ; chi *(majoritairement interr.)* 39
quinze	quindici 5
quoi qu'il en soit	comunque/comunque sia 38

R

rabais	sconto *(m.)* 50
raccourci	scorciatoia 93
raccourci clavier	scorciatoie da tastiera 93
raccourcir	accorciare 51
raccrocher	chiudere 54

rencontre	incontro *(m.)* 92
rencontrer	conoscere 46
rencontrer (se ~)	incontrarsi 37
rendez-vous	appuntamento 68
rendre	ricambiare 66
rénovation	rinnovo 65
rentrer	tornare 33 ; rientrare 66
renverser	versare 55
répandu	diffuso 68
répartition	ripartizione 78
repenser	ripensare 99
repentir (se ~)	pentirsi 99
répondre	rispondere 30
reposant	rilassante 86
reposé	riposato 75
république	repubblica 53, 82
requérir	richiedere 26
réseau	campo 54
réseaux sociaux	social network 94
réserver	prenotare 9
résidence	residenza 72
résister	resistere 82
résoudre	risolvere 94
respect	rispetto 69
respectable	spettabile 73
respecter	rispettare 62
restaurant	ristorante 8
reste *(n.)*	resto *(n.)* 68
rester	restare 11 ; rimanere 50
rester (en parlant du temps)	mancare 20
résultat	risultato 40
retard	ritardo 5
retenir	trattenere 45
retour (de ~)	di ritorno 81
retrouver	ritrovare 90
retrouver (se ~)	ritrovarsi 94
réunion	riunione 23
réussi	riuscito 87
réussir	riuscire 60
réussir (un concours/ un examen/etc.)	superare 72
rêve	sogno 59
réveiller	risvegliare 79
revenir	ritornare 6 ; tornare 58
rêver	sognare 57
revue	rivista 82

sauvegarde	salvaguardia 44
savoir	sapere 15
science	scienza 83
scientifique	scientifico 76
score	punteggio 100
se *(pron. réfl.)*	si *(pron. réfl.)* 11, 21
seconde	attimo 95
secret	segreto 94
secrétariat	segreteria *(f.)* 23
séduire	sedurre 94
séjour	soggiorno 59, 99
séjour linguistique	soggiorno linguistico 99
semaine	settimana 17
semblant (faire ~)	fare finta 97
sensation	sensazione 92
sensuel	sensuale 96
sentir (se ~)	si sentire 59
sentir à l'aise (se ~)	sentirsi a proprio agio 78
séparer (se ~)	separarsi 99
série	serie 64
sérieux	serio 96
serré	stretto 51
serré (café)	ristretto 2
serveur	cameriere 99
service	servizio 75 ; cortesia 82
servir	servire 43
seul	solo 16
seul (tout ~)	da solo 38
seulement	solo *(adv.)* 18 ; solamente 50
sévère	severo 88
sévèrement	severamente 41
si *(condition)*	se 15
si/tellement	così 13
siècle	secolo 88
siège	sedile 55
siège (d'une société)	sede *(f.)* 78
Sienne	Siena 16
signature	firma 45
signer	firmare 43
simple	semplice 72
simple (chambre)	singola 3
simplement	semplicemente 57
simultanément	simultaneamente 92
site	sito 69
site (Internet)	sito 72
situation	situazione 68

société	società 24
sœur	sorella 11
soie	seta 51
soigné	accurato 79
soigner (se ~)	curarsi 95
soir	sera 36
soir (ce ~)	stasera 22
soirée	serata 13
solaire	solare 83
soldes	saldi 50
soleil	sole 65
soleil (un ~ de plomb)	un sole che spacca le pietre 83
solidité	robustezza 80
somme (en ~)	insomma 69
sommet	cima *(f.)* 61
son/sa	suo/a 18
sonner	suonare 97
sophistiqué (ultra ~)	sofisticato 60
sorte (de la ~)	di questo passo 94
sortie	uscita 54
sortir	uscire 34
sou	soldo 31
soucier (se ~)	preoccuparsi 89
soudainement	improvvisamente 46
souffrir	soffrire 76
souhaiter	augurare 87
souris (informatique)	mouse 93
souterrain	sotterraneo 78
souvenir (se ~)	ricordarsi 31
souvent	spesso 4
spaghetti	spaghetto 33
sparadrap	cerotto 74
spécial	speciale 36
spectacle	spettacolo 13
splendide	splendido 85
spontané	spontaneo 68
sport	sport 11
stage	stage, tirocinio 27 ; corso 58
station de taxi	posteggio di taxi 78
stressé	stressato 85
stupidité	stupidità 68
submerger	sommergere 85
sud	sud 88
suffire	bastare 5
suivant	successivo 83
suivre	seguire 54

superficie	superficie 78
superpuissant	superpotente 60
supporter	sopportare 39
supposer	supporre 32
sûr	sicuro 53
sûrement	sicuramente 30
surfer (sur le net)	navigare 94
surmonter	superare 72
surprise	sorpresa 40
surtout	soprattutto 17
susciter	sucitare 78
sympathique	simpatico 26

T

t' *(pron. réfl.)*	ti *(pron. réfl.)* 21
table	tavolo 9 ; tavola 31
tâche	compito *(m.)* 44
taille	taglia 50
tango	tango 86
tante	zia 33
tard	tardi 48
tarte	torta 33
tas (un ~ de)	un sacco di 30
taux	tasso 75
taux d'intérêt	tasso di interesse 75
taxi	taxi 20
te *(pron. réfl.)*	ti *(pron. réfl.)* 1
technique *(adj.)*	tecnico *(adj.)* 76
télécharger	scaricare 72
téléphone	telefono 29
téléphone (avoir quelqu'un au ~)	sentire 61
téléphoner	telefonare 31
tellement	talmente 48
temps	tempo 20
temps (il est ~ de)	è ora di 80
temps (météo)	tempo 74
tenir	tenere 28, 48
tenir (à qqch.)	tenere 90
tennis	tennis 45
terminal	terminal 20
terrasse	terrazza 13
terrible	terribile 29
test	test 100
tête	testa 26
théâtre	teatro 36
thème (exercice de traduction)	produzione 100

timbre	francobollo 16
timide	timido 97
tiroir	cassetto 17
tomate	pomodoro 33
tomber	cadere 64
tomber (arriver/se passer)	capitare 85
tomber (laisser ~)	lasciare perdere 88
tort	torto 38
toscan	toscano 69
totalement	totalmente 79
totalement (carrément)	addirittura 68
toucher	toccare 53
toujours	sempre 16
tour	giro 89
tour (faire un ~)	fare un giro 96
touriste	turista 62
tourner	girare 69
tourner autour du pot	portarla per le lunghe 82
tout	tutto 12
tout de suite	subito 2
tout/e/es/tous	tutto/a/e/i 3
train	treno 4
tranquillement	tranquillamente 46
tranquillité	tranquillità 10
transmettre	trasmettere 44
transports en commun (moyen de)	mezzo pubblico 79
travail	lavoro 10
travailler	lavorare 48
traversée	traversata 60
traverser	attraversare 4
trésor	tesoro 30
triste	triste 92
troisième	terzo 52
tromper (se ~)	sbagliare 47
trop	troppo 4
trouver	trovare 10
tu	tu 7
tutoriel	tutoriale 94
tutoyer	dare del tu 24
typhus	tifo 31

U

un peu	un po' 12
un/une	un/una 2
univers	universo 60, 80
université	ateneo 72

urgence	urgenza 81
urgent	urgente 87
usine	fabbrica 88
utile	utile 84
utiliser	utilizzare 72, 83 ; servirsi 75 ; usare 93, 97

V

vacances	vacanza 57
valable	valido 72
valise	valigia 61
valse	valzer 86
vanille	vaniglia 33
variable *(adj.)*	variabile 74
vendre	vendere 75
vendredi	venerdì 75
venir	venire 13
vent	vento 83
ventre	ventre 86
vérifier	verificare 85
véritable	vero 60
verre	bicchiere 25
vers	verso 20
vert	verde 19
veste	giacca 51
vêtement	abito 51 ; vestito 55
vétérinaire	veterinario 76
viande	carne *(f.)* 32
vide *(n.)*	vuoto 92
vie	vita 89
vierge	vergine 68
vieux	vecchio 59
ville	città 5
vin	vino 25
violence	violenza 97
violent	violento 38
violet	viola *(inv.)* 51
virtuel	virtuale 94
virtuel *(adj.)*	virtuale 72
visite	visita 72
visiter	visitare 78
vite	presto 19
Vite !	Dai! 20
vitrine	vetrina 41
vivant	vivace 78
vivement	molto 44

ASSiMiL®
Le don des langues

L'italien

chez Assimil, c'est également :

Perfectionnement italien
Guide et Kit de conversation Italien
L'Italien avec les mains
L'argot italien
Cahier d'exercices Italien - Débutants
Cahier d'exercices Italien - Faux-débutants

N° édition 3680 : L'italien
Imprimé en France par Corlet - Dépôt légal : septembre 2017 - N° d'imprimeur : 19115